Managementwerkzeuge für Schulleitung und Schulentwicklung

Herausgeber:
Herbert Buchen, Leonhard Horster, Hans-Günter Rolff

Dr. Josef Raabe Verlags-GmbH
Fachverlag für Bildungsmanagement
Ein Unternehmen der Klett-Gruppe

Dr. Josef Raabe Verlags-GmbH
Fachverlag für Bildungsmanagement
Rotebühlstraße 77, 70178 Stuttgart
Telefon: (07 11) 6 29 00-48, Telefax: (07 11) 6 29 00-60
E-Mail: g.birkigt@raabe.de
Internet: http://www.raabe.de

Bibliografische Information Der Deutschen Bibliothek

Die Deutsche Bibliothek verzeichnet diese Publikation in der Deutschen Nationalbibliografie; detaillierte bibliografische Daten sind im Internet unter http://dnb.ddb.de abrufbar.

© 2012 bei Dr. Josef Raabe Verlags-GmbH, Stuttgart

Dieses Werk ist einschließlich aller seiner Teile urheberrechtlich geschützt. Jede Verwertung außerhalb der engen Grenzen des Urheberschutzgesetzes ist ohne Zustimmung des Verlages unzulässig und strafbar. Dies gilt insbesondere für Vervielfältigungen, Übersetzungen, Mikroverfilmungen sowie die Einspeicherung und Verarbeitung in allen elektronischen Systemen.

Herausgeber:	Dr. Josef Raabe Verlags-GmbH, Fachverlag für Bildungsmanagement; Herbert Buchen, Leonhard Horster, Hans-Günter Rolff
Projektmanagement:	Gerd Birkigt
Satz:	Simone Ullmann
Umschlaggestaltung:	ESM Satz und Grafik GmbH, Berlin
ISBN:	978-3-8183-0588-8

RAABE
Stuttgart
Annecy · Bratislava · Budapest · Bukarest · Prag · Sofia · Warschau

Inhalt

Vorwort 5

Für Ziele sorgen

Herbert Buchen:
Führungsinstrument Zielvereinbarungen 7

Den Unterricht entwickeln

Leonhard Horster, Hans-Günter Rolff:
Instrumente der reflektorischen Unterrichtsentwicklung 11

Organisieren

Rolf Dubs:
Projektmanagement an Schulen organisieren 36

Hans Haenisch, Christoph Burkard:
Schulprogramme erfolgreich umsetzen 42

Herbert Buchen:
Aufgaben- und Stellengestaltung sowie Einsatzsteuerung – Werkzeuge ... 46

Rolf Ralle, Wolfgang Vogelsaenger:
Die Organisation einer Teamschule 52

Meinhard Jacobs:
Das Schulsekretariat effizient organisieren 54

Adolf Bartz:
Als Schulleiter neu im Kollegium 62

Knut Kösterke:
Fundraising: Schätze suchen, finden und heben! 71

Kommunizieren

Herbert Buchen:
Verhandlungen führen 76

Herbert Altrichter, Johanna Rasch:
Pädagogische Konferenzen 85

Karl-Klaus Pullig:
Konferenzleitung in Schulen 88

Adolf Bartz:
Die Schulleitungssitzung 93

Thomas Krall:
Fachkonferenzvorsitzenden unterstützen? 97

Kontrollieren und entscheiden

Adolf Bartz:
Controlling im Schulbereich 101

Harald Mier:
Führungsverantwortung wahrnehmen und dennoch delegieren 112

Hajo Sassenscheidt:
Mit dem strukturierten Einstellungsinterview Bestenauswahl erreichen ... 119

Messen und Beurteilen

Franziska Perels, Ingrid Steiner:
Einführung in Statistik für Schulleiter 128

Jochen Pfeifer:
Feedbackkultur an einer Schule entwickeln 133

Herbert Buchen:
Vorgesetzten-Feedback im Schulbereich 140

Christoph Burkard:
Evaluation praktisch 149

Die Selbstentwicklung von Menschen fördern und unterstützen

Leonhard Horster:
Einarbeitung neuer Lehrkräfte als Beginn der Personalentwicklung 159

Leonhard Horster:
Unterrichtsbesuch und Unterrichtsnachbesprechung 165

Roland Schiefelbein, Veronika Wolters:
Aufbau eines Systems gegenseitiger Hospitation 173

Egon Tegge:
Für jede Lehrkraft einen Arbeitsplatz schaffen 178

Thomas Rimmasch:
Schulische Gesundheitszirkel 186

Astrid Schreyögg:
Schulleiter als Konfliktmanager 195

Mit Eltern zusammenarbeiten

Barbara Steigüber:
Wie Sie mit Beschwerden umgehen 208

Maja Dammann:
Elternsprechtage gewinnbringend organisieren 219

Vorwort

Vor zwanzig Jahren erschien der Grundband der Loseblattsammlung „Schulleitung und Schulentwicklung", der zunächst um jährlich vier, später fünf Ergänzungslieferungen anwuchs. Zusätzlich erschien in einem jährlichen Sonderdruck ein Themenheft, das wichtige Beiträge zu einem aktuellen Problem zusammenfasst.

Der Name „Schulleitung und Schulentwicklung" ist bis heute Programm: Er soll deutlich machen, dass sich Schulleitung nicht in der Verwaltung des Bestehenden erschöpft, sondern dass es darauf ankommt, das pädagogische Konzept weiter zu entwickeln, wenn eine Schule den Anschluss an veränderte Umweltbedingungen nicht verpassen will. Auch hier gilt Wolf Biermanns Diktum: „Nur wer sich ändert, bleibt sich treu."

Im Sinne dieses Anspruches sind in den vergangenen zwanzig Jahren Beiträge veröffentlicht worden, die pädagogische Konzepte vorstellen, mit den Ergebnissen aktueller Studien vertraut machen, Reflexionsleitfäden liefern und auch Werkzeuge für die Leitung und Entwicklung von Schule bereitstellen. Dabei war es ein leitendes Anliegen, Management nicht als isolierte Instrumentenrezeptologie zu betrachten. Bei den Schlüsselaufgaben wirksamen Managements geht es vielmehr darum, für Ziele zu sorgen, zu organisieren, zu entscheiden, zu kontrollieren, zu messen, zu beurteilen und die Selbstentwicklung von Menschen zu fördern und zu unterstützen.

Auf diese Weise entstand in zwanzig Jahren ein kaum noch überschaubares Konvolut wichtiger und anregender Beiträge. Daraus ist bei vielen Leserinnen und Lesern der Wunsch erwachsen, ein Heft zur Hand zu haben, das schnell und verlässlich Werkzeuge und Leitfäden für die Bewältigung zentraler Managementaufgaben bereitstellt.

Im vorliegenden Themenheft haben wir daher Beiträge aus zwanzig Jahren „Schulleitung und Schulentwicklung" versammelt, die diesem Anspruch gerecht werden. Aus Gründen der Übersichtlichkeit und Prägnanz haben wir die Autorenbeiträge so gekürzt, dass das jeweilige Werkzeug den Schwerpunkt des Beitrages bildet. Wer darüber hinaus an Hintergrundinformationen und begleitenden Reflexionen interessiert ist, findet am Ende eines jeden Textes einen Hinweis auf den Originalbeitrag.

Wir wünschen allen Leserinnen und Lesern eine nutzbringende Lektüre.

Herbert Buchen   Leonhard Horster   Hans-Günter Rolff

Führungsinstrument Zielvereinbarungen

Herbert Buchen, Bad Sassendorf

➤ Gebote zur Einführung von Zielvereinbarungen

In vielen Bundesländern sind die Schulaufsichtsbeamten verpflichtet, Zielvereinbarungen mit Schulen zu treffen und dafür zu sorgen, dass in den Schulen die Schulleitungen ihre Führungspraxis „umstellen" auf mit den Lehrkräften zu schließende Zielvereinbarungen. Dies hat in vielen Fällen zu Konflikten zwischen Lehrern und Schulleitungen und zu kontraproduktiven Entwicklungen geführt, weil wesentliche Voraussetzungen für einen solchen grundsätzlichen Wandel von Leitung und Führung nicht genügend beachtet worden sind. Dabei ist trotz eher schwieriger Ausgangsbedingungen Führen durch Zielvereinbarungen auch in Schule mit Gewinn möglich, wenn man die folgenden **dreizehn Gebote** für die Einführung von Zielvereinbarungen beachtet:

- Zielvereinbarungen bedürfen einer stimmigen Einbindung in den Führungsansatz des „Management by Objectives". Dieser muss von der Leitung hinsichtlich der Gründe, der Ziele und der Bedingungen überzeugend vorgestellt und in seinen zentralen Bedingungen von den Lehrkräften akzeptiert (und möglichst verschriftlicht) sein.
- Ein MBO muss durch konsistentes, authentisches und glaubwürdiges Führungsverhalten „vorbereitet" sein. Ein Wechsel z. B. von überwiegend autoritärem oder von einem Laisser-faire-Verhalten zu MBO hat wenig Chancen auf Annahme.
- Dezentrale, eigenständige und zunächst selbst verantwortete Arbeit beinhaltet die Bereitschaft und die Fähigkeit, Arbeitsprozesse und Arbeitsergebnisse den Kollegen und der Schulleitung gegenüber offenzulegen und kritikfähig im Verhältnis zur eigenen Arbeit und zur Arbeit von Kollegen zu sein.
- Kooperationen auf lateraler Ebene wie ebenenübergreifend, z. B. Führungskräften gegenüber, sind die Regel.
- Wichtige Basis für diesen Führungsansatz ist die qualifizierte Mitwirkung der Lehrkräfte an der Entwicklung von Leitbild, Schulprogramm, Planungs- und Handlungsprozessen. Dies betrifft die Arbeit in den fachlichen Gremien wie die operative Arbeit der einzelnen Lehrkraft und deren Rückbindung wieder an Gremien und Kollegen.
- MBO mit Zielvereinbarungen verlangt fest verabredete und regelmäßige Analysen der Ergebnisse, gemessen an den Leitzielen der konkreten Schule, des Faches, der Lerngruppe und an den Zielen für die Lernergebnisse einzelner Schüler. Dies wiederum bedarf – auf allen Ebenen – einer entsprechend ausgeprägten Kommunikationsfähigkeit und Kommunikationsbereitschaft.

- Dezentralisierung darf nicht zu „weit" getrieben werden, indem jede Klasse, jede komplette Jahrgangs- und Schulstufe (z. B. Sek. I), jedes einzelne Fach, jeder Fachbereich, die Arbeitsgemeinschaften, Wahlpflichtkurse, Leistungskurse zu Subeinheiten mit jeweils ganz eigenen Aufgabenstellungen, Handlungs- und Entscheidungsräumen deklariert werden. Extreme Differenziertheit der Strukturen überfordert die Kooperations- und bezüglich der Leitung die Koordinationserfordernisse, welche stets die Kehrseite der Differenzierung bilden.
- Für erfolgreiche MBO-Arbeit ist die von Leitungspersonen wie von Lehrkräften akzeptierte exakte Aufgabendefinition ein bedeutsamer Faktor. Die „Entscheidungsautonomie und Eigenverantwortung der jeweils Beteiligten" muss respektiert werden. Leitung interveniert im Normalfall nicht in die konkrete Aufgabenwahrnehmung der Lehrkraft. Die Lehrkraft handelt im Rahmen des gesamtschulischen Kontextes und orientiert sich an den gemeinsam verabschiedeten übergeordneten Perspektiven.
- Die Schulleitung bietet regelmäßig Gespräche und Diskussionen an, anhand derer Ziele, Arbeit, Ergebnisse, Fragen, Probleme beleuchtet und abgeglichen werden. Die Leitung hat die Pflicht, immer wieder die übergeordneten Ziele verständlich zu machen und dafür zu sorgen, dass ihnen im Zweifel Vorrang einzuräumen ist. Höherrangige Entscheidungen müssen so begründet werden, dass sie die notwendige „Bindungswirkung" für jede Subeinheit (Lehrer, Klasse, Fach, Fachkonferenz usw.) erreichen können und zu „Selbstbindungen" führen, selbst wenn weiterhin unterschiedliche Auffassungen bestehen. Nur auf diese Weise sind langwierige und Energie bindende Machtkämpfe zu vermeiden.
- Leitungspersonen und weitere Führungskräfte sind neben den ihnen obliegenden Managementprozessen (einschließlich der Qualitätssicherungsaufgaben) zuständig und verantwortlich für die die Schule insgesamt angehenden strategischen Fragen (z. B. Überlegungen zur Veränderung des Profils, positive oder negative Qualitätssprünge, Kooperationen mit anderen Schulen, mit Wirtschaft, Anregungen für internationale Schulpartnerschaften, Vorstellungen für eine andere Binnenstruktur, Veränderungen des Leitbildes u. Ä.).
- Eine zentrale Bedeutung kommt der Einführung, Durchführung und vor allem der Auswertung von Zielvereinbarungsgesprächen (Mitarbeitergesprächen) zu. MBO als ein sensibler Führungsansatz lebt davon, dass er mit großer Sorgfalt, Professionalität und Glaubwürdigkeit gehandhabt wird. Dabei geht es mehr um Einstellungen und Verhalten der Beteiligten als um das Beherrschen bestimmter Techniken.
- Die Leitungsebene, in größeren Schulen mehrere Leitungspersonen mit z. B. Abteilungsleiter oder Stufenleiter, in kleineren Einheiten vielleicht nur mit dem Schulleiter, muss einen erheblichen Teil der Zeitkapazität darauf verwenden, in den Gesprächen mit jeder einzelnen Lehrkraft dafür zu sorgen, dass die gemeinsam ausgehandelten und von ihr erwarteten Leistungen und die zugehörigen Einschätzungskriterien verstanden, präzise beschrieben und beidseitig akzeptiert sind.

- Es muss das gesamte Spektrum der die ganze Schule betreffenden Lehrerarbeit und Lehrerleistung (z. B. Mitwirkung bei der Weiterentwicklung der Schule, aktive Mitarbeit an den Aufgaben der Fachkonferenzen, Elternarbeit, Übernahme von Sonderaufgaben und Funktionen, Mitwirkung bei der Ausbildung von Referendaren usw.) in den Blick genommen und zum Gegenstand der Aushandlungs- und Abstimmungsprozesse und der Zielvereinbarungen und Auswertungsgespräche gemacht werden. Die verengte und isolierte Sicht ausschließlich auf die eigene Lerngruppe und das einzelne Fach muss zu Gunsten der Weiterentwicklung der ganzen Schule geöffnet werden.

In der Praxis haben sich die folgenden Überlegungen bzw. Schritte, die aber auf die spezifischen Bedingungen der konkreten Schule und der Beteiligten abzustimmen sind, bewährt. Zielvereinbarungen, so umsichtig vorbereitet, führen zu Erfolgen.

> **Schrittfolge zur Arbeit mit Zielvereinbarungen**
- Die Schulleiterin bzw. der Schulleiter informiert sich eingehend über Ziele, Inhalte, Methoden, Instrumente des MBO. Man prüft, ob man mittelfristig diesen Ansatz und seine Intentionen zu akzeptieren und glaubwürdig umzusetzen bereit und in der Lage ist.
- Es empfiehlt sich, ggf. das bisherige Führungsverhalten sukzessive im Sinne des MBO zu verändern. Ein abrupter Bruch mit der bisherigen Praxis würde eher Misstrauen hervorrufen.
- Ausgehend vom bisherigen Führungsansatz sollten nach und nach Aufgabenübertragungen, die schon ein paar wesentliche Elemente von Zielvereinbarungen enthalten (z. B. konkrete Beschreibung der Ziele, Festlegung der Kriterien für die gemeinsame Überprüfung der Zielerreichung, Gestaltungsfreiheit, Erwartungen an den Schulleiter bezüglich Unterstützung usw.), an einzelne Lehrkräfte oder an Gruppen erfolgen. Die Zielerreichung ist sodann Gegenstand eines (Mitarbeiter)Gesprächs, ohne dass dabei Begriffe wie Zielvereinbarung, Mitarbeitergespräch usf. schon eine besondere Rolle spielen müssten. Wichtiger ist, dass der Lehrer die Gelegenheit erhält, kritisch zurückzumelden, wie er die Rolle des Leiters und dessen Verhalten während der Laufzeit der Auftragswahrnehmung erfahren hat.
- Je nach Größe der Schule informiert der Schulleiter den jeweiligen Stellvertreter und ggf. weitere Führungskräfte über seine Vorstellungen und Absichten. Bei kleineren Systemen dürfte es zweckmäßig sein, frühzeitig den Lehrerrat (oder mindestens seinen Vorsitzenden) zu unterrichten und für die Mitarbeit an der Entwicklung dieser Aufgabe zu gewinnen.
- Im Vorgriff auf die geplante Einbindung weiterer Leitungsmitglieder oder der erweiterten Schulleitung können erste Zielvereinbarungen mit „Probelauf"-Charakter mit diesen Führungskräften getroffen werden. Dies kann neben ersten eigenen Erfahrungen auch eine Vorstellung für mögliche künftige Wahrnehmungen aus der Perspektive von Lehrkräften ergeben.

- Je nach Stand der Arbeitsbeziehungen ist zu entscheiden, ob das Vorhaben in dieser Chronologie oder von Anfang an mit dem gesamten Kollegium durchgeführt wird. Vorteil eines gemeinsamen Vorgehens kann sein, dass die weitere Arbeit mit einer aus dem Kollegium gewählten Arbeitsgruppe geschieht, in die auch kritische oder widerständige Personen eingebunden sind. Dieser Prozess kann ebenfalls auf der Basis von MBO ablaufen und insofern erste praktische Erfahrungen ergeben, die die Grundlage für eine Weiterentwicklung bilden.
- Sowohl aus Kapazitätsgründen als auch aus dem Bemühen, Vertrauen zu schaffen, können die (Mitarbeiter-)Gespräche mit Freiwilligen begonnen werden. Die ersten Erfahrungen werden ausgewertet und in geeigneter Weise dem Kollegium zugänglich gemacht.
- Am Ende der Informations- und Erarbeitungsphase sollte ein gemeinsam erarbeiteter schriftlicher Leitfaden stehen, der die Modalitäten der Durchführung bis auf Widerruf verbindlich beschreibt.
- Eine zentrale Rolle für alle Beteiligten spielen die Anzahl und der Rhythmus von Mitarbeitergesprächen und Zielvereinbarungen. In kleineren Systemen steht so wenig an Leitungszeit zur Verfügung, dass quantitativ bestenfalls suboptimale Regelungen getroffen werden können. Wo immer möglich, sollte der Stellvertreter einen Teil der Gespräche übernehmen. In größeren Systemen muss die Arbeit aller Führungskräfte im Vorfeld sorgfältig abgestimmt werden. Insbesondere muss geregelt werden, welche Informationen und Verabredungen aus Gesprächen zwischen einer weiteren Führungskraft und einem Lehrer dem Schulleiter zugänglich gemacht werden müssen. Zwar wären halbjährlich stattfindende Gespräche mit Zielvereinbarungen wünschenswert. Angesichts fehlender Kapazitäten dürfte dies allerdings kaum irgendwo erreichbar sein, zumal die Termine sich sinnvollerweise auf die letzten vier bis sechs Wochen des Schuljahres, die ohnehin durch Prüfungen und Zeugnisse belastet sind, konzentrieren werden.

Machbarer ist wahrscheinlich die Platzierung in den letzten sechs bis acht Wochen eines Schuljahres. Die Zielerreichung bezieht sich dann auf das Schuljahr. Etwaige im Laufe des Jahres sich ergebende Korrekturerfordernisse könnten, z. B. zum Halbjahr, durch (kürzere) Zwischenbilanzgespräche vorgenommen werden. Theoretisch denkbar sind angesichts der Verteilung der Arbeit auf einen Zweijahresrhythmus auch zweijährige Laufzeiten. Allerdings ist zu bedenken, dass dies mehrere Zwischenbilanzgespräche erfordert, die letztlich zu einem kaum geringeren Aufwand führen werden.

Signatur des Originalbeitrages: D 2.8

Instrumente der reflektorischen Unterrichtsentwicklung

Leonhard Horster, Bocholt/Dr. Hans-Günter Rolff, em. Prof., Dortmund

A Reflektorische Unterrichtsentwicklung als kooperativer Prozess

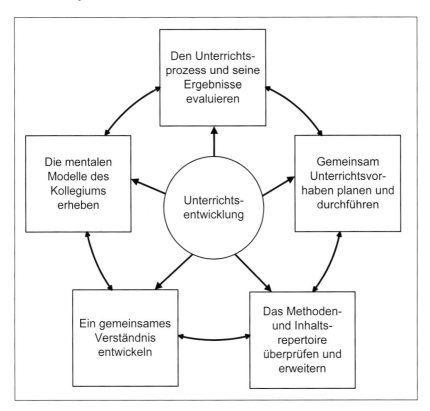

Abb. 1: Schema reflektorische Unterrichtsentwicklung als Prozess

Die Frage, wie und in welchen Schritten Unterrichtsentwicklung praktisch realisiert werden kann, ist leitend für die Organisation der Arbeit in der einzelnen Schule vor Ort, wenn es darum geht, die relativ globalen Vorgaben von Lehrplan, Richtlinien und Rahmenkonzepten zu konkretisieren. Wir unterscheiden **fünf Basisprozesse in der Unterrichtsentwicklung**. Sie gelten für Vorhaben der Schulentwicklung ebenso wie für die Unterrichtsentwicklung.

Konkretisiert man diese Basisprozesse im Hinblick auf Unterrichtsentwicklung, so geht es darum,

- im Basisprozess *„Sammeln von Daten"* die mentalen Modelle des Kollegiums zu erheben, um sich einen Eindruck davon verschaffen zu können, welche unterschiedlichen Bilder von Unterricht im Kollegium existieren und in der alltäglichen Praxis die pädagogische Arbeit steuern,
- im Basisprozess *„Klären und Vereinbaren von Zielen"* aus den unterschiedlichen Bildern von Unterricht ein gemeinsames Bild zu entwickeln und die Indikatoren zu verabreden, an denen man die Realisierung dieses Bildes ablesen kann,
- im Basisprozess *„Überprüfung und Anpassung der zur Verfügung stehenden Mittel"* das im Kollegium etablierte Methodenrepertoire zu sichten und im Hinblick auf das vereinbarte Bild von Unterricht zu erweitern sowie die Aufbereitung der fachlichen Inhalte auf ihre Passung zum vereinbarten Bild von Unterricht zu überprüfen,
- im Basisprozess *„Planung und Umsetzung des Entwicklungsvorhabens"* gemeinsam Unterrichtsvorhaben zu planen und durchzuführen, die dem im Kollegium verabredeten Bild von Unterricht entsprechen und sich an den hierfür besonders tauglichen Inhalten und Methoden orientieren,
- im Basisprozess *„Evaluation des Entwicklungsprozesses und seiner Ergebnisse"* die gemeinsame Arbeit an neuen Unterrichtsvorhaben und deren Ergebnisse mit dem Blick auf weitere Revisionserfordernisse zu überprüfen.

B   Basisprozesse und Instrumente

B 1   Im Kollegium die mentalen Modelle von Unterricht erheben und ein gemeinsames Verständnis entwickeln

B 1.1   Metaphernübung: Unterricht sollte sein wie ...

Die Metaphernübung ist ein komplexes Instrument. In der reflektorischen Unterrichtsentwicklung umfasst sie die Basisprozesse „Sammeln von Daten", in den die mentalen Modelle erhoben werden, und „Klären und Vereinbaren von Zielen", in dem ein gemeinsames Verständnis von Unterricht zu entwickeln ist. Sie erstreckt sich über **fünf Arbeitsschritte**.

1. Metaphern formulieren: Unterricht sollte sein wie ...

Die Teilnehmerinnen und Teilnehmer sitzen im Halbkreis vor einer hinreichend großen Pinwand. Eine Person moderiert den Arbeitsprozess.

Benötigte Materialien: Moderationskarten, Filzstifte, Klebestreifen

---

Arbeitsanleitung

1.1 Suchen Sie bitte drei Metaphern oder Vergleiche, in denen sich nach Ihrer Meinung am besten ausdrücken lässt, wie Unterricht sein sollte.

Zum Beispiel: „Unterricht sollte sein wie ein Ausflug in unbekannte Regionen"

Notieren Sie bitte jede dieser Metaphern auf einer Karte.
(Einzelarbeit)

1.2 Tauschen Sie sich mit einer Partnerin/einem Partner über Ihre Metaphern und Vergleiche aus:

- Was entdecke ich in den Metaphern/Vergleichen der/des anderen über den Unterricht?
- Was ist mir an meinen Metaphern/Vergleichen über den Unterricht wichtig gewesen?
- Liegen Ihre Metaphern/Vergleiche nahe beieinander oder betonen sie eher unterschiedliche Aspekte?
(Partnerarbeit)

1.3 Veröffentlichen Sie Ihre Metaphern/Vergleiche durch Aushängen der Karten im Plenum. Sortieren Sie die Karten nach Ähnlichkeit der Metaphern.
(Plenum)

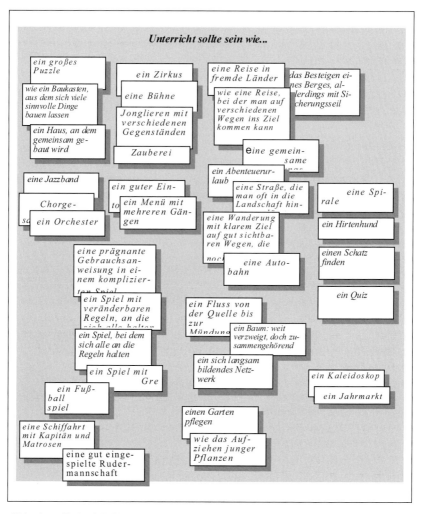

Abb. 2: Beispiel: Metaphern nach Themen sortiert

2. **Metaphern analysieren:** Konsequenzen der Bilder vom Unterricht

> **Arbeitsanleitung**
>
> Untersuchen Sie die Bilder/einzelne Bilder im Hinblick auf ihre Konsequenzen für:
>
> - die Rolle der Schülerinnen/der Schüler,
> - die Rolle der Lehrerin/des Lehrers,
> - die Art der Kommunikation,
> - den Umgang mit Fehlern,
> - den Umgang mit Konflikten.
>
> *Beispiel*:
>
> Wenn Unterricht sein sollte „wie eine gut eingespielte Rudermannschaft", welche Art der Kommunikation herrscht dann vor? Antwort: „Kommunikation als Kommando/Vorgabe durch den Schlagmann". Indem man auf diese Weise die verschiedenen Metaphern analysiert, werden problematische Anteile in Bezug auf das darin enthaltene Bild von Unterricht deutlich. Die Teilnehmer/-innen haben nun die Möglichkeit, sich mental von diesen problematischen Anteilen zu verabschieden und nur mit den positiven Anteilen weiterzuarbeiten.

Im Kollegium ein gemeinsames Verständnis von Unterricht entwickeln

3. **Metaphern reduzieren:** Sich auf ein gemeinsames Bild von Unterricht verständigen (Fortsetzung der Metaphernübung)

Leitfragen:

3.1 Können wir uns auf der Grundlage der von uns vorgestellten Metaphern auf ein gemeinsames Bild verständigen?

3.2 Welche der in den Metaphern vorhandenen Elemente von Unterricht sollten in diesem gemeinsamen Bild auf jeden Fall enthalten sein?

3.3 Gibt es Elemente, die nach unserer gemeinsamen Auffassung eher nicht berücksichtigt werden sollten?

Beispiel: Ein **gemeinsames Bild** von Unterricht

Aus dem im vorigen Schritt erarbeiteten Vorrat an Metaphern werden diejenigen ausgewählt, die nach übereinstimmender Auffassung gemeinsam die Elemente des von der Gruppe akzeptierten Bildes von gutem Unterricht enthalten. Dabei werden mögliche problematische Anteile der Bilder, die sich bei der detaillierten Analyse der Metaphern herausgestellt haben, aussortiert.

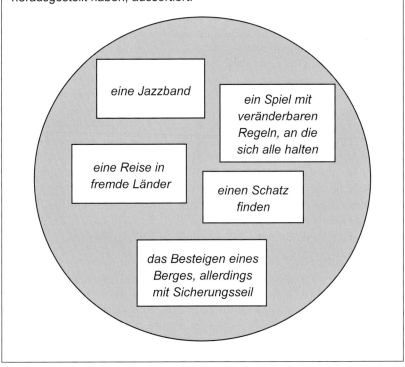

Abb. 3: Ausgewählte positive Elemente eines gemeinsamen Bildes guten Unterrichts

4. Das gemeinsame Bild in einen **Kriterienkatalog** übersetzen

In diesem Arbeitsschritt werden die positiven Elemente des gemeinsamen Bildes aufgegriffen, auf die sich die Teilnehmer/-innen verständigt haben. Die bildhaften Elemente werden in diskursive Formulierungen übersetzt und zu einem Kriterienkatalog ausformuliert. Dabei beschränken sich die Teilnehmerinnen und Teilnehmer jedoch nur auf die Aspekte, die auch in der vorangegangenen Diskussion eine Rolle gespielt haben. Der Versuchung, neue Deutungen der Bilder ins Spiel zu bringen, ist zu widerstehen.

Beispiel für einen Kriterienkatalog:

- zielorientiert sein und den Beteiligten zu einem weiteren Horizont verhelfen (Bergsteigen)
- sich an gemeinsamen Interessen/Fragestellungen orientieren (Bergsteigen)
- möglichst Fragestellungen nachgehen, die den Charakter offener Probleme besitzen (Entdeckungsreise)
- Umwege und Fehler als Lerngelegenheiten nutzen (Entdeckungsreise)
- den unterschiedlichen Kompetenzen der Beteiligten Gelegenheit zur Entfaltung geben (Jazzband)
- die Leistungsfähigkeit der Beteiligten herausfordern (Bergsteigen)
- Interaktionen innerhalb der Lerngruppe als Instrument zu Lernfortschritten fördern (Jazzband)
- für Überraschendes offen sein (Schatzsuche)
- sich an Regeln orientieren, die den Bedürfnissen der Lernenden und den Erfordernissen des Lernprozesses dienen (Spiel)

Aus dem Kriterienkatalog wird **exemplarisch eines ausgewählt**, für das die Gruppe nun mögliche Indikatoren benennt. Welches der Kriterien gewählt wird, sollte nach den jeweiligen Bedürfnissen der Gruppe bestimmt werden: Vielleicht ist ein bestimmtes Kriterium bislang wenig berücksichtigt worden, sodass man es nun in den Mittelpunkt der Unterrichtsentwicklung stellen möchte.

5. **Indikatoren** für ein Kriterium

Beispiel:
Kriterium „Umwege und Fehler als Lerngelegenheiten nutzen":

- Zu einer Aufgabenstellung werden von den Schülerinnen und Schülern unterschiedliche Lösungsvorschläge vorgestellt.
- Die Lehrperson hält sich mit eigenen Kommentaren zurück.
- Die Schülerinnen und Schüler haben genügend Zeit, unterschiedliche Lösungen zu diskutieren und zu überprüfen.
- Ein falsches Ergebnis wird von den Mitgliedern der Lerngruppe nicht personenbezogen kommentiert.
- Lernwege werden ebenso ausführlich behandelt wie Lernergebnisse.
- Die Schülerinnen und Schüler werden ermutigt, unterschiedliche Lösungswege zu finden.

B 1.2 Zielklärungsübung: Was kennzeichnet guten Unterricht?

Die Übung wird in Gruppen von nicht mehr als **sieben Personen** durchgeführt. Jedes Gruppenmitglied erhält einen Satz der beigefügten Karten, auf denen jeweils ein mögliches Merkmal von gutem Unterricht benannt wird.

Jedes Gruppenmitglied hat 15 bis 20 Minuten Zeit, um in **Einzelarbeit** die fünf Karten auszuwählen und herauszuschneiden, die zusammen am ehesten sein Wunschbild von gutem Unterricht beschreiben.

Wenn alle Mitglieder einer Gruppe diesen Arbeitsschritt beendet haben, werden die Karten für alle lesbar in die Mitte des Tisches gelegt. Nun beginnt die **Diskussion in der Gruppe**:

a) Die Aussagen mancher Karten stehen einander inhaltlich sehr nahe. Durch Diskussion in der Gruppe sollten die Karten in einem ersten Schritt nach inhaltlicher Nähe geordnet bzw. gruppiert werden.

b) Man kann auch übereinkommen, einzelne Karten, über die kein Konsens besteht, nicht weiter zu benutzen, also auszusortieren.

c) Dann sollte versucht werden, daraus ein „Merkmale-Bild" bzw. „Merkmale-Profil" zu gestalten, etwa so:

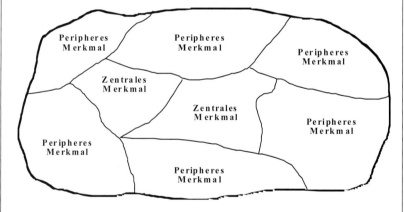

Die Frage, ob es sich bei den einzelnen Merkmalen um ein zentrales oder peripheres Merkmal handelt, wird von der Gruppe gemeinsam entschieden.

d) Schließlich sollte das gemeinsam entwickelte Merkmale-Profil für die gegenseitige Vorstellung im Plenum auf ein großes Blatt geklebt werden. Grafische Ausschmückungen als zusätzliche Verdeutlichung sind willkommen.

Merkmale: Was kennzeichnet guten Unterricht?		
1 Die Mitwirkung der Schülerinnen und Schüler bei der Planung	2 Ein abwechslungsreicher Medieneinsatz	3 Die Vermittlung fachmethodischer Kompetenzen
4 Eine Planung in größeren Zusammenhängen	5 Eine regelmäßige und sorgfältige Auswertung der Hausaufgaben	6 Die Berücksichtigung auch fachübergreifender Fragestellungen
7 Vielfältige Übungsmöglichkeiten	8 Die Verbindung von fachlichem mit sozialem Lernen	9 Ein von Interesse und Engagement geprägtes Arbeitsklima
10 Die Berücksichtigung unterschiedlicher Leistungsstände der Schülerinnen und Schüler	11 Eine methodisch variantenreiche Arbeit	12 Die Transparenz der Beurteilungskriterien
13 Ein lernpsychologisch plausibler Stundenaufbau	14 Freiräume für Kreativität der Schülerinnen und Schüler	15 Freude der Schülerinnen und Schüler am Entdecken neuer Zusammenhänge
16 Überraschungen für Schülerinnen, Schüler und Lehrperson	17 Das Engagement für die Sache	18 Aktives Lernen
19 Die Förderung entdeckenden Lernens	20 Die Relevanz des Unterrichtsgegenstandes für die Schülerinnen und Schüler	21 Die Transparenz der Ziele und Verfahren
22 Die fachwissenschaftliche Stimmigkeit	23 Ein klarer Organisationsrahmen	24 Anwendungsorientierung

Merkmale: Was kennzeichnet guten Unterricht?		
25 Fachmethodisch exaktes Arbeiten	26 Freude und Spaß der Schülerinnen und Schüler an der Arbeit	27 Für die Schülerinnen und Schüler erreichbare und erlebbare Lernfortschritte
28 Das Unterrichtsgespräch als Dialog	29 Die Berücksichtigung von Interessen der Schülerinnen und Schüler	30 Die Überführung objektiver Bedeutung von Gegenständen in subjektive Betroffenheit der Schülerinnen und Schüler
31 Die Vermeidung von Langeweile	32 Das Wecken von Neugier	33 Die Ermutigung zum Widerspruch
34 Die Erzeugung kognitiver Unsicherheit	35 Die Reflexion des Unterrichts auf der Meta-Ebene	36 Ein anspruchsvolles fachliches Niveau
37 Die Entwicklung von Verstehensansätzen aus dem Horizont der Schülerinnen und Schüler	38 Die Thematisierung von im Unterricht auftretenden Konflikten	39 Fehler werden als Lerngelegenheiten genutzt
40 Die Offenheit in der Sache	41 Die Orientierung am Curriculum	42 Eine deutliche Schwerpunktsetzung
43 Die Möglichkeit zu mehrkanaligem Aufnehmen	44 Ein funktionaler Einsatz unterschiedlicher Arbeits- und Sozialformen	45 Die Sicherung von Lernergebnissen

Merkmale: Was kennzeichnet guten Unterricht?		
46 Eine möglichst große Zurückhaltung der Lehrperson	47 Eine sorgfältige Vorbereitung durch die Lehrperson	48 Eine flexible Unterrichtsführung
49 Freundlichkeit und Hilfsbereitschaft der Lehrperson	50 Die Berücksichtigung von Sicherheitsbestimmungen	51 Ein wissenschaftspropädeutisches Arbeiten
52 Sinnbezug für die Schülerinnen und Schüler	53 Eine kontinuierliche Mitarbeit der Schülerinnen und Schüler	54 Eine gerechte Beurteilung von Schülerleistungen
55 Ein innovatives Potenzial	56 Vielgestaltige Möglichkeiten für Schülerbeteiligung	57 Ein reflektierter Umgang mit eingeführten Lehr- und Lernmitteln
58 Eine grundsätzliche Orientierung am Schulprogramm	59 Eine Offenheit für Kritik	60 Ein stufengemäßes Anforderungsniveau
61 Die Förderung sprachlicher Kompetenz der Schülerinnen und Schüler	62 Die Berücksichtigung außerschulischer Lernmöglichkeiten	63 Die Individualisierung des Lern- und Arbeitsprozesses
64 Die Förderung von Selbstverantwortlichkeit	65 Der Lerngegenstand als Produkt gemeinsamer Anstrengungen	66 Eine hohe Interaktionsdichte innerhalb der Lerngruppe

Merkmale: Was kennzeichnet guten Unterricht?		
67 Ein breites Anregungspotenzial für die Schülerinnen und Schüler	68 Die Berücksichtigung aktueller Themen	69 Die Rücksichtnahme auf die jeweilige Leistungsfähigkeit der Schülerinnen und Schüler (vorangegangene Belastungen etc.)
70 Die Thematisierung von Lernschwierigkeiten	71 Unterschiedliche Zugangsmöglichkeiten zum Lerngegenstand eröffnen	72 Das Interesse für den Lerngegenstand wecken
73 Die Eröffnung von Lernchancen auch für Außenseiter	74 Die Schülerinnen und Schüler werden zur Selbstkorrektur befähigt	75 Die bewusste Orientierung an pädagogischen Leitideen
76 Die möglichst selbstständige Erarbeitung des Lösungsweges durch die Schülerinnen und Schüler steht im Mittelpunkt	77 Die fachsprachliche Genauigkeit	78 Regelmäßige Lernerfolgskontrollen

Weitere Merkmale:

Anders als die Metaphernübung bezieht sich die Zielklärungsübung nur auf den Basisprozess „Klären und Vereinbaren von Zielen". Die Zielklärungsübung arbeitet mit vorgegebenen Statements zum Verständnis von gutem Unterricht, aus denen die Teilnehmerinnen und Teilnehmer individuell fünf Merkmale auswählen. Eine Variante besteht darin, sich nicht auf vorgegebene Formulierungen zu beziehen, sondern individuell fünf Merkmale guten Unterrichts zu benennen, mit denen dann im Sinne der Arbeitsanleitung weitergearbeitet wird.

B 2 Gemeinsam Unterrichtsvorhaben planen

B 2.1 Ablaufschema „Kooperative Planung von Unterricht"

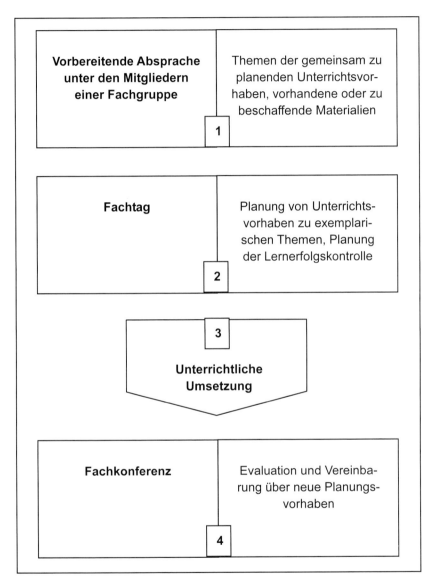

Abb. 4: Ablaufschema „Kooperative Planung von Unterricht"

Die Notwendigkeit, die Qualität von Schule und Unterricht kooperativ zu gewährleisten, verlangt eine Arbeitsorganisation, die einerseits ökonomisch mit der Zeit der Lehrkräfte umgeht, andererseits aber auch sicherstellt, dass Kooperation nicht vom guten Willen einzelner Personen und zufälligen Zeitbudgets abhängig bleibt. Die Lösung dieser Aufgabe zeigt das Ablaufdiagramm. Es geht davon aus, dass in den Schulen im Jahr durchschnittlich zwei sog. Studientage für schulinterne Entwicklungsvorhaben stattfinden, die in diesem Fall als „Fachtag" genutzt und einmal pro Schulhalbjahr durchgeführt werden.

An einem Fachtag können die Lehrkräfte eines Faches, die in einer Jahrgangsstufe parallel Unterricht erteilen, gemeinsam ein Unterrichtsvorhaben und die zugehörigen Lernerfolgskontrollen planen, die sie jeweils in ihren Klassen realisieren.

Je nach Größe der Fachkonferenz werden auf diese Weise Unterrichtsvorhaben für verschiedene Jahrgangsstufen gleichzeitig geplant. Dabei kommt es aber nicht darauf an, dass die Schule innerhalb eines Faches in einen „pädagogischen Gleichschritt" verfällt, sondern dass die unterschiedlichen Leitvorstellungen der Lehrkräfte und die darauf gegründete Praxis mit der Zeit ein größeres Maß an Vergleichbarkeit erlangen.

B 2.2 Projektmatrix „Fächerverbindender Unterricht"

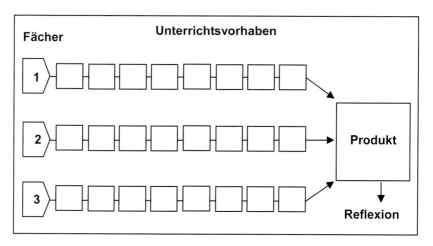

Abb. 5: Projektmatrix: allgemeine Form

Die Projektmatrix zur Planung eines fächerverbindenden Unterrichtsvorhabens besteht in der schematischen Darstellung eines fächerverbindenden Projektes in seiner denkbar allgemeinsten Form, die auf ein hinreichend großes Plakat gezeichnet wird: Die Projektplanung orientiert sich an einem gemeinsam herzustellenden Produkt, das das Ziel der Arbeit in den beteiligten Fächern darstellt. Zu diesem Produkt leisten die verschiedenen Fächer einen fachspezifischen Beitrag, der innerhalb eines bestimmten Zeitraumes im Rahmen der von der Stundentafel bereitgestellten Unterrichtsstunden zu leisten ist. Im Anschluss an die Fertigstellung des gemeinsamen Produktes soll der Arbeitsprozess in einer Reflexionsphase analysiert werden, um über das konkrete Produkt hinaus die Methodenkompetenz der beteiligten Personen zu erweitern.

Die Arbeit mit der Projektmatrix

Verständigung über das Produkt

In einem ersten Arbeitsgang einigen sich die Vertreter der verschiedenen Fächer auf ein gemeinsam zu erstellendes Produkt, z. B. Werbung für die eigene Schule als fächerverbindendes Projekt in der Jahrgangsstufe 9. Für den weiteren Fortgang der gemeinsamen Arbeit werden die Richtlinien der beteiligten Fächer daraufhin durchgesehen, welchen Beitrag das jeweilige Fach zum gemeinsamen Thema leisten kann. Die fachspezifischen Beiträge werden in Unterrichtsschritten dargestellt, die eine oder mehrere Unterrichtsstunden umfassen können. Jeder Unterrichtsschritt wird auf einer Karte notiert.

Die fachegoistische Phase

Im zweiten Arbeitsgang werden die einzelnen Unterrichtsschritte der beteiligten Fächer als beschriftete Karten in das Schema eingefügt. Gegenüber der ersten Planung hat das Projekt nun eine wesentlich deutlichere Gestalt angenommen.

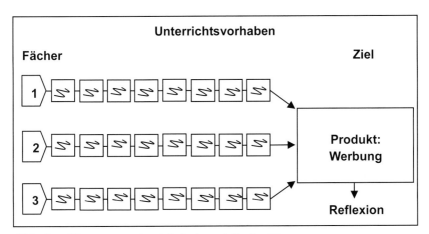

Abb. 6: Planungszustand 1: fachegoistische Phase

Sofort werden aber auch **einige Probleme** klar:

– Zwischen den verschiedenen Fächern kommt es zu inhaltlichen Doppelungen.
– Die einzelnen Fächer sind mit einer unterschiedlichen Wochenstundenzahl in der Stundentafel vertreten.
– Die möglichen Beiträge der verschiedenen Fächer zu dem geplanten Produkt sind von unterschiedlichem zeitlichem Umfang.

Für die weitere Planung ergeben sich daraus folgende **Aufgaben**:

- Unnötige inhaltliche Doppelungen müssen vermieden werden. Es ist zu verabreden, welche thematischen Aspekte welchem Fach am günstigsten zuzuweisen sind.
- Die Arbeitsschritte der beteiligten Fächer müssen zeitlich koordiniert werden.
- Es muss geklärt werden, wie groß der zeitliche Umfang des Beitrages sein soll, den die verschiedenen Fächer leisten.

Es wird deutlich, dass es sinnvoll ist, alle diese Überlegungen nicht von einem gemeinsamen Startpunkt des Projektes her zu denken, sondern von seinem Ende her, dem angestrebten Produkt. Dabei wird auch entschieden, in Wocheneinheiten zu planen. Um einen ersten Bezugsrahmen für die Planung zu haben, wird einigermaßen willkürlich ein Zeitbudget von zunächst vier Wochen für das Projekt gesetzt.

Das Zeitbudget vereinbaren

In einem dritten Arbeitsgang wird auf der Grundlage dieser Entscheidung das Planungsschema in vier Wocheneinheiten eingeteilt.

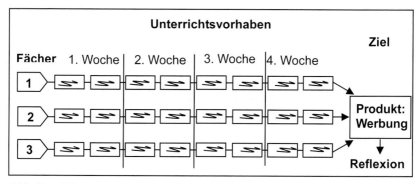

Abb. 7:   Planungszustand 2: Zeitbudget

Während bislang die Planungsüberlegungen vornehmlich in horizontaler Orientierung, also fachbezogen, durchgeführt worden sind, wird nun die Vertikale bestimmend:

- Wie passt das, was in den verschiedenen Fächern während einer Woche behandelt wird, inhaltlich zusammen?
- Was muss in dem einen Fach geleistet worden sein, damit das andere darauf aufbauen kann?
- Wie viel zeitlicher Vorlauf muss einem Fach gegenüber dem anderen unter Berücksichtigung der unterschiedlichen Wochenstunden eingeräumt werden?

– Tragen alle Fächer während der gesamten Projektdauer zum gemeinsamen Produkt bei oder ist es denkbar, dass sich ein Fach nach einer Anzahl von Stunden aus dem Projekt verabschiedet?

Arbeitsteilung verabreden

Das Ergebnis dieser Überlegungen führt zur endgültigen Darstellung des Projektverlaufs.

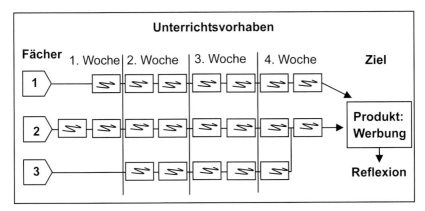

Abb. 8:   Endstufe: Arbeitsteilung der Fächer

Die zunächst unabhängigen Planungen verschiedener Fächer haben sich nun in ein arbeitsteiliges Projekt verwandelt, in dem sich die beteiligten Fächer im Hinblick auf das gemeinsam angestrebte Produkt gegenseitig zuarbeiten; dabei beschränkt sich jedes Fach auf den von einem ökonomischen Arbeitsablauf gebotenen Umfang.

B 2.3 Fach- und Jahrgangsstufenkonferenzen synchronisieren

Die Vermittlung von sog. Schlüsselqualifikationen oder Prozesskompetenzen, die Gegenstand des Lernens in verschiedenen Fächern sein sollen, verlangen nach einer Unterrichtsentwicklung, die Ergebnisse unterschiedlicher Fachkonferenzen einer Klassen- oder Jahrgangsstufenkonferenz zugänglich macht, um dort zu einer verbindlichen Vereinbarung über bestimmte Aspekte der Unterrichtsgestaltung zu führen.

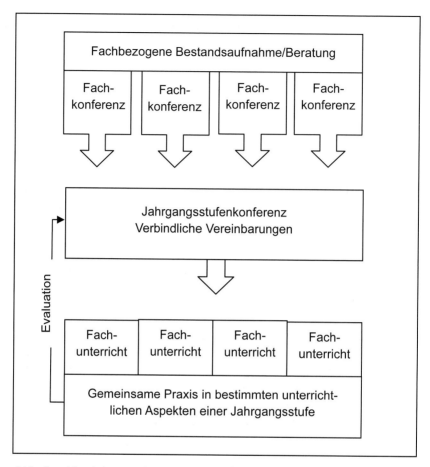

Abb. 9: Vereinbarung bestimmter unterrichtlicher Aspekte als gemeinsame Praxis unter Einbeziehung unterschiedlicher Fachkonferenzen

Beispiel: Schritte der Unterrichtsentwicklung zum Thema „Das Lernen lernen"

1. Schritt: Ebene der Fachkonferenzen

- Welche Lernstrategien spielen in unserem Fach eine besondere Rolle?
- Für welche inhaltlichen Zusammenhänge sind diese Strategien relevant?
- Welche dieser Lernstrategien könnten auch in anderen Fächern von Belang sein?
- Gibt es Lernstrategien, die sinnvoll nur in unserem Fach vermittelt und eingesetzt werden können?

2. Schritt: Ebene der Jahrgangsstufenkonferenz

- Gibt es Lernstrategien, die in mehreren Fächern von Bedeutung sind?
- Für welche inhaltlichen Zusammenhänge der in dieser Jahrgangsstufe unterrichteten Fächer sind diese Strategien relevant?
- Können diese Lernstrategien systematisch und explizit zum Bestandteil von Aufgabenstellungen in verschiedenen Fächern gemacht werden?
- Kann der Einsatz von Lernstrategien in den verschiedenen Fächern dieser Jahrgangsstufe in eine verbindliche Vereinbarung gebracht werden?
- Wann und wie sollen die Erfahrungen mit dem Einsatz von Lernstrategien in den verschiedenen Fächern dokumentiert und unter den in der Jahrgangsstufe unterrichtenden Kollegiumsmitgliedern ausgetauscht werden?

B 3 Das Methoden- und Inhaltsrepertoire überprüfen und erweitern

Hinweise für notwendige Veränderungen und Ergänzungen unterrichtlicher Praxis im Hinblick auf das vorhandene Methoden- und Inhaltsrepertoire liefert das Leitbild reflektorischer Unterrichtsentwicklung, das der Möglichkeit sinnhaften und effizienten Lernens verpflichtet ist und das die dafür notwendigen Faktoren benennt.

B 3.1 Leitbild reflektorischer Unterrichtsentwicklung

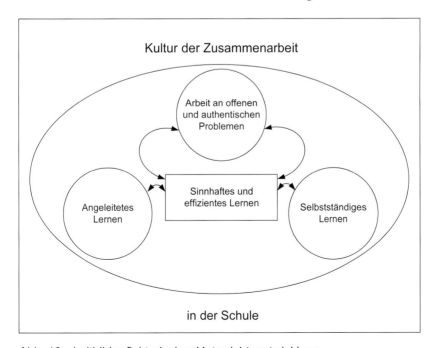

Abb. 10: Leitbild reflektorischer Unterrichtsentwicklung

Welche Entwicklungsvorhaben angesichts der konkreten Situation in der Schule vorrangig zu betreiben sind, verdeutlicht der Entwicklungskompass. Die aktuelle unterrichtliche Praxis ist im Hinblick auf die möglichen Entwicklungsrichtungen zu befragen und entsprechend zu bearbeiten.

B 3.2 Entwicklungskompass

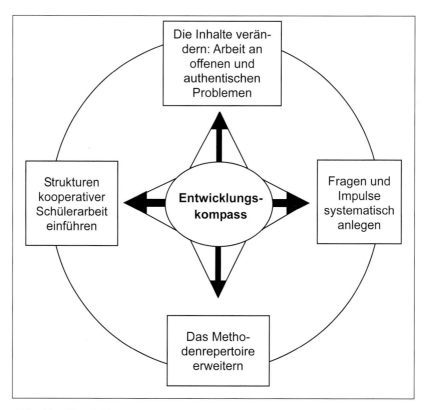

Abb. 11: Entwicklungskompass

Die Inhalte verändern: Arbeit an offenen und authentischen Problemen
Es stellt sich die Frage, ob nicht in den meisten Fällen „problemorientierten Unterrichts" das Lösen von Aufgaben im Mittelpunkt steht, für die die Lösungswege bekannt sind und für die in der Regel ein bestimmter Lösungsweg gilt. Daher sollte man in solchen Fällen eher von „aufgebendem Unterricht" sprechen. Als „offenes und authentisches Problem" bezeichnet man dagegen eine Lernsituation, in der die Schülerinnen und Schüler mit etwas konfrontiert werden, das nicht schon sofort als Anwendungsfall *einer* zuvor vermittelten Lösungsstrategie erkennbar ist. Die Schülerinnen und Schüler begegnen einer offenen Situation, in der unterschiedliche Fragestellungen möglich sind, nach Lösungswegen gesucht werden muss und nicht von Anfang an feststeht, dass es *eine* richtige Lösung gibt, von der jeder erwartet, dass der Lehrer sie vorab schon kennt.

Fragen und Impulse systematisch anlegen
Leitfragen und Impulse werden am fach- und gegenstandsspezifischen Methodenkonzept der Unterrichtsstunde orientiert.

Das Methodenrepertoire erweitern
Die noch weithin herrschende fragend-entwickelnde Monokultur wird angereichert um Methoden, die die Selbsttätigkeit der Schülerinnen und Schüler fördern, z. B. durch Stationenlernen, Wochenplanarbeit, Freie Arbeit, Simulation, Erkundung, Projektarbeit.

Strukturen kooperativer Schülerarbeit einführen
Ziel kooperativen Unterrichts ist es, inhaltlich fachliches Lernen mit sozialem und affektivem Lernen zu verbinden. Die Strukturen kooperativer Schülerarbeit lassen einen Grad an inhaltlicher Offenheit zu, der es den einzelnen Lernenden ermöglicht, eigene Beziehungen zum Lernstoff zu entwickeln und zugleich darüber in einen intensiven Austausch mit den Mitschülern zu treten. Grundformen kooperativer Schülerarbeit sind: Murmelgruppen, Vier Ecken, Think-Pair-Share, Innenkreis – Außenkreis, Runder Tisch, Gruppenpuzzle.

B 4 Den Unterrichtsprozess und seine Ergebnisse evaluieren

B 4.1 Feedback durch kollegiale Hospitationszirkel

Gruppengröße
Kollegiale Hospitationszirkel sollten aus etwa drei Lehrpersonen bestehen, die sich gegenseitig in jedem ihrer beiden Fächer innerhalb eines (halben?) Jahres einmal besuchen. Dies führt zu einer überschaubaren Anzahl von Terminen.

Organisation
Die zeitliche Planung der Besuche sollte von den Mitgliedern des Hospitationszirkels innerhalb des gesetzten Zeitraumes dezentral organisiert werden. Hierdurch werden Stundenplanprobleme minimiert.

Fachbezug
Es ist nicht erforderlich, dass sich Lehrpersonen gleicher Fächer zu einem Hospitationszirkel zusammenfinden. Es kann eine wichtige Erfahrung sein, dass es auch über das jeweilige Fach hinaus Wichtiges zu beobachten und zu besprechen gibt und dass sich Professionalisierung nicht auf Fragen der Fachdidaktik beschränkt.

Zusammensetzung
Die Bildung des Hospitationszirkels kann durch Sympathiewahl erfolgen; dies sichert am ehesten das notwendige Maß an Vertrauen und Offenheit.

B 4.2 Analyse-Netz: Passungen und Friktionen

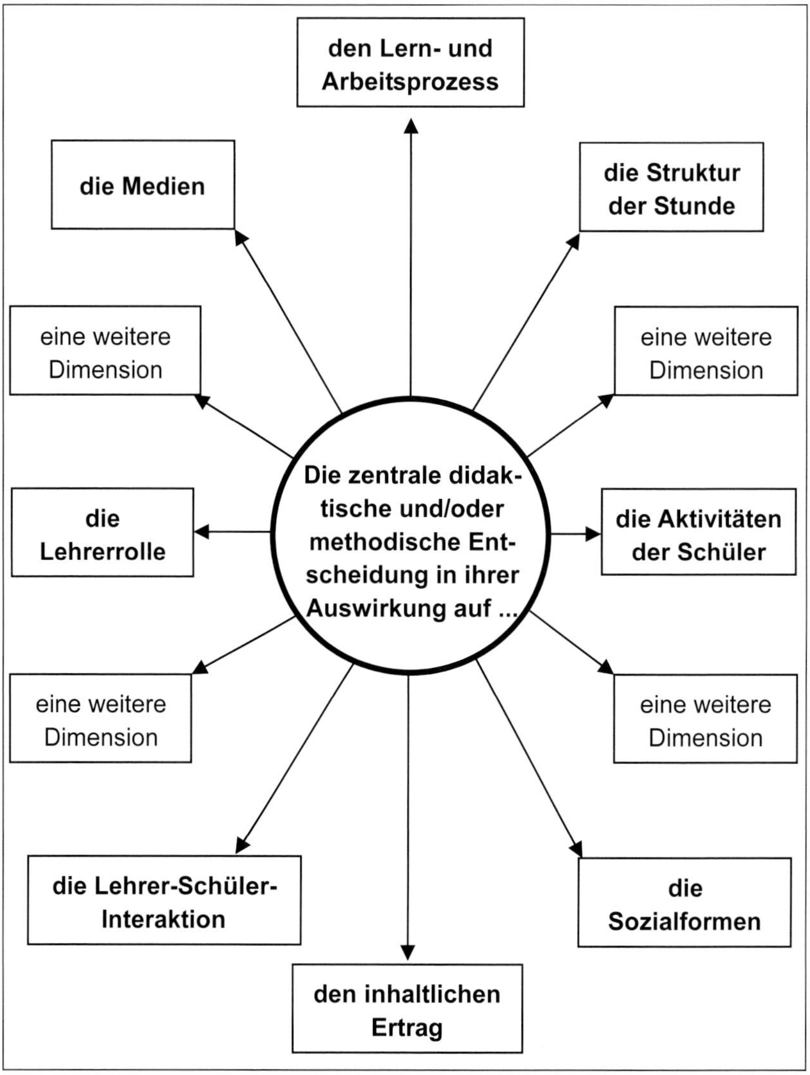

```
                    den Lern- und
                    Arbeitsprozess
                          ↑
   die Medien                        die Struktur
                                     der Stunde

  eine weitere                       eine weitere
  Dimension                          Dimension

                  Die zentrale didak-
       die       tische und/oder     die Aktivitäten
    Lehrerrolle  methodische Ent-    der Schüler
                 scheidung in ihrer
                 Auswirkung auf ...

  eine weitere                       eine weitere
  Dimension                          Dimension

  die Lehrer-Schüler-                die
      Interaktion                    Sozialformen
                          ↓
                    den inhaltlichen
                        Ertrag
```

Abb. 12: Analyse-Netz: Passungen und Fiktionen

Das Analyse-Netz als Instrument zur Analyse und Optimierung einer Unterrichtsstunde stellt die zentrale didaktische und/oder methodische Entscheidung der Lehrperson in den Mittelpunkt und befragt die verschiedenen unterrichtlichen Dimensionen daraufhin, ob sie zur zentralen Entscheidung in einem Verhältnis der Passung oder der Friktion stehen. Das bedeutet, dass die Analyse und Beurteilung von Unterricht nicht nach einem vorgegebenen Kriteriensatz erfolgt, sondern dass die dem jeweiligen Konzept immanenten Kriterien zum Maßstab der Analyse und der Nachbesprechung gewählt werden.

Damit stellen sich für **die Analyse einer Unterrichtsstunde zwei Leitfragen**:

- Welches Konzept liegt der Unterrichtsstunde zugrunde: Was ist die zentrale didaktische und/oder methodische Entscheidung, die die Lehrperson getroffen hat?
- In welchen unterrichtlichen Dimensionen hat dieses Konzept seinen Niederschlag gefunden bzw. lassen sich unterrichtliche Dimensionen identifizieren, in denen die zentrale Entscheidung nicht (konsequent genug) umgesetzt worden ist? (Passungen und Friktionen)

B 4.3 Feedback-Diagramm

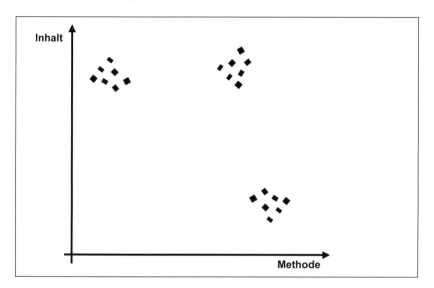

Abb. 13: Feedback-Diagramm

Das Feedback-Diagramm ist ein Instrument, mit dem man schnell und unkompliziert Schülerfeedback einholen kann. Die Koordinaten werden auf Packpapier gezeichnet; unterschiedliche Benennungen sind möglich, je nach Evaluationsinteresse: Inhalt – Methode, inhaltlicher Ertrag – Spaß, Anforderung – Arbeitszeit usw.

Die Schülerinnen und Schüler sind aufgefordert, mit einem Punkt zu kennzeichnen, wie sie die jeweiligen Dimensionen einschätzen. Im vorliegenden Beispiel, das nach Inhalt und Methode der Unterrichtsstunde fragt, gibt es offensichtlich drei Gruppen mit unterschiedlicher Einschätzung: Eine Gruppe schätzt Inhalt und Methode gleichermaßen als optimal ein; eine Gruppe bewertet die Methode der Stunde als recht positiv, während der Inhalt jedoch recht geringe Zustimmung findet; eine dritte Gruppe kommt zu einer entgegengesetzten Bewertung.

Warum die Schülerinnen und Schüler zu dieser Bewertung gelangt sind, geht aus diesem Diagramm nicht hervor, dies muss in einem anschließenden Gespräch geklärt werden. Das Feedback-Diagramm bietet einen Gesprächsanlass, um die unterschiedlichen Einschätzungen der Unterrichtsstunde auszutauschen.

B 4.4 Schülerfeedback durch Fragebogen einholen

Im Vergleich zum Feedback-Diagramm kann ein Fragebogen inhaltlich wesentlich differenzierter angelegt werden, allerdings um den Preis einer aufwändigeren Vorbereitung und Auswertung. Selbst angelegte Fragebögen haben den Vorteil, auf konkrete Aspekte der Unterrichtsentwicklung in der eigenen Schule passgenau eingehen zu können. Sie können sich z. B. auf ein Kriterium aus der Metaphernübung beziehen, das durch die zugehörigen Indikatoren konkretisiert und in Fragen übersetzt wird.

Will man die möglicherweise umfangreiche Arbeit, die mit der Entwicklung eines eigenen Fragebogens verbunden ist, ein wenig reduzieren, kann man dies tun, indem man einen vorgegebenen Modellfragebogen zum Ausgangspunkt nimmt, um ihn im Sinne der eigenen Leitideen, Zielvorstellungen und Indikatoren zu überarbeiten.

Beispiel: Fragebogen zum Kriterium „Fehler als Lerngelegenheiten nutzen"

	Zustimmung		Ablehnung	
	4	3	2	1
In der Besprechung von Aufgaben lässt der Lehrer regelmäßig mehrere Schüler zu Wort kommen.	☐	☐	☐	☐
Wenn ein Schüler seine Lösung einer Aufgabe vorgetragen hat, darf ich oder ein anderer Schüler dazu Stellung nehmen, ohne dass sich der Lehrer einmischt.	☐	☐	☐	☐
Ich habe genügend Zeit, über die Beiträge von Mitschülern nachzudenken und sie mit anderen Schülern zu diskutieren.	☐	☐	☐	☐
Wenn ich eine falsche Antwort gebe, werde ich dafür von meinem Lehrer nicht kritisiert.	☐	☐	☐	☐
Wenn ich eine falsche Antwort gebe, werde ich dafür von meinen Mitschülern nicht verspottet.	☐	☐	☐	☐

	Zustimmung		Ablehnung	
	4	3	2	1
Wenn ich zu einer Aufgabe keine Lösung finde oder eine falsche Antwort gegeben habe, arbeiten wir in der Klasse die Aufgabe gemeinsam durch.	☐	☐	☐	☐
Wenn ich zu einer Aufgabe eine andere Lösung als meine Mitschüler gefunden habe, darf ich sie im Unterricht vorstellen.	☐	☐	☐	☐
Wenn wir eine neue Aufgabe besprechen, notiert der Lehrer an der Tafel, wie man zu einer Lösung kommt.	☐	☐	☐	☐
Ich bekomme von meinem Lehrer Pluspunkte, wenn ich den Lösungsweg für eine Aufgabe kenne, auch wenn nachher das Ergebnis falsch ist.	☐	☐	☐	☐

Signaturen der Originalbeiträge: E 2.36, E 2.37

Projektmanagement an Schulen organisieren

Prof. em. Dr. Dres. h. c. Rolf Dubs, St. Gallen

1. Projektorganisation und personelle Zusammensetzung

Begriff

Werden einzelne Personen innerhalb einer Schule (Schulleitungsmitglieder, Lehrkräfte, Mitarbeitende der Schulverwaltung, Schüler, Eltern und allenfalls Schulbehördenmitglieder) **für Aufgaben eingesetzt, deren zeitliches Ende absehbar ist, entstehen Organisationsformen auf Zeit.** Für sie hat sich der Begriff der Projektorganisation eingebürgert, deren Ziel es ist, die Erfüllung von zeitlich begrenzten Aufgaben sicherzustellen, die sich mit einem bestimmten Vorhaben verbinden. Deshalb wird auch von Projektmanagement gesprochen, d. h. der Führung von einmaligen Vorhaben mit innovativem Charakter, die in gleicher Form nicht wiederkehren.

Die personelle Besetzung von Projektgruppen

Der Erfolg des Projektmanagements hängt wesentlich von den in den Projektgruppen eingesetzten Personen ab. An die Leitenden von Projektgruppen sind folgende **Anforderungen** zu stellen: Genügend Sachkompetenz (Moderatorfähigkeiten allein genügen für die Leitung einer Projektgruppe nicht), Motivationsfähigkeit, Einfühlungsvermögen, Kreativität, Kooperationsfähigkeit, Organisations- und Improvisationsgeschick sowie Anerkennung im Lehrerkollegium. Die Mitarbeitenden in Projektgruppen müssen vor allem lernfähig sein, Sachkompetenz mitbringen, sich in die Projektgruppe einordnen können, kreativ und innovativ sowie vom Lehrkörper akzeptiert sein.

Bei der Zusammensetzung von Projektgruppen sollten die folgenden **Aspekte** beachtet werden:

1. Die Projektgruppe muss im Interesse der Ausgewogenheit und der Sachkompetenz durch die Schulleitung zusammengesetzt werden. Dabei braucht sie nicht jede einzelne Person zu bestimmen, sondern sie kann auch nur festlegen, welche Gruppen von Schulangehörigen vertreten sein müssen, und diese Gruppen beauftragen, ihren Vertreter selbst zu bestimmen. Aus der Erfahrung empfiehlt sich eine Kombination: einzelne Nominierungen durch die interessierten und/oder betroffenen Gruppen der Schulgemeinschaft und namentliche Nominierungen durch die Schulleitung.

2. Der Schulleiter darf in Projektgruppen nie vertreten sein, um die Unabhängigkeit in der Entscheidungsfindung oder in der Implementierung zu gewährleisten. Hingegen sollte bei sehr wichtigen Projekten eine Vertretung der Schulleitung vorgesehen werden, damit die Kommunikation zwischen Schulleitung und Projektgruppe sichergestellt ist.
3. Sicherzustellen ist, dass alle interessierten Gruppen der Schulgemeinschaft (also auch eine allfällige Opposition innerhalb der Schule oder Lehrkräfte mit missliebigen Auffassungen) in der Projektgruppe vertreten sind.
4. Die Projektgruppe muss sich aus durchschlagskräftigen Mitgliedern zusammensetzen, die ziel- und ergebnisorientiert arbeiten.

2. Vorbereitung und Durchführung im Projektmanagement

Der Erfolg eines Projektes hängt stark von seiner Vorbereitung durch die Schulleitung ab. Ein geeignetes Mittel zur Klärung der Frage, ob sich eine Problemstellung oder eine Aufgabe mittels einer Projektgruppe besser lösen lässt, ist die Liste der „8 W des Projektmanagements".

1. **Warum** wird dieses Projekt gemacht und was sind die Zielsetzungen?
   Frage: Ist es überhaupt sinnvoll, ein Projekt zu machen (Zone der Sensibilität)
2. **Was** muss gemacht werden? Welches sind die spezifischen Projektziele?
   Frage: Ist klar, was gewollt wird?
3. **Wie** soll vorgegangen werden? Welche Mittel und Ressourcen werden benötigt?
   Frage: Wird nicht eine Überorganisation geschaffen?
4. **Wo** wird am Projekt gearbeitet?
   Frage: Sind die örtlichen Voraussetzungen geschaffen?
5. **Wer** ist an der Durchführung des Projektes beteiligt?
   Frage: Sind die richtigen Personenkreise eingeschlossen?
6. **Wann** wird mit dem Projekt begonnen und wann ist es fertig?
   Frage: Sind die Zeitvorgaben sinnvoll?
7. **Wie viel** darf das Projekt kosten?
   Frage: Ist der vorgesehene Finanzrahmen vertretbar?
8. **Wie** gut soll das Projekt sein?
   Frage: Welche Qualitätsziele müssen erreicht werden?

Zur Interpretation dieser Liste sei auf Folgendes verwiesen:

1. Sinnvoll ist das Projektmanagement nur bei Aufgaben und Problemstellungen in der Führung einer Schule, die in die „Zone der Sensibilität" fallen, d. h. Fragestellungen, welche für die Beteiligten relevant sind (sie betroffen machen) und zu denen sie substanziell etwas beitragen können und wollen. Probleme aus der „Zone der Akzeptanz" (Führungsaufgaben und Problemstellungen, die die Schulangehörigen nicht interessieren) werden besser durch die Schulleitung gelöst.
2. Projektgruppen dürfen nur für sinnvolle Problemstellungen, an deren Lösung die Schulleitung interessiert ist, eingesetzt werden. Unsinnig ist es, Projektgruppen zur Beschäftigung von Schulangehörigen, die in Opposition zur Schulleitung stehen, in der Hoffnung zu bilden, auf diese Weise könnte die Thematik auf die lange Bank geschoben werden oder die Projektmitarbeiter verlören mit der Zeit das Interesse an der Fragestellung.
3. Aus Gründen der Klarheit empfiehlt es sich, der Projektgruppe den Auftrag schriftlich zu erteilen.

Beispiel: Auftrag an die Projektgruppe „Integrationsfächer"

1. Unsere Schule hat vom Kultusministerium den Auftrag erhalten, eine Lehrerkonferenz zu zwei Integrationsfächern „Wirtschaft, Staat, Recht und Gesellschaft" sowie „Kultur" durchzuführen. Für jedes dieser beiden Integrationsfächer stehen während des letzten Schuljahres drei wöchentliche Lektionen während eines halben Jahres zur Verfügung. Die dafür benötigten Lektionen sind durch Reduktionen bei den Wirtschafts- bzw. Sprach- und Sachfächern zu gewinnen. Im äußersten Fall darf die wöchentliche Pflichtstundenzahl um eine erhöht werden.
2. Die Projektgruppe hat folgende Ziele zu erreichen:
   – Antrag für die Umgestaltung der Stundentafel an die Lehrerkonferenz,
   – Erarbeitung von Modellbeispielen für den Unterricht in den beiden Integrationsfächern mit Erprobung im Unterricht (1 Semester),
   – Bericht an das Kultusministerium über die Erkenntnisse aus der unterrichtlichen Erprobung.
3. Es stehen folgende Ressourcen zur Verfügung:
   – Der Projektgruppenleiter erhält aus dem Entlastungskontingent der Schulleitung eine wöchentliche Entlastung in seiner Unterrichtsverpflichtung von zwei Wochenstunden für ein Jahr.
   – Die Projektgruppenmitglieder erhalten eine Entlastung von einer Wochenstunde für ein Jahr.
   – Für den Beizug von Experten aus der Wissenschaft stehen insgesamt 4.000 DM zur Verfügung.
   – Für Schreibarbeiten steht das Sekretariat zur Verfügung.

4. Die Projektgruppe besteht aus:

   Vorsitz: _____

   Gruppenmitglieder: _____

5. Mit dem Projekt ist sofort zu beginnen, wobei folgende Zwischenziele zu erreichen sind:

Juli 1996:	Vorlage der neuen Stundentafel zu Händen der Lehrerkonferenz
Februar 1997:	Modellbeispiele für die beiden Integrationsfächer entwerfen
Sommersemester 1997:	Schulversuche in mindestens zwei Klassen mit Lehrkräften aus der Projektgruppe
Dezember 1997:	Schlussbericht durch Lehrerkonferenz verabschieden.

6. Der Projektleiter gibt dem Schulleiter zu folgenden Zeitpunkten mündliche Zwischenberichte über den Projektverlauf: Ende April 1997, Ende Juli 1997.

7. Die Projektgruppe organisiert sich selbst.

8. Das Projekt ist mit Forschungsliteratur abzustützen.

---

4. Für den Erfolg des Projektes sind eine klare Projektorganisation sowie ein Arbeits- und Zeitplan, die zu Beginn der Projektarbeit von der Projektgruppe erarbeitet werden, entscheidend, weil sie das eigentliche Führungsinstrument für die Projektarbeit darstellen.

5. Eine Projektgruppe soll sich grundsätzlich selbst organisieren können, wobei vor einer Überorganisation zu warnen ist. In Schulentwicklungsfragen, die den Lehrplan der Schule betreffen, empfiehlt sich eine Organisation mit einer **Lehrplangruppe**, die alle Entwicklungsarbeiten übernimmt, und einer **Validierungsgruppe**, die die von der Lehrplangruppe erarbeiteten Unterlagen validiert (überprüft, ob die Vorschläge plausibel sind, mit den Schulzielen übereinstimmen usw.) und Evaluationen oder Qualitätskontrollen zu Umsetzungsversuchen durchführt.

6. Beim Arbeits- und Zeitplan ist nicht nur die Arbeit in der Projektgruppe zu planen, sondern es ist auch zu überlegen, zu welchen Zeitpunkten der gesamte Lehrkörper zu orientieren ist und ob allenfalls eine hausinterne Weiterbildung vorzusehen ist, damit der Kenntnisstand zwischen Projektgruppe und gesamter Lehrerschaft nicht zu weit auseinanderklafft.

Wirksam ist die Einrichtung einer Leseecke im Lehrerzimmer oder in einem für die Lehrerschaft leicht zugänglichen Raum, wo alle Arbeitsunterlagen, Protokolle usw. der Projektgruppe sowie eine sinnvolle Auswahl von Büchern und Aufsätzen zur Einsicht bereitgestellt werden, damit die Information möglichst zweckmäßig ausgestaltet wird (Informationen sind auch Holschulden).

Zu überlegen ist in jedem Fall, ob außerhalb der Schule stehende Personenkreise in die Projektarbeit mit einzubeziehen sind. Sofern nicht formale Regeln aus Mitbestimmungskonzepten bestehen, sollten Außenstehende nur beigezogen werden, wenn sie zur Problemstellung einen substanziellen Beitrag leisten können. Alibi-Mitwirkungsrechte tragen nicht zu einem guten Projektmanagement bei.

3. Fehler beim Projektmanagement

An vielen Schulen läuft das Projektmanagement nicht oder nicht gut, weil immer wieder die gleichen Fehler gemacht werden:

1. Projektgruppen dürfen nicht zu einer Form von „Gegenregierung" innerhalb der Schule werden. Dies wird vermieden, wenn Projektgruppen Aufgaben bearbeiten, die nicht auch Gegenstand von Aktivitäten der Schulleitung sind.
2. Unangenehme Aufgaben, die der Entscheidung durch die Schulleitung harren, dürfen nicht an Projektgruppen übertragen werden.
3. Aufgaben, die an einzelne spezialisierte oder interessierte Lehrpersonen übertragen werden können, dürfen nicht als Projekt ausgestaltet werden.
4. Projekte ohne richtige oder ernsthafte Zielsetzung scheitern oft. Dazu zählen Projekte, die nur als Alibiübung zu bewerten sind (die Schulleitung verzögert etwas ihr Unangenehmes mittels einer Projektgruppe), oder Kritiker werden mit einem Projekt beschäftigt, damit sie eine Zeit lang nicht „stören", oder die Schulleitung setzt schwache Projektgruppen ein, damit zwar etwas geschieht, aber nichts daraus resultiert.
5. Zu viele in einer Schule gleichzeitig zu bearbeitende Projekte führen zu einer Überforderung der Lehrerschaft und zu Effektivitätsverlusten, weil die Implementierung verzögert wird.
6. Bedeutsam ist der Zeitfaktor. Einerseits sollte Projektgruppen nicht zu viel Zeit eingeräumt werden, weil zögerliche Arbeit demotivierend wirkt. Andererseits sollten Ergebnisse aus Projekten rasch umgesetzt werden bzw. Anträge von Projektgruppen an die Lehrerkonferenz rasch behandelt und darüber entschieden werden, denn bei einer verzögerten Behandlung werden Grundsatzfragen immer wieder neu aufgeworfen (indem beispielsweise eine Minderheit mit einer neuen Strategie wieder aktiv wird).
7. Wichtig ist der administrative Ablauf des Projektes. Kleine administrative Fehler können negative Folgen haben: unklare Aufträge, kein Arbeits- und Zeitplan, unüberlegte Zusammensetzung der Projektgruppe, keine klar geordnete Fortschrittskontrolle.

4. Checkliste zum Projektmanagement (Zusammenfassung)

- ❏ Überlegt sich die Schulleitung systematisch, bei welchen Aufgaben und Problemen sie Projektgruppen im Sinne des Projektmanagementes einführen will? (Einmalige und innovative Aufgaben aus dem Bereich der „Zone der Sensibilität")

- ❏ Überlegt sie sich, wie die Projektgruppe zusammengesetzt sein soll? (Sachkompetenz der Gruppenmitglieder, Ausgewogenheit, Möglichkeit von Vorschlägen zur Mitgliedschaft durch Fachgruppen, Durchschlagskraft)

- ❏ Überlegt sich die Schulleitung, ob eine Projektgruppe nötig ist oder ob das Problem innerhalb der bestehenden Organisation gelöst werden kann? (Lässt sich ein Problem innerhalb der bestehenden Organisation lösen, darf keine Projektgruppe eingesetzt werden, weil sie leicht zu einer „Gegenregierung" werden kann)

- ❏ Hat sie vor dem Entscheid, eine Projektgruppe einzusetzen, die Liste der „8W des Projektmanagements" berücksichtigt? (vgl. S. 37)

- ❏ Bemüht sie sich um die Formulierung eines klaren Auftrages an die Projektgruppe? (vgl. S. 38)

- ❏ Werden nicht gleichzeitig zu viele Projektaufträge vergeben?

- ❏ Überlegt sie sich, ob Ermüdungserscheinungen auftreten könnten und wie darauf zu reagieren wäre?

- ❏ Sind die Gruppenmitglieder in der Lage, nach dem Prinzip des organisationalen Lernens zu arbeiten, damit nicht vorgefasste Meinungen und Standpunkte vertreten, sondern kreative Lösungen konstruiert werden?

- ❏ Überlegt sich die Schulleitung, wie über den Beginn und den Fortgang des Projektes informiert wird? Sorgt sie dafür, dass der Wissensstand zwischen Projektgruppe und den übrigen Schulangehörigen nicht zu weit auseinanderklafft?

Signatur des Originalbeitrages: B 1.2

Schulprogramme erfolgreich umsetzen

Dr. Hans Haenisch, Soest/Dr. Christoph Burkard, Soest

1. Handlungsschritte für erfolgreiche Schulprogrammarbeit

- Wie erreicht man, dass ein Schulprogramm Bedeutung und Relevanz im Unterricht und im Schulalltag erhält?
- Wie muss man Schulprogrammarbeit gestalten, dass sie nicht lediglich zu einer formalen Pflichtübung wird, sondern davon nachhaltige Impulse für die Schul- und Unterrichtsentwicklung ausgehen?
- Was kann unternommen werden, damit die Ziele und Leitvorstellungen des Schulprogramms nicht nur auf dem Papier stehen bleiben, sondern möglichst in der praktischen Unterrichtsarbeit lebendig werden?

In vielen Schulen liegen mittlerweile schriftlich ausgearbeitete Schulprogramme vor. Es geht nunmehr weniger darum, Schulprogramme zu entwickeln, als diese im Schulalltag umzusetzen.

Grundlagen für erfolgreiche Schulprogrammarbeit

- Regelmäßig pädagogische Tage durchführen, um die anstehenden Themen des Schulprogramms zu bearbeiten oder um Zwischenbilanzen zu ziehen und das Schulprogramm neu zu justieren.
- Durch die Bildung von Arbeitsgruppen möglichst viele Kolleginnen und Kollegen in eine aktive Rolle bringen, um so die Aufmerksamkeit der Lehrkräfte für die praktische Bedeutung des Schulprogramms zu gewährleisten.
- Regelmäßig gemeinsame Besprechungs- bzw. Diskussionstermine als Angebot für alle Lehrkräfte einplanen, um damit für Kontinuität der Schulprogrammarbeit zu sorgen.
- Durch eine Koordinierungsgruppe die Schulprogrammarbeit steuern, um damit für das Kollegium eine „Servicemannschaft" zu haben, die Aktivitäten vorbereitet, Gruppen moderiert und Ergebnisse zusammenträgt.
- Die Ziele, Prozesse und Ergebnisse dokumentieren, um Anschlüsse zu wahren und den Fortschritt der Arbeit für alle bewusstzumachen.

- Was sind die wichtigsten Aufgaben bei der Umsetzung des Schulprogramms?

- Wie wird Verbindlichkeit für die im Schulprogramm beschlossenen Maßnahmen hergestellt?
- Welche Schritte werden bei der Umsetzung im Fachunterricht gegangen?

Checkliste: Prinzipien und Faktoren für eine erfolgreiche Umsetzung des Schulprogramms

1.1 Konkrete Arbeitsaufträge an die Fach- und Jahrgangskonferenzen geben.

1.2 Teams aufbauen.

1.3 In jeder Lehrerkonferenz ein pädagogisches Thema des Schulprogramms behandeln.

1.4 Themen und Leitideen des Schulprogramms als Motto für Projekttage und Feiern nutzen.

1.5 Verantwortliche und „Vorreiter" für einzelne Aktivitäten und Themen gewinnen.

1.6 Das Schulprogramm im Gespräch halten.

1.7 Die Komplexität des Schulprogramms reduzieren.

1.8 Durch organisatorische Regelungen den Leitideen zur Umsetzung verhelfen.

1.9 Konkrete Aktivitäten für einzelne Jahrgangsstufen festlegen.

1.10 Regelmäßig Zwischenbilanz ziehen.

---

2. Die besondere Rolle von Schulleitung bei der Umsetzung des Schulprogramms

Bei der Schulprogrammarbeit kommt Schulleiterinnen und Schulleitern zweifellos eine Schlüsselrolle zu. Sie müssen immer hinter der Sache her sein, sie müssen motivieren und unterstützen, gegebenenfalls die Kolleginnen und Kollegen auch einmal antreiben oder an Vereinbarungen erinnern. Wichtig ist aber auch, Fingerspitzengefühl dafür zu entwickeln, wann Geduld notwendig ist, wann die Kollegen nicht unnötig gedrängt werden sollten und die Arbeit mal für eine bestimmte Zeit besser ruhen sollte.

Funktionen und Rollen der Schulleitungen:

- Den Sinn des Schulprogramms für die Schule deutlich machen.
- Motivieren, überzeugen, unterstützen.
- Immer wieder Anstöße geben, nachhaken und nachfragen.
- Den Kollegen immer wieder deutlich machen, was schon erreicht wurde und wo die Schule steht.
- Die Kollegen ermutigen, den anderen Kollegen ihre Erfahrungen vorzustellen.
- Immer wieder die Vorteile neuer Arbeitsformen an praktischen Beispielen aufzeigen, um nach und nach mehr Kollegen für die Ziele zu gewinnen.
- Strukturen schaffen, die den Inhalten des Schulprogramms entsprechen.
- Selbst Vorbild sein und in den Teams mitarbeiten.

3. Tipps für erfolgreiche Schulprogrammarbeit (Zusammenfassung)

Worauf es bei der Schulprogrammarbeit ankommt – Empfehlungen erfolgreicher Schulen

(1) Voraussetzungen im Kollegium	
Gemeinsame Ziele haben, für einen Grundkonsens sorgen	„Ohne einen Grundkonsens kann alles, was wir hier beschrieben haben, kaum funktionieren. Und die Zeit dafür sollte man sich nehmen."
Offenheit untereinander	„Ehrlich sein zueinander, bezogen auf das, was man leisten kann, was man einbringen kann und einbringen will."
Bereitschaft, sich auf Neuerungen einzulassen	„Lass' dich doch mal drauf ein, guck mal, was daraus wird."
Vertrauen in die Professionalität aller Kolleginnen und Kollegen	„Als oberste Regel ist die Wertschätzung der Arbeit der Kollegen und auch das Ernstnehmen der Dinge, die sie bearbeiten, bedingungslos."
Eine unterstützende Schulleitung	„Eine motivierende Schulleitung, die ausprobiert, weitergibt, verwirft, entwickelt …"

(2) Wichtige Handlungsschritte	
Bestandsaufnahme machen	„Eine Bestandaufnahme machen und sagen: So weit sind wir. Nicht weiter, nicht weniger, nicht mehr."
Ziele klären und Zielvereinbarungen treffen	„Zunächst muss man sich darüber klar werden, was man erreichen möchte und wo man Schwerpunkte setzt. Dann muss festgelegt werden, wo man anfängt."
Bei relevanten Problemen des unterrichtlichen Alltags ansetzen	„Von den eigenen Problemen ausgehen oder von dem ausgehen, was einem im Alltag auf den Nägeln brennt."
Konkrete Projekte in Angriff nehmen	„Ja, was Überschaubares, nicht so einen Riesenkomplex, der sich immer wieder zergliedert und in allen Jahrgangsstufen unterschiedlich ist."
Schwerpunkte setzen	„Wir beschränken uns auf Schwerpunkte und fangen erst mal da an."
Schritt für Schritt vorgehen	„Man kann zwar viele Dinge angehen, aber es sollte möglichst nacheinander sein."
Das Schulprogramm anschaulich formulieren	„Das kann man nicht mit einem Buch machen, sondern man muss eine Form finden, die auch von Kindern und auch von Eltern gelesen wird."
(3) Leitlinien für den Arbeitsprozess	
Breite Beteiligung ermöglichen	„Schulprogramm läuft nur, wenn es auf eine ganz breite Basis gestellt wird, d. h. alle Kollegen müssen beteiligt sein."
(Zwischen-)Ergebnisse visualisieren	„Ganz wichtig: Das merke ich immer wieder. Es muss so sichtbar gemacht werden, dass man sich auch daran erinnert."
Im Gespräch und in der Auseinandersetzung bleiben	„Im Gespräch bleiben, viel, viel sprechen. Immer am ‚Mann' bleiben, immer dran bleiben, die Ohren auf, hören, Stimmungen wahrnehmen."

Signatur des Originalbeitrags: B 4.4

Aufgaben- und Stellengestaltung sowie Einsatzsteuerung – Werkzeuge

Dr. Herbert Buchen, Bad Sassendorf

1. Job Design als Voraussetzung zur Zielerreichung

Die Aufgaben- und Stellengestaltung stellt eine wichtige Voraussetzung für die Zielerreichung in Organisationen dar. Läuft dieser Prozess fehlerhaft, ist er nicht selten die Ursache für Demotivation und geringe Produktivität. Während in Organisationen, in denen überwiegend „Kopfarbeit" stattfindet, der Grundsatz gilt, dass „der Mensch den Job organisiert und gestaltet", steht die schulische Praxis dazu in einem merkwürdig widersprüchlichen Verhältnis. Obwohl fast ausschließlich „Kopfarbeiter" tätig sind, hat bislang eher die Arbeit den Lehrer organisiert, über die Fächer, Lehrpläne, Stoffverteilungspläne und Leistungstests usw. Die Steuerung des Einsatzes von Lehrkräften geschieht traditionell und auf den ersten Blick plausibel weit überwiegend entsprechend den studierten Fächern und Lehrämtern. Die Umkehrung dieser Praxis in der Weise, dass die Lehrkraft die Arbeit organisiert, wäre möglicherweise geeignet, im Sinne von größerer Wirksamkeit des Leistungsvollzugs auch zu größerer Arbeitszufriedenheit und Motivation zu führen.

Einige gerade in der Schule **relativ häufig auftretende Fehler** sollten dabei vermieden werden:

- **Die Aufgaben sind oft zu klein „geschnitten".**

Fachlehrer zu sein, beschreibt einen wichtigen, aber nicht hinreichenden Teil des Auftrags an Schule und an die einzelne Lehrkraft. Er umfasst neben der Verpflichtung, das konkrete Fach und eine bestimmte Lerngruppe zu unterrichten, die Aufgabe, mit den anderen Lehrkräften dieser Lerngruppe und darüber hinaus mit allen Mitgliedern der Schule und mit deren Umfeld zur Optimierung der Unterrichts- und Erziehungsarbeit für jeden einzelnen Schüler, die gesamte Lerngruppe und schließlich für die ganze Schule systematisch und kontinuierlich zusammenzuwirken. Aus der systemischen Schulentwicklung ist bekannt, dass jegliche Veränderung oder auch Nichtveränderung im System Auswirkungen auf das Gesamtsystem hat. Erfolgreiches Handeln im Sinne von Zielerreichung setzt abgestimmtes transparentes Arbeiten aller Teileinheiten voraus. So gehört es zur Pflichtaufgabe einer jeden Lehrkraft, über die Arbeit in den eigenen Fächern und/oder als Klassenlehrer hinaus in der Jahrgangsfachgruppe und in der Lehrergruppe, die im Jahrgang unterrichtet, mitzuarbeiten. Zusätzlich sollte neben der Basisverpflichtung für den eigenen Unterricht mindestens eine weitere Aufgabe übernommen werden, die auf den verschiedensten schulischen Ebenen, in ihren Teilorganisationen (Gremien,

Konferenzen, Arbeitsgruppen, im Leitungsbereich usw.) angesiedelt sein kann. Dies kann z. B. betreffen:

- unterrichtsfachliche, didaktisch-methodische oder pädagogische Aufgaben,
- Richtlinien- und Lehrplanarbeit,
- Mentoren- oder Leitungsarbeit,
- den Aufbau von neuen Unterrichtsschwerpunkten,
- außerunterrichtliche, eher sozialpädagogische Bereiche,
- Schulentwicklungsprojekte,
- interne Fortbildung oder
- die Mitwirkung beim Qualitätsmanagement.

Mit diesen Erwartungen an Lehrkräfte sind zugleich Aspekte von Personalentwicklung im Sinne von Erweiterung des Aufgabenbereiches (Job Enlargement) und Anreicherung mit schwierigeren Aufgaben (Job Enrichment) angesprochen, die als wichtige Stationen einer individuellen professionellen Weiterentwicklung dienen können (Stichwort Personal- und Karriereentwicklung). Zusätzliche Aufgaben bedürfen der förmlichen Aufnahme in die Stellen- und Aufgabenbeschreibung der Lehrkraft.

Berufliche Aufgaben sollten den Menschen hinlänglich fordern ohne zu überfordern und alle versteckten oder offenkundigen Talente evozieren, aber zugleich auch Hinweise auf die persönlichen Grenzen geben. Es ist nicht ganz unwahrscheinlich, dass die viel beklagte Burn-out-Rate von Pädagogen durch die Fokussierung oder gar Fixierung aller beruflichen Anstrengungen auf das Unterrichten der zugeteilten Lerngruppen mit beeinflusst ist. Für diese Annahme sprechen nicht zuletzt die Erfahrungen, die Schulleitungen, Lehrkräfte, Eltern und Schüler/-innen vielfach machen, wenn sie bei Projekttagen oder -wochen, bei Erkundungen außerhalb des Klassenzimmers oder bei Klassenfahrten an ihren Lehrerinnen und Lehrern gänzlich unvermutete Talente, Interessen, Hobbys und nicht selten ein ganz anderes (Sozial-)Verhalten entdecken.

- **Die Aufgaben sind zu groß geschnitten**

Seltener kommt es im Schulbereich vor, dass Aufgaben zu groß geschnitten sind. Während man zu klein geschnittene Aufgaben, z. B. die Beschränkung der Lehrertätigkeit ausschließlich auf das Unterrichten einer Lerngruppe, fataler Weise nur schwer bemerkt, weil Lehrkräfte und viele Schulleitungen dies von jeher als alleinige Lehreraufgabe verstehen, erkennt man die Überforderungen daran, dass die Lehrkräfte Stressreaktionen zeigen, Fehler machen, Termine vergessen, nicht sorgfältig arbeiten.

Überforderung – insbesondere bei neuen Lehrerinnen und Lehrern – kann vermieden oder verringert werden, wenn die ersten Anforderungen feiner dosiert und erst bei positivem Verlauf gesteigert werden. So sollte eine Lehrperson nicht in einer 12. und 13. Klasse eingesetzt werden, wenn sie noch keine Erfahrungen im Oberstufenunterricht hat; eine Lehrkraft, die bisher ausschließlich erwachsene Schüler unterrichtet hat, sollte bei Einsatz in der Sekundarstufe I zunächst nicht in der Jahrgangsstufe 5, sondern in höheren Jahrgangsstufen eingesetzt werden.

- **Multi-Personen-Jobs**

In nicht wenigen Schulen haben sich Missverständnisse eingeschlichen darüber, in welcher Weise am sinnvollsten und zweckmäßigsten bestimmte Aufgaben, Probleme, Konflikte gelöst werden sollten. Es ist oftmals zur Regel geworden, jedwede schulische Aufgabe, sofern sie nicht nur eine einzelne Lehrkraft betrifft, durch Gruppen oder Teams lösen zu wollen. Die Folge sind oft eine größere Anzahl von Sitzungen, Überlastung, Abbruch der „Projekte", Frust und Rückkehr zur gewohnten Einzelkämpferrolle, verbunden mit dem Vorsatz, sich künftig nicht noch einmal in Unternehmungen dieser Art einspannen zu lassen.

Um begründet entscheiden zu können, wie eine bestimmte Aufgabe am besten anzugehen ist, muss sorgfältig geprüft werden, ob die Aufgabe von einer einzigen Person, von einer Teileinheit der Organisation (z. B. alle Lehrkräfte einer Klasse, eines Jahrgangs, einer Jahrgangsstufe) oder von einer bestimmten Gruppe gelöst werden soll. Vorrang hat in der Regel die Arbeit durch die Einzelperson, wenn sie zweckmäßig und möglich ist und keine anderen Gründe für eine Kooperation vorliegen (z. B. Mentoring oder Einarbeiten einer neuen Lehrkraft). Wenn aber mehrere Personen beauftragt werden, sollte es sich um erfahrene und diszipliniert arbeitende Menschen handeln, die den je eigenen Part verlässlich und qualifiziert erledigen.

2. Einsatzsteuerung von Lehrkräften und Mitarbeitern

Gegenstand der Einsatzsteuerung (Assignment Control) ist auf der Grundlage einer sorgfältigen Analyse der Fähigkeiten einer Lehrkraft die Überlegung, an welcher Stelle, mit welchen Fächern (und sonstigen Begabungen und Interessen) und in welcher Umgebung mit anderen Lehrerinnen/Lehrern eine Lehrkraft mit ihren besonderen Stärken am günstigsten eingesetzt werden kann, um die Aufgaben der Schule zu erfüllen und den Erwartungen der Eltern und Kinder sowie ihren eigenen Erwartungen und Ansprüchen zu entsprechen.

> Die Aufgaben- und Stellengestaltung stellt die statische Seite dar, die Einsatzsteuerung wird als die dynamische Seite desselben Werkzeugs verstanden.

Voraussetzung für eine sinnvolle Einsatzsteuerung ist, dass die Stelle bzw. Aufgabe gut konzipiert ist. Der eigentliche Unterschied in der Dynamik zwischen Stelle bzw. Stellengestaltung und Einsatz der Lehrkräfte besteht darin, die Aufgaben- und Stellenbeschreibung als konkreten Auftrag umzusetzen und aus dem Paket von Aufgaben vor allem die Schlüsselaufgaben im Auge zu behalten. Dies meint eben nicht nur, Mathematik in zwei 5. und 8. Klassen zu unterrichten. So kann es etwa auch darum gehen, mit einem anderen Mathematikverständnis das Desinteresse am Fach bzw. die Abneigung der Schüler/-innen gegen das Fach in Interesse umzuwandeln und Leistungsbereitschaft zu wecken, z. B.

- durch Freude am Experimentieren,
- durch lebensnahe Aufgabenstellung,
- durch die Möglichkeit, Mathematik in anderen Fächern und im Alltag praktisch anzuwenden, oder
- durch Anregungen, eigene Lösungswege zu finden.

Nicht zuletzt sollten sich Lehrkräfte über ihre Erfahrungen *verbindlich* mit den Fachkolleginnen und -kollegen (z. B. in der Jahrgangsfachgruppe) austauschen, in der Fachkonferenz berichten und versuchen, Mitstreiter/-innen zu gewinnen. Ziel ist die Umsetzung vorrangiger Aufträge und die Bewältigung von Schlüsselaufgaben. Diese stellen sich von Zeit zu Zeit neu und orientieren sich somit an dem stetigen Wandel von Schule und Gesellschaft. An der traditionellen Aufgaben- und Stellengestaltung in Schulen mit der Angabe von zwei oder drei Fächern hat sich bislang wenig geändert, immerhin wird inzwischen die Einsatzsteuerung im Sinne dieser Darstellung immer häufiger von Schule wahrgenommen.

Die dringend notwendige Vitalisierung der in vielen Fällen lediglich auf dem Papier stehenden Schulprogramme wird nur gelingen, wenn die aus den offiziellen programmatischen Verlautbarungen erwachsenden Absichten und Erfordernisse in der Praxis mit Personalmanagement und Personalentwicklung, mit Aufgaben- und Stellengestaltung wie mit Einsatzsteuerung tatsächlich in Zusammenhang gebracht werden können.

Anlass für einen in diesem Sinne veränderten Personaleinsatz können auch die Ergebnisse eines Qualitätssicherungsprozesses sein. Erfolgt der Einsatz des Personals ohne Bezug zum Schulprogramm, kann die Schule vielleicht effizient, nicht jedoch effektiv arbeiten. Auch wenn alle Mitglieder 100 Prozent ihrer individuellen Leistung erbringen, ist der Wirkungsgrad der Schule insgesamt geringer, als es die Summe der koordinierten und programmatisch abgestimmten Arbeit der einzelnen Personen wäre. Effizientes Arbeiten allein führt nicht zu größtmöglicher Wirksamkeit.

Der Werkzeugcharakter von Einsatzsteuerung und der Umsetzungsbezug werden deutlich, wenn die Anwendung im Zusammenhang mit der **Zielbestimmung für die nächste Arbeitsperiode** erfolgt.

Dies kann in den folgenden Schritten ablaufen:

1. **Die Schulleitung überlegt auf der Grundlage von Leitideen, des Schulprogramms und der strategischen Generallinie die Prioritäten für die schulische Arbeit.** Sie arbeitet konkret heraus, welches die Schwerpunkte der mittelfristigen Entwicklung im nächsten Schuljahr sein sollen. Zumeist liegt dazu eine Rahmenentscheidung aus der Beteiligung des Kollegiums (Fach- und Lehrerkonferenzen) vor, die die Schulleitung aus ihrer Gesamtverantwortung und unter Berücksichtigung der Sach- und Personalressourcen und der aktuellen Situation konkretisieren wird und über die sie nach dem unter 2. genannten Schritt auch in der Lehrerkonferenz informiert.

2. **Je nach Größe der Schule und ihrer Leitungs- und Organisationsstruktur werden die Pläne der Leiterin oder des Leiters den übrigen Leitungspersonen vorgestellt und beraten.** Die Leitungspersonen, wie z. B. die Abteilungsleiter/-innen, sind im Weiteren für die präzise Information der Lehrkräfte ihres Zuständigkeitsbereichs über die geplanten Maßnahmen verantwortlich.

3. **Jedes Leitungsmitglied prüft auf der Basis seiner eigenen Stellenbeschreibung, ob seine Tätigkeitsschwerpunkte zu den gesetzten Prioritäten passen.** Dieser Abgleich ist die Grundlage für die Vorbereitung der Einzelgespräche mit jeder Lehrkraft, für die es zuständig ist. In diesen Gesprächen werden die neuen Schlüsselaufgaben so exakt wie möglich bestimmt.

4. **Ob die Gesprächsergebnisse schriftlich festgehalten werden, ist im Einzelfall zu entscheiden.** Bei wichtigen Neuerungen empfiehlt es sich.

3. Gelerntes entlernen oder „systematische Müllabfuhr"

Unter dieser Überschrift stellt man sich häufig Ratschläge dazu vor, wie man sich z. B. von anfallendem Material aller Art, insbesondere von eingehenden Postsendungen, Infos, Werbung usw. entlasten kann. Im Zusammenhang mit „Werkzeugen" des Managements ist aber mehr und anderes gemeint.

Für individuelles Lernen ist es inzwischen fast Allgemeingut geworden zu fragen, was entlernt werden kann, um Kapazität für die Aufnahme von Neuem zu schaffen. Die Organisationen hat diese Frage noch nicht so recht erreicht. Alle Organisationen einschließlich Schule schleppen unbemerkt zum Ballast gewordene institutionalisierte Prozesse, Formalien, Praktiken, Projekte, Formulare, Kommunikationsgewohnheiten, Sitzungen, Konferenzen usw. jahre- und manchmal sogar jahrzehntelang mit, ohne dass diese irgendwann einmal auf den Prüfstand kämen. Sie genießen so etwas wie – nie infrage gestellten – Bestandsschutz. So wächst auch der Bestand an Regelungen, Aktivitäten, Formalien usw. in der Schule von Jahr zu Jahr. Neues führt somit unweigerlich zu noch mehr Arbeit und Belastung, da keine andere Aktivität dafür entfällt.

Aus diesem Grunde sollte eine Schulleiterin oder ein Schulleiter sich selbst, allen Lehrpersonen und den anderen Mitarbeiterinnen und Mitarbeitern etwa alle drei Jahre die Frage stellen: **Was von dem, was wir heute tun, würden wir nicht mehr neu beginnen, wenn wir es nicht schon täten?** Zusätzlich würde auch alles andere, was in der Schule getan wird, hinterfragt, die Verwaltungsabläufe, die Computerprogramme, die Formulare, die Listenführung, Berichtspflichten, Sitzungen und Gremienveranstaltungen, Aufsichts- und Vertretungsregelungen usw. Keinesfalls darf man den Fehler machen, das Ergebnis der Sammlung, was an Aufgaben und Abläufen entfallen kann, noch einmal ausführlich zu diskutieren. Vielmehr sollte man fragen, wie schnell die Trennung vollzogen werden kann. Mit dieser „Müllentsorgung" werden **drei Ziele** erreicht:

- Es findet ein wirklich wirksames Lean-Management statt.
- Die Müllentsorgung schafft die Voraussetzung für effektives Changemanagement und für Innovationen.
- Die Schule klärt regelmäßig und systematisch, was ihre Kernaufgaben sind und wie sie sie verwirklichen kann.

Es muss kritisch geprüft werden, *welche richtigen Dinge man tun will, und zugleich, welche falschen Dinge man nicht mehr tun will.* Veränderungs- und Innovationsmanagement setzen voraus, dass gefragt wird, warum man etwas überhaupt tut oder was man mit einem bestimmten administrativen Ablauf bezweckt, mit diesem Formular, mit dieser Sitzung usw. Die befriedigende Antwort auf diese Fragen ist die Voraussetzung für die Umsetzung neuer Ideen und Pläne. Nur so kann man sicher sein, dass die vielen anscheinend oder scheinbar den Hauptzweck von Schule unterstützenden Funktionen nicht Selbstzweck werden, weil diese *„einen inhärent imperialistischen Charakter"* haben.

Das beschriebene Müllentsorgungsverfahren zielt zwar auf die Organisation. Aber vermutlich könnte es sich als sehr nützlich erweisen, wenn jede Führungskraft und jede Lehrperson sich einmal jährlich selbst die Frage stellen würde: Was sollte ich künftig nicht mehr tun, weil die Dinge sich überlebt haben, ich mich anders entwickelt habe oder es Wichtigeres gibt? Entscheidend für die Schule wie für die einzelne Person ist, das, was aufgegeben werden soll, möglichst sofort aufzugeben, und das, was man anders tun will, entschlossen anzupacken.

Signatur des Originalbeitrages: B 3.6

Die Organisation einer Teamschule

Rolf Ralle, Göttingen/Wolfgang Vogelsaenger, Göttingen

Die Georg-Christoph-Lichtenberg-Gesamtschule in Göttingen-Geismar, die 2011 den Hauptpreis des Deutschen Schulpreises gewonnen hat, ist seit 30 Jahren als Teamschule organisiert. Dies bezieht sich sowohl auf Schülerteams, die in Tischgruppen als Lerngemeinschaften zusammengefasst sind, als auch auf die Lehrer in Jahrgangsteams und die Schulleitung in der kollegialen Schulleitung. **Vorteile dieser Organisationsstruktur** sind Effizienz, Transparenz, Verantwortlichkeit und Identifikation aller mit der Organisation der Schule betrauten Kollegen. Nicht zuletzt wird den Schülern, von denen man Teamfähigkeit erwartet, auch von den Lehrern und Lehrerinnen diese Teamfähigkeit vorgelebt.

1. Voraussetzungen für das Funktionieren der Teamschule

- Einsatz der Kollegen und Kolleginnen mit möglichst vielen Stunden in ihrer Klasse und in ihrem Jahrgang.
- Einsatz auch fachfremd, wenn sich die Kollegen das zutrauen.
- Die überwiegende Zahl der Stunden eines Kollegen sollte in einem Jahrgang liegen. Nur so ist gewährleistet, dass die notwendige Kommunikation im Jahrgang nicht durch zu große Arbeitsbelastung verhindert wird. Nur so können die Stundenpläne im Team selbst erstellt werden.
- Regelmäßige Treffen der Kollegen des Jahrgangs.
- Loslassen können von scheinbar originären Aufgaben und Verantwortlichkeiten der Schulleitung (Vertretungsplan/Stundenplan).
- Vertrauen in die Kolleginnen und Kollegen.
- Sich um die Einhaltung der gemeinsam vereinbarten Regeln kümmern.

2. Tipps zur Installierung der Strukturen einer Teamschule

Wie führt man Elemente der oben geschilderten Strukturen an einer Schule ein? Grundsätzlich sehen wir **zwei gangbare Möglichkeiten**.

Man kann natürlich die gesamte Schule auf einen Schlag auf das neue System umstellen, hierzu wäre ein breiter Konsens in Kollegium und Schulleitung nötig. In der Praxis dürfte dies jedoch auf große Schwierigkeiten stoßen, da die Grundvoraussetzung (Einsatz der Kollegen mit möglichst vielen Stunden in der eigenen Klasse und im Jahrgang) nicht pädagogisch vertretbar realisiert werden kann. Daher ist unser **Vorschlag**, dieses **Modell langsam aufbauend einzuführen**.

Beginnen Sie mit dem neu an Ihre Schule kommenden Jahrgang, indem Sie schon etwa ein Jahr vorher das Team zusammenstellen, das als erstes mit der Teamarbeit beginnen soll. Dieses Team sollte aus freiwilligen Kolleginnen und Kollegen bestehen, deren Fächerkombinationen sich ergänzen und die bereit sind, einen großen Teil ihrer Stunden im neuen Jahrgang einzusetzen. Dieser von der Gesamtkonferenz zu genehmigende Modellversuch sollte sich auf zwei Durchgänge beziehen (damit parallel zum ersten Team sich schon ein zweites Team für das folgende Schuljahr vorbereiten kann), in der Anfangsphase mit bestimmten Vergünstigungen ausgestattet werden, so zum Beispiel mit dem Privileg, zunächst den Stundenplan für den Jahrgang zu erstellen, bevor diese Daten dann in den Plan der gesamten Schule eingebaut werden. Das Team sollte der Gesamtkonferenz gegenüber berichtspflichtig sein. Die gewonnenen Erfahrungen sollten dann Grundlage für die Entscheidung darüber sein, ob das Modell sukzessive auf die gesamte Schule übertragen werden soll. In dieser Erprobungsphase ist es ganz wichtig, dass die Schulleitung an den Teamsitzungen teilnimmt, um gemeinsam mit dem Team Erfahrungen zu sammeln, Umwege abzukürzen, Möglichkeiten zu eröffnen, an die die Kollegen nicht denken, und Strukturen zu sichern.

Nach unseren Erfahrungen ist es günstig, eine **Steuerungsgruppe** einzurichten, die alle auftretenden Probleme und Fragestellungen unter gesamtschulischen Aspekten behandelt und als Schaltstelle zwischen Team, Schulleitung und Kollegium fungieren kann.

Der Organisationsleiter der Schule sollte dem Team bei allen Fragen sofort zur Verfügung stehen. Er sollte in diesem Prozess der Abgabe von Zuständigkeiten im Auge behalten, dass er sich nach einer erfolgreichen Umstellung auf die Selbstständigkeit der Teams um die eigentlich wichtigen Dinge der Schule kümmern kann.

Signatur des Originalbeitrages: F 3.2

Das Schulsekretariat effizient organisieren

Meinhard Jacobs, Berlin

Das Sekretariat ist der Kristallisationspunkt der Behördentätigkeit einer Schule. Hier laufen die verwaltungstechnischen und organisatorischen Fäden zusammen, gleichzeitig ist es der kommunikative Mittelpunkt für Schüler, Eltern und andere Mitarbeiter der Schule, oft auch für Lehrer.

Im Zentrum steht die Sekretärin. Sie ist in aller Regel die erste Person, der neue Schüler, Eltern, Vertreter oder andere Besucher begegnen. Wie sie mit ihnen umgeht, vermittelt einen – möglicherweise sogar prägenden – Eindruck von der Schule.

1. Der Status der Sekretärin

1.1 Einstellungsvoraussetzungen

Einen eigenständigen Beruf „Schulsekretärin" gibt es nicht. Die Erarbeitung eines entsprechenden Berufsbildes ist nach § 25 Berufsbildungsgesetz nicht möglich und wurde deshalb vom Bundesinstitut für Berufsbildung abgelehnt. Formale Eingangsvoraussetzung ist in aller Regel ein Ausbildungsabschluss als Verwaltungsfachangestellte bzw. als Fachangestellte für Bürokommunikation. Häufig wird zusätzlich ein Lehrgang für Verwaltungsangestellte (Verwaltungslehrgang I) verlangt, vor allem bei Quereinsteigerinnen aus der Wirtschaft. In der Regel sind die Sekretärinnen Angestellte des Schulträgers (Kommune, Landkreis, Schulverband). Nur in Bayern ist ihr Dienstherr – wie bei den Lehrern – der Freistaat.

Allgemeine Voraussetzungen sind in erster Linie

- ein hohes Maß an sozialer Kompetenz und Teamfähigkeit,
- die Fähigkeit, Konflikte zu erkennen und zu ihrer Lösung durch Interessenausgleich beizutragen,
- Ausgeglichenheit (etwa im Umgang mit schwierigen Eltern und Schülern) und
- Integrationsfähigkeit (Ausrichten unterschiedlicher Interessen auf ein Ziel, Eingehen auf andere, ohne eigene Ziele aufzugeben).

Hinzu kommen **persönliche und methodische Kompetenzen** wie

- Flexibilität, Belastbarkeit,
- hohe Leistungsbereitschaft,
- Lernbereitschaft und Lernfähigkeit (Aufnahme von positiven und negativen Rückmeldungen, konstruktiver Umgang mit Kritik, Bereitschaft zur Fortbildung),
- die Fähigkeit, die eigenen Arbeitsgrundlagen zu organisieren, Arbeitsmittel richtig einzusetzen, Prioritäten zu sehen und Zusammenhänge zu verstehen,
- der richtige Umgang mit eigener und fremder Zeit sowie
- eine gewisse Flexibilität im mündlichen Ausdruck (flüssig formulieren, klare und geordnete Aussagen treffen, sich der Situation anpassen können).

1.2 Arbeitszeit

Wie viele Sekretärinnenstunden braucht eine Schule?

Die Kommunale Gemeinschaftsstelle für Verwaltungsmanagement (KGSt) weist zu Recht ausdrücklich darauf hin, dass diese Frage nur unter Berücksichtigung der spezifischen örtlichen Gegebenheiten beantwortet werden kann, und nennt insgesamt 22 Bezugsgrößen, von der Gesamtschülerzahl über schülerbezogene Sonderfaktoren (etwa Schulwechsler, Abweisungen, Widersprüche, Zurückstellungen, Sonderschulaufnahmeverfahren, Schüler im Betriebspraktikum, Fahrschüler, Schulfahrten, Sprachfeststellungsprüfungen, Bafög-Anträge) und verwaltungstechnische Spezifika (Loseblattsammlungen, Statistiken, Konferenzen) bis hin zur Größe des Lehrerkollegiums. So detailliert diese Auflistung teilweise auch ist (selbst die Zahl der Einbrüche wird als Bezugsgröße genannt!), so fehlen doch ganz wichtige Faktoren, die einen Bedarf an Sekretärinnenstunden begründen können. Dazu gehören vor allem:

a) die Schulform (es macht einen erheblichen Unterschied aus, ob es sich um eine Grundschule handelt, ob eine gymnasiale Oberstufe zu organisieren ist oder ob in der Berufsschule Kontakte mit Ausbildungsbetrieben, Verbänden und Kammern gepflegt werden müssen);

b) der Anteil an ausländischen Schülerinnen und Schülern;

c) das Angebot eines Mittagstisches, wenn keine Cafeteria oder Kantine vorhanden ist (Kassieren des Essengeldes, Bestellen und Abbestellen der Mahlzeiten, Abrechnen, Einzahlen des Geldes);

d) besondere Organisationsformen (Halbtagsschule, verlässliche Grundschule oder Ganztagsschule).

Entsprechend kontrovers wird dieses Problem in vielen Kommunen, Ämtern, Landkreisen und Schulverbänden diskutiert – und meist zum finanziellen Vorteil des Schulträgers entschieden. Ein Beispiel ist der Umgang mit den kleinen Schulen (weniger als 100 Schüler): Eigentlich sollte es unstrittig sein, dass in jeder Schule – unabhängig von ihrer konkreten Schülerzahl – ein Grundbedarf an Büroarbeiten anfällt. Leider ist diese Erkenntnis nicht überallhin vorgedrungen: Noch immer gibt es Schulen, die überhaupt keine Sekretärinnenstunden erhalten. Hier muss die Schulleiterin zusätzlich zum Unterricht (und oft nur durch ganz wenige Ermäßigungsstunden entlastet) sämtliche anfallenden Büroarbeiten übernehmen. Ansätze zur Überwindung dieses unhaltbaren Zustandes gibt es zwar – etwa mit der Organisation von Sekretärinnen-Pools –, sie werden oft aber nur zögerlich oder gar nicht umgesetzt.

Ein besonderes Problem ist die Ferienzeitregelung. Es dürfte unstrittig sein, dass die Ferientage (abzüglich des tarifvertraglichen Erholungsurlaubs) auf die regulären Arbeitstage umgelegt werden müssen. Allerdings kann das bei vollbeschäftigten Sekretärinnen dazu führen – vor allem dann, wenn der Schulträger nur wenige Sekretariatstage in den Ferien akzeptiert –, dass die tägliche Arbeitszeit acht oder neun Stunden überschreitet. Normalerweise würde das durchaus Sinn machen, weil der Schulalltag wegen der ständigen Unterbrechungen kaum kontinuierliche Arbeitsphasen zulässt, sodass Aufgaben, für die eine gewisse ununterbrochene Konzentration notwendig ist, in die unterrichtsfreien Zeiten am Nachmittag verlegt werden könnten (s. Abschnitt 2.3). Viele Schulträger spielen da aber nicht mit und stellen Sekretärinnen grundsätzlich nur noch als Teilzeitkräfte ein (so etwa in Berlin).

2. Die Arbeitsorganisation im Sekretariat

2.1 Arbeitsverteilung und Zuständigkeiten

Die Definition der Aufgabenbereiche im Schulsekretariat ist im Fluss. Dennoch hat jede Sekretärin einen Anspruch darauf, zu wissen, wofür sie zuständig ist, wie weit ihre Kompetenzen gehen und wo sie die Schwerpunkte ihrer Arbeit setzen kann oder soll. Die Stellenbeschreibungen sind dafür zwar eine Grundlage, reichen aber in den allermeisten Fällen nicht aus, weil sie das eher traditionelle Verständnis des Schulträgers widerspiegeln. Da ist es außerordentlich wichtig, dass sich Schulleiter und Sekretärin schon zu Beginn der gemeinsamen Arbeit zusammensetzen und ausführlich über die verschiedenen Aufgaben und ihre personelle Zuordnung (bei mehreren Sekretärinnen auch untereinander) sprechen, um Missverständnisse, enttäuschte Erwartungen, Rollenkonflikte und mangelhafte Kooperation zu vermeiden.

Das Ergebnis dieses Gespräches sollte unbedingt in Form eines **Funktionenplanes**[1] o. Ä. fixiert werden: Welche Aufgaben fallen an und wer ist für ihre Ausführung jeweils zuständig? Der Umfang eines solchen Planes hängt natürlich von der Größe des Systems ab, man sollte ihn aber nicht zu starr formulieren, da er in bestimmten Zeitabständen (mindestens einmal im Vierteljahr) immer wieder überprüft, korrigiert und den aktuellen Erfordernissen angepasst werden muss.

Ein Zweites kommt hinzu: Organisationsüberlegungen in bürokratischen Verwaltungen lehnen sich häufig an Hierarchiekonzepte an (es geht dann in erster Linie um die „Festlegung einer Rangordnung" oder um „Weisungsbefugnisse"). Sie verkennen dabei, dass Kreativität, Flexibilität und Eigenverantwortung durch solche Festlegungen eher be- oder sogar verhindert werden. Notwendig ist es dagegen, sich gemeinsam vorab über die **Ziele der Arbeit** zu verständigen und entsprechende **Vereinbarungen** zu treffen; erst auf dieser Grundlage kann das Potenzial einer Mitarbeiterin wirklich aktiviert werden.

Mögliche **Leitfragen** für derartige **Zielvereinbarungsgespräche** sind:

- Warum arbeite ich an dieser Schule, wie stelle ich mir die Zukunft vor und was ist mir dabei persönlich wichtig?
- Was möchte ich in (z. B.) einem Jahr erreicht haben?
- Wo setze ich Prioritäten und wo engagiere ich mich in besonderem Maße?
- Wie kann ich mein Wissen gezielt einbringen, meine Fähigkeiten und Fertigkeiten sinnvoll entfalten und meine Kompetenzen langfristig weiter ausbauen?[2]

2.2 Informationsmanagement

Das Sekretariat ist Informations- und Kommunikationszentrum der Schule. Schüler kommen und bitten um diverse Bescheinigungen, Krankmeldungen werden entgegengenommen, notiert und weitergeleitet, Anfragen laufen ein, jemand möchte ein altes Zeugnis kopiert und beglaubigt haben, Lehrer suchen Telefonnummern und Anschriften von Schülern oder wollen sich über eine bestimmte Verordnung informieren, Unfälle werden aufgenommen und die Eltern informiert, Handwerker werden zum Hausmeister geschickt, die eingehende Post wird sortiert und nach Möglichkeit gleich bearbeitet und abgelegt, Rechnungen werden bezahlt, Formulare werden ausgegeben, ausgefüllt und weitergeleitet oder abgelegt, diverse Listen werden geführt ... Die Aufzählung könnte fast beliebig fortgeführt werden. In allen diesen Situationen ist die Schulsekretärin gefordert als jemand, der **Informationen sammelt, aufbereitet, sortiert, archiviert**

und weitergibt. Dies können Daten, mündliche Informationen oder Schriftgut (Formulare, Briefe, Akten, Dokumente, Gesetzestexte u. Ä.) sein – wichtig ist fast immer, dass es möglichst schnell geht.

Im Bereich der elektronischen Datenverarbeitung zeigen sich die Veränderungen des Arbeitsplatzes einer Schulsekretärin mit am stärksten. Hier liegt ein Potenzial für die Vereinfachung vieler Arbeitsabläufe im Informationsmanagement vor, das noch viel zu wenig genutzt wird. Einige Bundesländer haben das bereits erkannt: Da gibt es entweder offizielle Empfehlungen für die Verwendung bestimmter Programme, meist verbunden mit günstigeren Einkaufskonditionen, oder die Landesregierungen kaufen die Programme direkt an und stellen sie den Schulen kostenlos zur Verfügung (z. T. mit direkter Anbindung an die Statistischen Landesämter). Wo dies nicht der Fall ist, liegt es in der Verantwortung der Schulleitung, in Abstimmung mit der Sekretärin entsprechende Hard- und Software anzuschaffen. Textverarbeitungs- und Tabellenkalkulationsprogramme sind selbstverständlich, ein integriertes Schulverwaltungsprogramm (Schüler- und Lehrerdatenverwaltung, Haushalt, Statistik; evt. Lehr-/Lernmittel- und Inventarverwaltung) ist sinnvoll. Wichtig ist hier allerdings die Abstimmung mit den Datenschutzbeauftragten der Länder bzw. Schulträger; überlebensnotwendig ist eine regelmäßige (mindestens wöchentliche) Datensicherung.

Zur Datenverwaltung kommt die **Verwaltung des Schriftgutes**. Das „papierlose Büro" war eine schöne Illusion der frühen achtziger Jahre – heute wird mehr denn je produziert und verbraucht. Wegen der zunehmenden Verrechtlichung von Bildung und Erziehung gilt das natürlich in besonderem Maße für das Schulsekretariat. Hier fällt unterschiedlichstes Schriftgut an, das ohne eine gut organisierte Registratur, ohne Aktenplan und ohne Archiv nicht sinnvoll verwaltet werden kann. In vielen öffentlichen Verwaltungen gibt es sehr ausgefeilte Aktenpläne, die ausdrücklich auch für Schulen gelten sollen oder auf sie übertragen werden könnten. Davor möchte ich warnen! Es ist völlig unsinnig, ein System zu übernehmen, das nur Zeit, Kraft und Regalfläche kostet, ohne für die wirklichen Bedürfnisse einer Schule geeignet zu sein.

Jede Schule muss also das für sie passende Ablagesystem selbst finden und so dokumentieren, dass auch in Abwesenheit der Sekretärin damit gearbeitet werden kann. Ordnungsprinzip sollte der Sachzusammenhang sein, sodass die Schriftstücke und Aktenordner bzw. Ablagemappen systematisch nach den Aufgaben der Schule gegliedert sind. Lediglich beim Schriftverkehr bietet sich parallel eine Ablage nach Datum an. Wichtig ist, dass auf häufig genutzte Akten (Schülerakten, Krankmeldungen des Personals, Konferenzprotokolle, Schriftverkehr, aktuelle Statistiken, Lieferscheine und Rechnungen etc.) unmittelbar zugegriffen werden kann, während das archivierte Schriftgut (Schülerakten und Zeugnisse, Schriftverkehr und Abrechnungen der vergangenen Jahre, Rundschreiben, Verordnungen und Gesetzestexte) auch in einem anderen Raum aufbewahrt werden kann. Nach Ablauf der Aufbewahrungsfristen sollte das Schriftgut möglichst schnell aussortiert und dem Archiv des Schulträgers angeboten oder, wenn er die Akten nicht übernimmt, vernichtet werden. Grundsätzlich gilt: Kein Ablagesystem ist Selbstzweck – es dient den Zielen der Schule und muss immer wieder überprüft und angepasst werden.

2.3 Arbeitsablauf im Alltag

Typisch für die Arbeit im Schulsekretariat sind häufige Unterbrechungen, fehlende Arbeitsruhe, Hektik (v. a. in den Pausen), „Krisenmanagement" (Versorgung verletzter Schüler, Streit, plötzliche Vertretungsfälle, Disziplinkonflikte, aufgebrachte Eltern). Gerade weil diese Störungen nicht vorherzusehen sind, lassen sich Arbeitsabläufe schwer vorab regeln. Um in diesem Alltag bestehen zu können, benötigt die Sekretärin ein gehöriges Maß an Stresstoleranz und ein Repertoire effektiver Arbeitstechniken.

Zusammenarbeit mit der Schulleitung

1983 listete der Unternehmensberater *E. Sültemeyer* auf, was Schulsekretärinnen in der Zusammenarbeit mit der Schulleitung das Leben schwer macht[3]:

- Probleme bei der Terminplanung (fehlende Tages- und Wochenplanung und kontinuierliche Aufgaben- und Problembesprechung von Schulleiter und Schulsekretärin; unzureichende Terminabstimmung),
- Probleme der Arbeitseinteilung (Verzettelung, dauernder Wechsel der Tätigkeiten, zu wenig Zusammenfassung von Aufgaben in Arbeitsblocks),
- Probleme der „Verzögeritis" (Aufschieben von unangenehmen Aufgaben und Entscheidungen),
- Probleme bei der Auftragserteilung (unpräzise Aufträge, „Zwischen-Tür-und-Angel-Aufträge", unvollständige und zu späte Aufträge),
- Probleme bei der Zeitplanung (Unterschätzung des Zeitbedarfs für bestimmte Tätigkeiten, kurzfristige Termine, Zeitüberschreitungen, fehlende Informationen bei der Ausdehnung von Abwesenheitszeiten),
- Probleme mit der Aufgabenerfüllung (zu viele Aufgaben und Aufträge auf einmal, ohne dass der Chef selbst die Prioritäten setzt, zu oft Aufgaben und Aufträge in letzter Minute).

Bis heute haben sich diese Probleme kaum verändert. Deutlich ist die Abhängigkeit vom Arbeitsverhalten des Schulleiters erkennbar: Wenn er seine Arbeitsabläufe nur chaotisch organisieren kann, wird auch die Sekretärin nie in der Lage sein, systematisch zu arbeiten. Zu den Störungen von außen kommen so die „von innen".

Arbeits- und Zeitplanung

Je präziser also der Schulleiter plant und diese Planung vorab (etwa in wöchentlichen „Montagsbesprechungen", möglichst unter Einbeziehung der anderen Schulleitungsmitglieder und des Hausmeisters) mit der Sekretärin bespricht, umso besser kann sie selbst kalkulieren. Dazu gehört sowohl die längerfristige Planung (wiederkehrende Termine im Jahresablauf und ihre Konsequenzen für die Sekretariatsarbeit) als auch die kurzfristige Wochen- oder Tagesplanung (Was steht an, bis wann muss eine bestimmte Aufgabe erledigt sein, was kann verschoben werden?). Für jede Woche sollte eine gemeinsame **Aufgabenliste** (mit Prioritäten und Terminen) festgelegt werden, evtl. ergänzt durch eine Telefonliste (Mit wem muss telefoniert werden?) und eine Gesprächs-/Kontaktliste. Vor der Erstellung einer neuen Liste sollte zunächst Bilanz gezogen werden – was konnte erledigt werden, was ist noch offen? Hätte man mehr schaffen können? Welche Hindernisse gab es und wie sind sie zu beseitigen?

Checkliste für die Arbeits- und Zeitplanung[4]

- Welche Aufgaben und Probleme liegen noch vor mir – Liste anlegen!
- Wann sollten dies a) möglichst, b) spätestens erledigt sein? – Termine!
- Ist die Art und Weise, wie ich an die Aufgaben herangehen will, zweckmäßig? Welche Möglichkeiten gibt es noch? – Rationalisierung der eigenen Arbeit!
- Ist es wirklich meine Aufgabe? Bin ich dafür am besten geeignet? – Analyse der Stärken für sich und seine Mitarbeiter!
- Wann kann ich die Erledigung realistisch einplanen? – Tag, Tageszeit!
- Was passiert, wenn ich sie nicht rechtzeitig erledige? – Konsequenzen, Analyse!
- Wie kann ich für meine Schulsekretärin die Voraussetzungen schaffen, damit sie ihre Aufgaben gut und gern erfüllen kann?
- Was kann organisatorisch verbessert werden, welche Störungen müssen abgebaut werden?

Natürlich können auch dabei nicht alle Eventualitäten vorausgesehen werden, sodass nur die „störungsarmen" Stunden verplant werden bzw. genügend Freiraum für spontane, aktuelle, kurzfristige Aufgaben offen gelassen wird.[5]

2.4 Arbeitsraum und Arbeitsplatz

Das Schulsekretariat ist die Visitenkarte der Schule; neben der Art und Weise, wie die Sekretärin den Besuchern entgegentritt, wirkt auch der Eindruck, den der Raum selbst vermittelt, die Farben, die Möblierung, die Bilder, Blumen und anderen Accessoires.

Gute Arbeit braucht Platz. Die Arbeitsumgebung sollte die Beschäftigten bei ihren natürlichen Bewegungsabläufen nicht behindern und Raum für wechselnde Arbeitshaltungen bieten. Die in der Arbeitsstättenverordnung vorgeschriebene Mindestgröße von 8 m^2 dürfte für das Schulsekretariat im Hinblick auf den Besucherverkehr und die zusätzliche Möblierung (z. B. Besuchertheke) allerdings nicht ausreichen. Der Raum muss ausreichend belüftet sein und eine Sichtverbindung nach außen haben. Die Arbeitstischfläche beträgt mindestens 160 x 80 cm (bei Sachbearbeitung 200 x 80 cm), die unverstellte freie Bodenfläche am Arbeitsplatz mindestens 1,5 m^2. Die Mindestbewegungsfläche soll 100 cm tief sein, damit ausreichend Platz für ein spontanes Zurückrollen mit dem Arbeitsstuhl besteht. Verkehrswege müssen 0,80 m, Durchgangsflächen 0,60 m breit sein. Weitere ausführliche und sehr anschauliche Hinweise zu den vielen Vorschriften, die bei der ergonomischen Gestaltung von Arbeitsräumen und Arbeitsplätzen zu beachten sind, bietet die Website „ergo-online" der Gesellschaft Arbeit und Ergonomie – online e.V. in Frankfurt (www.ergo-online.de).

Anmerkungen und Literaturverzeichnis:

[1] Ausführliche Hinweise dazu bei *Rieger, G.:* Verwaltungsaufgaben für Schulleitung und Schulsekretariat. Braunschweig 1994, S. 20 ff. (Schulleiter-Handbuch, Bd. 72).

[2] Zit. nach: *Kloft,C./Heldmann, K.-U.:* Zielvereinbarungen und Mitarbeitergespräche. In: Schul-Verwaltung spezial, Heft 2/2000, S. 27.

[3] *Sültemeyer, E.:* Rechte Hand oder Mädchen für alles? Zur Zusammenarbeit zwischen Schulleiter und Schulsekretärin. In: schulmanagement 14. Jg. 1983, H. 5, S. 38 – hier gekürzt.

[4] Sültemeyer a. a. O., S. 39 – gekürzt.

[5] Weitere konkrete Hilfen zur Arbeitszeitanalyse gibt es im Handbuch für das Schulsekretariat, a. a. O., S. 144 ff.

Signatur des Originalbeitrages: F 4.1

Als Schulleiter neu im Kollegium

Adolf Bartz, Vaals (NL)

1. Arbeitsfelder analysieren und gezielt gestalten

1.1 Widersprüchliche Erwartungen der Lehrkräfte an die Schulleitung

Die Erwartungen der Lehrkräfte an die Schulleitung beziehen sich auf die arbeitsplatzbezogenen Interessen, den Umfang und die Disponibilität der Arbeitszeit und den Grad an individueller Autonomie, z. B. im Hinblick auf Kontrolle, Genehmigung von Sonderurlaub und Fortbildungen, Zahl und Gestaltung der Konferenzen, das Verfahren der Unterrichtsverteilung und der Stundenplanerstellung wie den Umgang mit entsprechenden kollegialen Wünschen. Sie beziehen sich aber auch auf all die Interessen, die mit dem Sinn der beruflichen Tätigkeit als Lehrkraft verbunden sind.

Wie die widersprüchlichen Erwartungen geäußert werden, hängt in starkem Maß ab

- vom Alter und den Traditionen der Schule,
- vom Alter und der Anzahl bisheriger Berufsjahre der Lehrkräfte an der Schule,
- von der Personalfluktuation und
- von der bisherigen Leitungspraxis.

1.2 Selbstklärung als einziger Weg für den Umgang mit widersprüchlichen Erwartungen

Für den neuen Schulleiter geht es darum, die Beziehungs- und Kompetenzfallen, die mit den vielfältigen und widersprüchlichen Erwartungen des Kollegiums verbunden sind, zu vermeiden. **Voraussetzung** dafür **sind Klarheit und Transparenz** sich selbst wie den anderen Schulleitungsmitgliedern, den Lehrkräften, den Eltern, den Schülern und den Personen aus dem kommunalen Umfeld gegenüber:

Fragen für den Prozess der Selbstklärung

- Worin liegen meine Interessen an der Leitung der neuen Schule?
- Welche persönlichen Kompetenzen und Ressourcen kann ich in die Leitung der neuen Schule einbringen?

- Über welches Zeitbudget verfüge ich und wie möchte ich es auf meine Aufgaben bezogen nutzen und akzentuieren?
- Welche Problemlösungsanfragen übernehme ich als Leitungsaufgabe und welche Probleme gebe ich an Lehrkräfte bzw. an kollegiale Arbeitszusammenhänge – ggf. mit dem Angebot von Beratung und Unterstützung – zurück?

Dabei kann sich der neue Leiter an dem Grundsatz orientieren, dass nur der allen gerecht werden kann, der mit Erfolg allen verständlich macht, warum er nicht allen gerecht werden kann.

1.3 Mit Ablaufregelungen vertraut machen

Zeitlich vorrangig ist es, sich mit den Ablaufregelungen, insbesondere in der Schulleitungskooperation und der Zusammenarbeit mit dem Sekretariat, vertraut zu machen. In diesem Zusammenhang ist zu prüfen, wie die **Kommunikation zwischen den Schulleitungsmitgliedern** abläuft.

- Wer ist für die Eingangsbestätigung und die Verteilung der Post zuständig?
- Wie läuft die Information über Entscheidungen eines Schulleitungsmitglieds, die für die anderen von Belang sind (z. B. bei der Genehmigung von Klassenarbeiten, Sonderurlaub, Fortbildung u. Ä.)?
- Welche Formblätter, Dateien und Ablaufdiagramme liegen zur Bearbeitung von Routinevorgängen, zu Einladungen, Mitteilungen, aber auch zum Stellen-Ist, Lehrerdeputaten, Fächerbedarf u. a. vor?
- Wie ist der Aktenplan gestaltet? Ist er in angemessener Weise differenziert und umfassend? Gibt er Standort und Zuständige für die Verwaltung der Akten an?
- Liegen zu einzelnen Vorhaben Ablaufplanungen vor? Oder weist der Terminplan Vorhaben auf, für die eine Ablaufplanung erstellt werden sollte?
- Ist der Terminplan als Arbeitsplan für die Schulleitung geeignet? Oder sollten auf die Funktionsträger oder auf einzelne Vorhaben bezogene Nebenterminpläne erstellt werden?

In der Regel sollte der neue Schulleiter die eingespielten Ablaufregelungen übernehmen und sich ihnen anpassen, um nicht bewährte Routinen im Verwaltungsablauf zu stören. Sollten allerdings an der Schule weder eine Termin- noch Ablaufplanung für die Schulleitung vorliegen, müssen sie zum gemeinsamen Thema der Schulleitung unter Einbeziehung des Servicepersonals im Sekretariat gemacht werden. Dabei erscheint atmosphärisch und sachlich wichtig, dass der neue Schulleiter nicht einfach Regelungen aufzwingt, die sich an seiner vorangehenden Schule bewährt haben, sondern dass er die Regelung von Verwaltungsaufgaben als Schwerpunktthema auf einer Schulleitungssitzung vorsieht und als Vereinbarung in der Schulleitung entwickelt.

1.4 Einblick in Arbeits- und Beziehungsstrukturen nehmen

Diese Behutsamkeit im Umgang mit den Strukturen, die der Schulleiter an der neuen Schule vorfindet, ist noch bedeutsamer, wenn es um die Arbeits- und Beziehungsstrukturen geht. Die Unterrichtsverteilung des laufenden Schuljahres bietet eine gute Grundlage für eine erste Analyse.

Einblick in Arbeitsstrukturen über Unterrichtsverteilung

- Kann die Unterrichtsverteilung einen kontinuierlichen Arbeitszusammenhang gewährleisten, z. B. durch einen schwerpunktmäßigen Unterrichtseinsatz von Lehrern in einem Jahrgang? Oder eröffnet sie eher Möglichkeiten für eine individualistische Arbeitsgestaltung?

- Ist die Unterrichtsverteilung eher auf eine pädagogische, auf Schülergruppen bezogene Kooperation oder auf fachliche Arbeitszusammenhänge orientiert?

- Lässt die Unterrichtsverteilung rückblickend auf häufigeren Lehrerwechsel schließen? Wenn ja: Welche Gründe gibt es dafür?

- Ist die Unterrichtsverteilung erkennbar eher auf Kontinuität gerichtet, sodass die Lehrer, insbesondere aber die Klassenlehrer, ihre Klassen bis zum letzten Jahrgang ihrer Schulstufe führen? Oder werden die Lehrer schwerpunktmäßig in einzelnen Jahrgangsstufen eingesetzt? Wenn ja: Gibt es einen Zusammenhang zwischen dem Jahrgangsstufeneinsatz und der Einschätzung als eher guter oder eher schwacher Lehrer?

Eine Erkundung der Arbeitszusammenhänge, z. B. der Jahrgangsstufenteams, der (Jahrgangs-)Fachgruppen oder der Projektgruppen, der Zahl ihrer Sitzungen und der Art ihrer formellen und informellen Kooperation und Kommunikation sollte die Analyse der Unterrichtsverteilung ergänzen:

Einblick in Kommunikations- und Kooperationsstrukturen

- Falls der Unterrichtseinsatz in einer Jahrgangsstufe schwerpunktmäßig erfolgt, gibt es Sitzungen der Lehrer eines Jahrgangs? Wenn ja: Wie häufig finden sie statt? Durch wen werden sie einberufen? Wer bestimmt die Themen? Wie werden Absprachen getroffen und wie verbindlich sind sie?

- Wie sieht der Tagungsrhythmus von Fachgruppen bzw. Fachkonferenzen aus? Werden Unterrichtsvorhaben verbindlich abgesprochen, Unterrichtsmaterialien ausgetauscht oder gegebenenfalls auch Vorbereitungsaufgaben aufgeteilt?

- Werden die Ergebnisse gemeinsamer Arbeit im Jahrgang für die Beteiligten, aber auch für Lehrkräfte anderer Jahrgänge schriftlich festgehalten?
- Findet ein Austausch zwischen den Jahrgangsstufen oder zwischen den Fachgruppen statt?
- Wie steht es um die Verständigung der Lehrer der einzelnen Jahrgänge und der Fachgruppen bzw. Fachkonferenzen über fachliche Standards und über die Leistungsbeurteilung?

Umgekehrt machen sich die **Lehrer ein Bild vom neuen Schulleiter**, das auf Beobachtungen beruht wie

- dem Pausenverhalten (Bleibt der Schulleiter in der Pause im Büro, kommt er ins Lehrerzimmer oder hält er sich vorzugsweise im Gebäude auf?),
- dem nonverbalen Verhalten,
- dem Grußverhalten oder
- ob die Tür des Schulleiterbüros eher offen oder eher geschlossen ist.

Um sich diese wechselseitigen Bilder bewusstzumachen und Beziehungsstörungen aufarbeiten zu können, die sich aus ihnen ergeben, kann ein Austausch von Selbst- und Fremdbildern sinnvoll sein.

Verfahren, um Beziehungsstörungen aufzuarbeiten

In einer Team- oder Gruppenbesprechung – z. B. des Lehrerrats – mit dem Schulleiter notieren die Teilnehmer auf vier Plakaten Antworten zu den folgenden Fragen:

Wie, glauben wir, sieht der Schulleiter uns und unsere Arbeit?	Wie sehen wir uns selbst und unsere Arbeit?
Wie, glauben wir, sieht der Schulleiter sich und seine Arbeit?	Wie sehen wir den Schulleiter und seine Arbeit?

> Entsprechend notiert der Schulleiter die Antworten zu folgenden Fragen:
>
> | Wie, glaube ich, sieht die Gruppe (das Kollegium) mich und meine Arbeit? | Wie sehe ich mich selbst und meine Arbeit? |
> |---|---|
> | Wie, glaube ich, sieht die Gruppe (das Kollegium) sich und ihre (seine) Arbeit? | Wie sehe ich die Gruppe (das Kollegium) und ihre (seine) Arbeit? |
>
> Die Plakate werden ausgehängt und miteinander verglichen; deutliche Abweichungen in den Selbst- und Fremdbildern werden hinterfragt und soweit möglich kritisch-konstruktiv und zukunftsbezogen aufgearbeitet.

1.5 Ressourcenanalyse vornehmen

Finanzielle, materielle und personelle Ressourcen sind die Basis für die Planung und Gestaltung von Schulentwicklung. Den Ressourceneinsatz im Hinblick auf die Qualität von Schule zu optimieren, setzt voraus, die Ressourcenzuweisung und die absehbaren Trends in den Folgejahren sowie die aktuelle Ressourcenverwendung zu analysieren. Dazu sollte der neue Schulleiter auf die Kenntnisse der Schulaufsicht, der kommunalen Schulverwaltung, des Hausmeisters, seiner ständigen Vertretung, der Schulpflegschaft und des Kollegiums zurückgreifen.

Neben der Erkundung und Beschaffung von Informationen sollte der neue Schulleiter weitere Verfahren anwenden, z. B.:

- die Begehung des Schulgeländes und Schulgebäudes zusammen mit der ständigen Vertretung, dem Hausmeister und Vertretern des Schulverwaltungsamtes und des Bauamtes. Sie führt zu einer gemeinsamen Bestandsaufnahme als Grundlage für die Maßnahmenplanung. Zudem sollte der Hausmeister bei dieser Begehung aus seiner Erfahrung die besonderen Probleme bei der Gebäudenutzung deutlich machen, etwa im Hinblick auf Ausstattungsmängel, Schwerpunkte von Beschädigungen und Reparaturen, und Wünsche und Vorschläge vorbringen, welche Konsequenzen sich daraus für die Nutzung des Gebäudes, die Aufsichten u. Ä. ergeben.

- Die Begehung der Fachräume, bei denen zusätzlich der jeweilige Fachkonferenzvorsitzende beteiligt wird.
- Die Befragung des Kollegiums zur Arbeitsplatzzufriedenheit und zu Belastungen.

Die Bestandsaufnahme von Schulgelände, Gebäude, Ausstattung und Haushalt sollte so dokumentiert werden, dass sie als Planungsgrundlage dienen kann. An dieser Planung sollten neben der Schulleitung, dem Hausmeister und dem Schulträger auch die Lehrer und die Schulmitwirkungsgremien beteiligt sein, damit sich aus der Planung gemeinsam getragene und verantwortete Schulziele und -perspektiven ergeben. Die Bestandsaufnahme zu den Personalressourcen muss mit der Schulaufsicht so abgesprochen werden, dass sie die Grundlage für eine langfristige und – soweit möglich – verbindliche Personalplanung bildet.

Raster für die Umsetzung der Analyse in eine langfristige Ressourcenplanung

Themen/ Einzelaspekte vom IST	IST	SOLL	Was ist erforderlich, um zum SOLL zu kommen?*

* Welche Ressourcen sind in der Organisation selbst vorhanden (Gebäude, Haushaltsmittel, Personal, bestehende Strukturen, Zeit, Qualifikationen einzelner Personen)? Welche Ressourcen müssen – ggf. bei wem und wie – von außen beschafft werden?

1.6 Das Umfeld analysieren

Die neue Schule weist ein Umfeld auf, das zunächst über die **Schüler** in die Schule hineinwirkt. Insofern ist es wichtig zu wissen,

- wie das Einzugsgebiet, aus dem die Schüler kommen, soziokulturell geprägt ist,
- von welchen Schulen (Grundschulen oder Schulen der Sekundarstufe I) die Schüler kommen und welches Bild der aufnehmenden Schule die Beratung der abgebenden Schulen bei der Wahl der weiterführenden Schulen beeinflusst hat,
- welche Möglichkeiten der Freizeitgestaltung sie haben und welche Angebote und Gestaltungsformen von Kinder- und Jugendkultur sie wahrnehmen.

Für eine Einschätzung des Umfeldes und seiner Berücksichtigung durch die Lehrer ist von Bedeutung, ob die Lehrer überwiegend im Einzugsgebiet wohnen oder von anderen Orten her einpendeln.

Auch die **Nachbarschulen** gehören als abgebende, aufnehmende oder konkurrierende Schulen zum Umfeld. Die Verteilung der Schüler des Einzugsgebietes auf die verschiedenen Schulen der gleichen Stufe beeinflusst wesentliche Voraussetzungen der pädagogischen Arbeit an der eigenen Schule. Innerschulisch ist die Art und Weise der Kontakte zu den Nachbarschulen, insbesondere zu den abgebenden und aufnehmenden Schulen der vorangehenden oder folgenden Schulstufen, zu klären und darüber hinaus, wer dafür zuständig und verantwortlich ist.

Das Umfeld der Schule kann aber auch für den **Ausbau zusätzlicher Ressourcen** genutzt werden, indem ein Netzwerk für folgende Bereiche geschaffen wird:

- Beratung und Schülerhilfe in einem Verbund von Beratungsstellen, Kinderärzten und -psychologen, Jugendamt und Jugendhilfe, Arbeitsagentur, (Jugend-)Polizei, sonstigen Einzelpersonen mit Beratungs- und Förderangeboten (z. B. LRS, Autogenes Training) sowie ggf. Sonderschulen,
- Freizeitangebote in Zusammenarbeit mit öffentlichen und zuweilen auch privaten Einrichtungen von Kommunen, Landkreisen u. Ä.,
- Kultur- und Lernangebote in Zusammenarbeit mit Museen, Theatern, Kinos, Volkshochschulen und Betrieben,
- systematische und frühzeitige Berufswahlvorbereitung, Betriebserkundungen, Schüler- und Lehrerbetriebspraktika in Zusammenarbeit mit der Arbeitsagentur, mit Betrieben, Interessenvertretungen von Wirtschaft und Gewerkschaften, den berufsbildenden Schulen und dem Schulamt.

Aufgabe eines neuen Schulleiters ist es, die Möglichkeiten und Angebote im regionalen Umfeld entweder selber zu erkunden oder die Erkundung zu veranlassen. Dabei sollte berücksichtigt werden, dass es wahrscheinlich bereits etablierte Kontakte und Arbeitszusammenhänge gibt, die von bestimmten Lehrkräften wahrgenommen werden:

Angebot zu Beratung, Freizeit u. a. im regionalen Umfeld	Kontaktperson oder -gruppe in der Schule	Art des Kontaktes oder Arbeitszusammenhanges, Bewertung, Perspektiven

1.7 Realisierung des Schulprogramm

Die bislang erhobenen Daten der Organisationsanalyse gewährleisten zusätzlich eine Klärung der Voraussetzungen für die Realisierung des Schulprogramms. Dazu können folgende Fragen hilfreich sein:

- Wie ist das Schulprogramm erarbeitet worden? Wer wurde an der Erarbeitung beteiligt? Wer hat das Schulprogramm beschlossen?
- Zu welchen der folgenden Bereiche erzieherischer und unterrichtlicher Arbeit finden sich Aussagen im Schulprogramm bzw. in den Konferenzbeschlüssen?
  - zum Konzept und Verfahren der Schulentwicklung,
  - zum Leitbild der Schule, zur pädagogischen Grundorientierung, zum pädagogischen Wertekonsens,
  - zum Lernkonzept und Unterrichtskonzept
- Liegen schulinterne Konzepte und Vereinbarungen für die schulischen Arbeitsfelder (schuleigene Lehrpläne mit der Ausweisung fachlicher Standards, Leistungsbewertung, Unterrichtsentwicklung, fächerübergreifendes Lernen und Unterrichtsprojekte, Berufswahlvorbereitung, Methodenlernen, selbstständiges Lernen, Freie Arbeit, stufen-, abteilungs- oder bildungsgangspezifische Akzente, Schwerpunkte der erzieherischen Arbeit, Schulleben, Fahrten und Austauschprogramme u. Ä.) vor?
- Inwieweit sind schulinterne Arbeitsstrukturen und -verfahren (Geschäftsverteilung und Zuständigkeitsregelung für die Schulleitung, die Funktionsstellen und die Wahrnehmung von Sonderaufgaben, Konferenzplanung und -gestaltung, Lehrerausbildung) ausgeprägt?
- Existieren mittelfristige Entwicklungsziele und Arbeitspläne über das laufende Schuljahr hinaus?
- Inwieweit gibt es eine Fortbildungsplanung und ist sie abgestimmt mit den Schwerpunkten und Entwicklungszielen des Schulprogramms?
- Wie vergewissert sich die Schule der Wirkungen ihres Schulprogramms und der Lernwirksamkeit des Unterrichts (Evaluationsplanung)?

Das Schulprogramm ist als eine Art Grundgesetz der Schule auch dann für den neuen Schulleiter eine verbindliche Vorgabe, wenn es z. T. seinen pädagogischen und unterrichtlichen (Wert-)Vorstellungen nicht entspricht. Zugleich bedarf es aber einer kontinuierlichen Überprüfung und Revision .Eine Überprüfung, wie das Schulprogramm im Alltag umgesetzt wird, ist für den neuen Schulleiter mittelfristig auf der Grundlage reflektierter und gerichteter Alltagserfahrung möglich, indem er sich durch Unterrichtsbesuche, Gespräche, Eindrücke aus kollegialen Gesprächs- und Kooperationszusammenhängen, Rundgänge durch die Schule während der Unterrichts- und Pausenzeiten ein Bild davon macht, ob das Schulprogramm lebt und wirksam ist.

2. Vier Grundsätze für alle Gestaltungsvorhaben

➤ **Nicht zu viel gleichzeitig beginnen!**

Es sollten zunächst vorrangig solche Vorhaben berücksichtigt werden, bei denen

- ein deutliches und von möglichst vielen geteiltes Bedürfnis in der Schule nach Veränderung und Gestaltung besteht,
- die Voraussetzungen in der Verfügung der Schule liegen, der Erfolg also nicht von außen abhängig ist,
- kurzfristige Erfolgsaussichten mit hoher Erfolgswahrscheinlichkeit gegeben sind.

➤ **Möglichst viele Lehrkräfte bzw. Betroffene an Gestaltungsvorhaben beteiligen!**

Dieser Grundsatz schließt aus, dass der Schulleiter oder die Schulleitung ein umfassendes Konzept ausarbeiten und dem Kollegium vorlegen, weil dann das Vorhaben von den Lehrern als nicht mehr wesentlich beeinflussbar wahrgenommen wird.

➤ **Gestaltungsvorhaben realistisch planen!**

Dieser Grundsatz erfordert eine großzügige Planung des Zeitbedarfs und eine entsprechende Termin- und Ablaufplanung,

- eine Einschätzung erforderlicher und vorhandener Kompetenzen und Qualifikationen,
- eine Belastungs-/Entlastungsbilanz, damit gewährleistet ist, dass das Vorhaben nicht als Überforderung erfahren wird,
- die Rückholbarkeit von Veränderungsschritten, d. h. eine Prüfung und Festlegung, inwieweit und bei welchen Schritten Entscheidungen über eine Revision oder Weiterführung von Veränderungsprozessen möglich und im Prozess vorgesehen sind, wenn sich z. B. vorher nicht absehbare Folge- und Nebenwirkungen oder Widerstände ergeben.

➤ **Wirksamkeit und Effizienz beachten!**

Der Schwerpunkt von Schul- und Unterrichtsentwicklung liegt in der Durchführung; der Aufwand für die Bestandsaufnahme, Datensammlung, Planung und Koordination muss deshalb auf das Maß beschränkt werden, das für eine erfolgreiche und wirksame Umsetzung zwingend erforderlich ist.

Signatur des Originalbeitrags: C 1.6

Fundraising:
Schätze suchen, finden und heben!

Knut Kösterke, Hamburg

1. Fundraising – ein Begriff wird immer populärer

Gegenstand des Fundraisings sind Geldmittel, Sachleistungen oder auch ehrenamtliches Engagement und Mitarbeit. Quellen können Privatpersonen, Unternehmen, Stiftungen sowie Förderprogramme sein. Der Aufbau von Beziehungen („relationship fundraising") zu möglichen privaten Förderern sollte am Anfang des Kontaktes stehen – und nicht die Bitte um Unterstützung. Hieran wird deutlich, dass systematisches Fundraising immer langfristig angelegt ist und Zeit braucht.

Die Palette an Werkzeugen des Fundraisings ist groß. Für Schulen besonders interessant sind die Felder Spendenakquise, Stiftungsmarketing, Benefizveranstaltungen sowie Sponsoring. Der letztgenannte Bereich nimmt eine Sonderstellung ein.

2. Fünf Prinzipien des Fundraisings an Schulen

1. Definieren Sie zu Beginn ein konkretes **Projekt**, für das Sie Förderer suchen.
2. „**people give to people**" – diesen zentralen und vielfach zitierten Satz des Fundraisings sollten Sie unbedingt beachten: Stellen Sie in den Mittelpunkt der Aktion die Schüler, die von einer Förderung profitieren. In der Kommunikation sollte es also nicht um „Kletterwände", „Schulhofgestaltung" oder „Baumaßnahmen" gehen, sondern um die Schüler, die zusätzliche Möglichkeiten und Chancen erhalten.
3. Sprechen Sie bei möglichen Förderern **Kopf und Herz** an und versuchen Sie, sie für Ihre Ideen zu begeistern.
4. Kommunizieren Sie sehr präzise den **Bedarf** (Kostenplan!) und **informieren** Sie kontinuierlich die Förderer.
5. Fundraising kann nur dort erfolgreich sein, wo Organisationen gezielt **Öffentlichkeitsarbeit** betreiben.

3. Ziele des Fundraisings

Wer bei den Zielen des Fundraisings nur an monetäre Aspekte denkt, erfasst lediglich einen Teil des Potenzials – auch im Zusammenhang mit Schulentwicklung. Die zentralen Fragen sind:

- Warum und wofür ist Fundraising nötig?
- Welche Werte und Visionen verbinden wir mit den zu finanzierenden Projekten?

➤ Schaffung von monetären Freiräumen

Klar sollte sein, dass Fundraising immer nur projektbezogen seine Wirkungen entfaltet. Regelfinanzierungen, z. B. für laufende Personal- oder Sachmittelkosten, können nie über Fundraising gesichert werden. Auch wenn die Anteile der durch Fundraising eingeworbenen Gelder am gesamten Schulbudget noch relativ gering sind, ist ihre **Nutzung als freie Mittel** für spezielle Projekte besonders attraktiv.

➤ Networking

Im Mittelpunkt eines jeden Networkings stehen **Partnerschaften**, die auf der Basis von Vertrauen Vorteile und Synergien für alle Beteiligten schaffen. In diesem Zusammenhang sollten unbedingt auch Unternehmen aus dem Bereich der Wirtschaft einbezogen werden und dies nicht nur als Geldgeber. So können auch Partnerschaften auf der Ebene von direkter Kooperation wertvoll sein.

➤ Profilstärkung und Positionierung

Projekte, die vielleicht durch begleitendes Fundraising überhaupt erst realisierbar sind, können zur Profilierung und Positionierung beitragen. Wenn z. B. eine Schule die Themen „ökologisches Bewusstsein und umweltverträgliches Verhalten" als Teil ihres Profils definiert hat, liegt es nahe, Projekte zu realisieren, die genau dies thematisieren wie etwa Solar- und kleine Windkraftanlagen, Regenwasser-Sammelbecken – die Bandbreite ist groß.

➤ Stärkung eines „Wir-Gefühls"

Fundraising kann (als eine Art Sekundärziel) zur Stärkung eines „Wir-Gefühls" beitragen. In einer Gemeinschaft an Zielen zu arbeiten, kann zu positiven Auswirkungen auf die Dynamik innerhalb einer Gruppe führen. Tragen Fundraising-Projekte dann auch noch zur Profilbildung bei, die eine Identifikation mit der Schule erleichtert, wird die Wirkung auf den schulischen Alltag noch vergrößert.

4. Implementierung des Fundraisings an Schulen

➤ Recherche und Dokumentation der Fundraising-Aktivitäten

Am Anfang der Implementierung steht eine „Fundraising-Inventur", die sowohl die Aktivitäten der Schule selbst als auch die eines möglichen Schulvereins in den Blick nimmt. Drei Fragen sind zu beantworten:

- Welche Aktivitäten gab es, z. B. Spenden/Sponsoring/Bußgelder/Benefiz-Veranstaltungen etc.) innerhalb der letzten drei Jahre?
- Wer hat diese Aktionen verantwortlich koordiniert?
- Wie erfolgreich waren die Aktivitäten des Fundraisings bisher?

Die Recherche wird von der Schulleitung initiiert. Die Ergebnisse werden tabellarisch zusammengefasst und bilden die Grundlage für die weiteren Schritte.

➤ Informationsphase

Um das Thema Fundraising in die Schulöffentlichkeit zu transportieren, werden allgemeine Informationen zu dem Thema geliefert (Erläuterung des Begriffs/Vorstellung von Methoden/Informationen zu besonderen Möglichkeiten für Schulen etc.), und es wird deutlich gemacht, warum sich die Schule mit dem Thema befasst (monetäre Aspekte/Networking/Profilbildung etc.). Ziel ist auch, Mitglieder für die zu etablierende **Lenkungsgruppe** zu gewinnen. Im Zentrum dieser Phase kann eine Informationsveranstaltung stehen.

➤ Etablierung einer Fundraising-Lenkungsgruppe

Aus dem Teilnehmerkreis des ersten Informationstreffens sowie der Gruppe der früheren Aktiven im Fundraising kann eine Lenkungsgruppe gebildet werden, bei der die Fäden zur Implementierung und ersten operativen Arbeit zusammenlaufen. Die Schulleitung muss an diesem Arbeitskreis beteiligt sein oder sich (hochrangig) vertreten lassen. Aufgabe der Lenkungsgruppe ist es, erste praktische Erfahrungen in einem Fundraising-Projekt zu sammeln, um diese dann in die Organisation „Schule" zurückfließen zu lassen. Diese Phase muss ergebnisoffen gestaltet sein.

➤ Operative Phase mit Auswertung

Es geht um die Optimierung bereits eingesetzter Werkzeuge und Methoden (Veranstaltungen/Ausstellung von Zuwendungsbestätigungen etc.) sowie darum, sich an einem ersten Projekt mit dem Thema Fundraising systematisch zu befassen und Erfahrungen zu sammeln. Das Projekt sollte sich aus dem Leitbild der Schule ableiten und möglichst einen Bezug zu einer aktuellen schulinternen Thematik haben. Hilfreich kann es sein, erste Maßnahmen in einem kleinen Rahmen zu organisieren, deren Umsetzung mittel- oder langfristig erfolgt, um den Zeitdruck aus den neuen Erfahrungen beim Fundraising zu nehmen.

In eine **kleine Fundraising-Konzeption**, die unabdingbar für die Umsetzung ist, sollten einfließen:

1. Kleine Stärken-Schwächen-Analyse bezogen auf die Schule und das Projekt
2. Schriftliche Festlegung der Fundraising-Ziele
3. Entwicklung einer Strategie und Planung der Maßnahmen
4. Planung zur Umsetzung der Fundraising-Maßnahmen (mit Zeitraster!)
5. Grobe Kalkulation der Kosten für die operative Arbeit im Fundraising
6. Fixierung der Überprüfung der Ergebnisse

Je nach Zusammensetzung der Gruppe und dem Wissen seiner Mitglieder um Fragen zum Fundraising oder auch zur Öffentlichkeitsarbeit wird die Konzeption vom Umfang und der Qualität her sehr unterschiedlich sein. Es geht bei der Implementierung darum, vorhandene Ressourcen und Kontakte zu nutzen. Wenn man den prozesshaften Ansatz verfolgt, werden erste Erfahrungen aus der operativen Arbeit in die Konzeption einfließen und zu Korrekturen führen. Am Ende wird ein **Resümee** gezogen, das sich sowohl auf den Bereich des Fundraisings als auch auf die Arbeit der Lenkungsgruppe bezieht. Wichtige Fragen sind folgende:

- Wurden die angestrebten Ziele erreicht?
- Welche Methoden waren besonders erfolgreich, welche weniger?
- Wie hoch war die zeitliche Belastung für die Mitglieder der Lenkungsgruppe?
- Sind die vorhandenen Kompetenzen innerhalb der Lenkungsgruppe ausreichend für die operative Arbeit? Ist es notwendig, weitere Kräfte mit speziellem Know-how zu gewinnen?
- Möchte die Lenkungsgruppe ihre Arbeit fortsetzen? Welche neuen Ziele setzt sie sich?

> **Dokumentation und Präsentation der ersten Maßnahmen**

Über den Verlauf ihrer ersten Aktion erstellt die Lenkungsgruppe eine zusammenfassende Dokumentation und kommuniziert die Ergebnisse in die wichtigen Gremien (Lehrer- und Schulkonferenzen/Versammlungen des Fördervereins etc.). Darüber hinaus werden die Erfahrungen für die allgemeine Schulöffentlichkeit sichtbar gemacht, z. B. in Form einer Info-Wand im Foyer der Schule. Die Reaktionen und Rückmeldungen auf die ersten Erfahrungen kann die Lenkungsgruppe in ihre nächsten Schritte einfließen lassen.

Leitfaden für die Implementierung des Fundraisings an Schulen

Schritt 1: Fundraising-Inventur
Ziele: Systematische Erfassung und Bewertung der schon eingesetzten Methoden sowie Identifizierung der handelnden Personen.
Wer: Schulleitung (ggf. Delegation)
Zeitrahmen: 2 Wochen

Schritt 2: Informationsphase
Ziele: Vermittlung von allgemeinen Informationen zum Fundraising an Schulen sowie von möglichen Chancen/Perspektiven der eigenen Institution.
Wer: Schulleitung gemeinsam mit Schulverein
Zeitrahmen: 6 Wochen

Schritt 3: Etablierung einer Fundraising-Lenkungsgruppe
Ziele: Schaffung einer zentralen Stelle innerhalb des Systems „Schule", in der die Fäden zum Fundraising zusammenlaufen.
Wer: Schulleitung (ggf. Delegation)/Lehrer/-innen/Eltern/bei weiterführenden Schulen auch Schüler/-innen
Zeitrahmen: 2 Wochen

Schritt 4: Operative Phase mit Auswertung
Ziele: Optimierung vorhandener Instrumente im Fundraising und Planung, Durchführung und Auswertung eines ersten Fundraising-Projektes.
Wer: Lenkungsgruppe
Zeitrahmen: 12 Monate

Schritt 5: Dokumentation und Präsentation der ersten Maßnahmen
Ziele: Weitere Sensibilisierung für das Thema Fundraising an der Schule/Motivation der Lenkungsgruppe durch ein „Sichtbarmachen" ihrer Erfolge.
Wer: Lenkungsgruppe
Zeitrahmen: 4 Wochen

Schritt 6: Resümee und Planung der weiteren Schritte
Ziele: Erfahrungen nutzen als Input für die Entscheidung ob
a.) Fundraising weiter betrieben werden soll und falls ja
b.) mit welchen nächsten Zielen und in welchem organisatorischen Rahmen.
Wer: Lenkungsgruppe sowie Interessierte aus dem Kreis der Schulleitung/Lehrer/innen/Eltern und Schülern
Zeitrahmen: 8 Wochen

Signatur des Originalbeitrages: F 2.6

Verhandlungen führen

Dr. Herbert Buchen, Bad Sassendorf

1. Das Harvard-Verhandlungsmodell – fair geht vor

Den folgenden Ausführung liegt das sogenannte Harvard Modell zugrunde. Das Modell folgt dem Motto „Fair geht vor". Es ist weder „hart" noch „weich", sondern versucht konsequent, der Falle eines kämpferischen bzw. eines weichen Verhandlungsstils zu entgehen. Stattdessen bietet es einen **flexiblen Handlungsspielraum**, in dem man mit dem Verhandlungspartner zwar interessen- und zielorientiert, zugleich aber fair umgehen kann. Dies wiederum soll dem Gegenüber ermöglichen, sich entsprechend zu verhalten. Auf diese Weise wird die Chance eröffnet, sich widersprechende Interessen unter einen Hut zu bringen.

Von der Basarkultur, die das Ziel verfolgt, Kompromisse um jeden Preis zu erreichen, unterscheidet sich das Modell insofern, als es einen Weg zeigt, der die Härte in der Sache mit der Sanftheit gegenüber dem Verhandlungspartner verbindet.

Ziel dieses Ansatzes ist **sachgerechtes** und **interessengeleitetes** Verhandeln, um eine Win-win-Situation zu erreichen. Dies geschieht durch die Berücksichtigung und Anwendung der vier (bzw. fünf) folgenden **Prinzipien**:

1. **Abwägen der Interessen**
   Durch Fragen nach dem „Warum" werden die jeweiligen Interessen bewusst.
2. **Sachbezogenes Diskutieren**
   Mensch und Problem werden getrennt voneinander gesehen und behandelt. Man zielt nicht auf das Gegenüber, sondern konzentriert sich auf das Verhandlungsziel.
3. **Suchen von Optionen**
   Lösungsmöglichkeiten werden gesammelt – und später bewertet und entschieden.
4. **Erbringen von Beweisen**
   Es werden allgemeingültige Normen oder Grundsätze als objektive Entscheidungskriterien vorgelegt.
(5. **Entscheiden für oder gegen eine Übereinkunft**
   Dies erfolgt durch den Vergleich mit der besten der zuvor entwickelten Alternative.)

Ein **wesentliches Problemelement** von Verhandlungen stellt die a priori-Fixierung auf eine bestimmte Verhandlungsposition oder einen nicht verhandelbaren Standpunkt dar. Damit ist natürlich eine Annäherung der Standpunkte bzw. Positionen nur noch schwer möglich. Umso wichtiger ist es, diese Sackgasse von vornherein zu vermeiden und den Prozess dadurch positiv zu beeinflussen, dass man auf Interessen, die man begründen kann, abstellt und sich nicht nur auf eine für einen selbst günstige Lösung festlegt.

Aus den vorgenannten 4 (bzw. 5) Prinzipien kristallisieren sich also die vier (bis fünf) entscheidenden Elemente des Modells heraus.

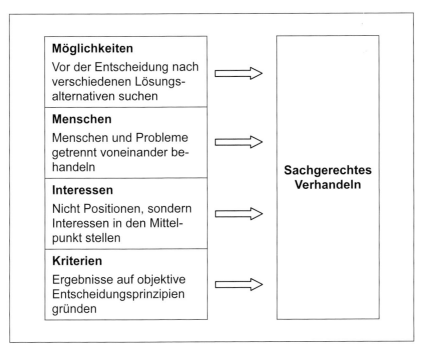

Abb. 1: Elemente des Harvard-Modells

2. Auf Interessen und nicht auf Positionen/ Standpunkte konzentrieren

Grundprinzip: Die jeweiligen Interessen ermitteln, statt über Positionen zu feilschen

Oft führt das (sture) Beharren auf den eigenen Positionen dazu, dass die Chance auf eine Einigung blockiert wird. Hilfreich hingegen wäre es, sich darüber klar zu werden, was eigentlich die Interessen hinter den Positionen sind – die bekannten „Warum-Fragen" (vgl. auch Punkt 5.). Interessen können sein Bedürfnisse, Wünsche, Hoffnungen, Ängste, Befürchtungen u. Ä. Wichtig in diesem Zusammenhang ist, nicht nur an die eigenen Interessen zu denken, sondern auch die des Gegenübers zu sehen und nach Übereinstimmungen zu suchen.

Gefeilscht hingegen wird, wenn beide Seiten sich auf einen bestimmten Standpunkt stellen, von dem aus man gegebenenfalls Zugeständnisse einräumen kann, um schließlich zu einem Kompromiss zu gelangen.

> **Ein mögliches Praxisbeispiel für eine Auseinandersetzung zwischen Interessen und Positionen:**
>
> Ein Schulleiter will wegen des in seiner Sporthalle nicht abzudeckenden erforderlichen Stundenangebots von einem benachbarten Sportverein dessen Gymnastikraum zeitlich unbegrenzt anmieten. Wenn diese Lösung nicht zum Tragen kommt, wird es zu einem spürbaren Ausfall beim Sportunterricht (der letztlich auch das Neigungsfach Sport in der gymnasialen Oberstufe betrifft) kommen. Dies wird insbesondere die Elternschaft nicht bereit sein zu tolerieren.
>
> Der Sportverein ist grundsätzlich einverstanden, seine Halle zu vermieten, allerdings nur für eine jeweils zeitlich eng begrenzte Laufzeit. Die Schule hingegen benötigt mittelfristige Planungssicherheit (mindestens drei Jahre).
>
> Beide Parteien beharren bislang auf ihren Positionen, wodurch die Gefahr besteht, dass die dringend benötigte Lösung nicht zustande kommt.

Bei Anwendung des Harvard-Ansatzes wären
- die Gründe zu ermitteln, die zu den bisherigen Positionen geführt haben,
    - eine dreijährige Laufzeit durchsetzen zu wollen (SL: Vermeiden von Unterrichtsausfall bzw. -kürzungen, keine Ersatzmöglichkeit auf absehbare Zeit durch Schulträger, Planungssicherheit für Schulträger, Eltern und Schulaufsicht, schlechte Werbung bezüglich potenzieller Übergänge aus der Grundschule in Klasse 5) bzw.
    - keine unbegrenzte oder längerfristige Laufzeit zu akzeptieren (Verein: Anfragen der VHS wegen weiterer Sport-Kurse, Überlegungen zur Einrichtung eigener Kursangebote aus Werbegründen für Verein);
- statt auf dieser Position zu beharren, über die gegenseitigen Interessen zu sprechen;
- die Grundfragen zu stellen, warum der Verein die Laufzeit begrenzen und warum er keine unbegrenzte Laufzeit akzeptieren will;
- die Konsequenzen aus den Verhandlungen für die Schule abzuschätzen.

In vielen Fällen geschieht eine Vorbereitung auf anstehende Verhandlungen dadurch, dass man sich auf eine einzige exakt definierte Ziel-Position oder einen Standpunkt fixiert, von der bzw. von dem man sich vornimmt, keinesfalls abzurücken. Wenn sich damit die Ausgangslagen der Verhandelnden mehr oder weniger weit oder grundsätzlich unterscheiden, wird eine Annäherung der Standpunkte bzw. Positionen unwahrscheinlich. „Kampf bis zum Umfallen" ist angesagt.

Abb. 2: Auf Interessen konzentrieren, nicht auf Positionen

Wenn hingegen die Beweggründe für eine bestimmte Position eingebracht werden, die sachlicher oder gefühlsmäßiger Art sein können (z. B. Sorgen, Wünsche bzw. Ängste), erschließen sich für den Anderen eher die Interessen, die mit dessen Verhandlungsziel verbunden sind, und es wird ein bislang sehr enger Verhandlungsraum geöffnet, wodurch ein größerer Spielraum entsteht. Denn Interessen sind die Beweggründe für Positionen.

Da es in solchen Gesprächen öfter um mehr als nur *ein* Ziel geht, wird es Fälle relativ harter und zunächst nicht bearbeitbarer Gegensätze geben, während andere wegen identischer oder wenigstens teilweiser gleicher Interessen einer konstruktiven Lösung zugänglich sind und damit eine positive Basis für die Weiterbearbeitung bislang nicht lösbar scheinender Fragen bilden könnte.

Praxistipp:

Gerade wenn Sie prima facie keine gemeinsamen Interessen feststellen können, lohnt es, sich selbst und dem Verhandlungspartner zu verdeutlichen, dass Sie deshalb weiter nach einer Lösung suchen sollten, weil beide aus einer Lösung gemeinsamen Nutzen ziehen.

3. Menschen und Probleme berücksichtigen, aber getrennt voneinander behandeln

Grundprinzip: Mensch und Problem getrennt voneinander sehen und behandeln. Nicht auf das Gegenüber zielen, sondern sich auf das Verhandlungsziel konzentrieren

Die oberste Regel lautet, den Verhandlungspartner auf der persönlichen Ebene wertzuschätzen, gerade wenn man auf der Sachebene einen Dissens hat oder wenn gar ein Konflikt droht.

Verhandlungen betreffen stets **Sachen und Menschen**. Das bedeutet für die Beteiligten, den Verhandlungsgegenstand sachlich (und argumentativ) darzustellen, zugleich aber die Personenebene zu bedenken und zu berücksichtigen. Probleme und Menschen dürfen nicht „in einen Topf geworfen werden". In der Auseinandersetzung aufkommenden Ärger muss man versuchen, nicht mit dem dahinter stehenden Verursacher zu verbinden. Das wird verständlicherweise nicht gerade erleichtert, wenn auch noch Sympathie- bzw. Antipathie-Effekte eine Rolle spielen. Sympathisch wirkenden Verhandlern gegenüber ist man eventuell vorschnell zu unsachgemäßen Kompromissen bereit, während Antipathie dazu verleiten mag, z. B. ein Kompromissangebot unbedacht abzulehnen.

Geht es um die **Sachaspekte** eines Verhandlungsgegenstandes,

- werden Sichtweisen ausgetauscht,
- versucht man, sich in die Sichtweise des Verhandlungspartners zu versetzen,
- werden beide Sichtweisen aus der Vogelperspektive (von der Metaebene her) diskutiert und vor allem
- werden die Problemfelder möglichst genau beschrieben und bearbeitet.

Hinsichtlich der **Personenbeziehung** sollte erreicht werden, dass

- die Verhandelnden sich tolerieren und achten,
- möglichst ein konstruktives Gesprächsklima herrscht,
- sich Glaubwürdigkeit und Vertrauen entwickeln können,
- ggf. die eigene emotionale Befindlichkeit artikuliert wird und
- solche auf der anderen Seite erkannt, zugelassen und verstanden wird,
- miteinander geredet und nicht aneinander vorbeigeredet wird,
- durch aktives Zuhören die Gefahr, sich misszuverstehen, verringert wird.

4. Verschiedene Lösungsmöglichkeiten entwickeln und diskutieren – und die daraus folgende Entscheidung

Grundprinzip: Zuerst Lösungsmöglichkeiten sammeln – erst später bewerten und darüber entscheiden

> **Praxistipp:**
>
> Die Verhandelnden sollten eine Anzahl von Lösungsvorstellungen **vor Beginn der Verhandlung** vorbereitet haben. Die Anzahl sollte aber auch nicht zu groß sein, weil man in diesem Fall leicht zu einer zu optimistischen Einschätzung eines Verhandlungsverlaufes und eines realistischen Ergebnisses verführt sein könnte.

Bei kritischem Hinterfragen der eigenen Praxis wird man vermutlich zugeben müssen, sich im Vorhinein oftmals auf „die einzig richtige" Lösung fixiert zu haben mit der Folge, dass bei entsprechendem Verhalten des Gegenübers die bekannten „Kampfhandlungen" stattfanden, an deren Ende Sieg oder Niederlage standen. Damit waren die Weichen für weitere „kämpferische" Auseinandersetzungen gestellt, die vom Verlierer zweifellos mit Revancheabsichten geführt werden würden.

Gewinn bringender und weniger „feindlich" empfiehlt das Harvard-Modell (schon als Schutz vor einem Ergebnis, das man besser nicht erzielen sollte),

- den Nutzen für **beide Verhandlungspartner** zu erkunden, indem man das Verhandlungsinteresse der Gegenseite mit berücksichtigt und nach gemeinsamen Lösungen sucht;
- Ideen für Entscheidungsmöglichkeiten zu entwickeln, die dem Gegenüber die Entscheidung erleichtern;
- gemeinsam nach einem Ausweg zu suchen, falls keine Einigung möglich scheint; (gerade wenn es darum geht, die eigene schlechte Ausgangslage zu verbessern);
- sich in der Vorbereitung auf Optionen über „Limits" klar zu werden, um ungünstige Vereinbarungen zu vermeiden.

Limits sollen davor schützen, ungünstige Vereinbarungen zu treffen. Allerdings ist Vorsicht geboten, da man sie bei der Vorbereitung in Überschätzung der eigenen Ausgangsposition leicht zu hoch ansetzen kann.

Wichtig andererseits ist, auch ein (mindestens vorläufiges) Scheitern der Verhandlung als eine mögliche Alternative in diese Überlegungen einzubeziehen.

> **Praxistipp:**
>
> Hier haben kreative Ideenfindungsmethoden ihren Platz, wie Brainstorming oder Mindmapping
>
> Aber: **Vorsicht!**
>
> Denken Sie daran, dass Sie die Ideensammlung nicht durch
>
> - spontane Kritik oder vorschnelles Urteil,
> - Suche nach der einzigen Lösung,
> - unnötigen Zeitdruck,
> - die Annahme, die Anderen sollten ihre eigenen Probleme auch selbst lösen,
>
> belasten oder entwerten.
>
> Als Gegenmittel sollten Sie
>
> - das Finden von möglichen Alternativen getrennt von deren Bewertung durchführen,
> - die Anzahl der Alternativen eher erhöhen, statt sofort nach einer Lösung zu fahnden,
> - versuchen herauszufinden, ob und welche Vorteile die verschiedenen Optionen für beide Seiten haben und schließlich, wenn möglich,
> - Vorschläge entwickeln, die dem Gegenüber seine Entscheidung eventuell erleichtern könnten.

5. Die Optionen auf der Basis objektiver Kriterien bewerten

Grundprinzip: Ergebnisse auf objektive Entscheidungsprinzipien gründen

Auch wenn Sie sich bemüht hätten, allen bisher beschriebenen Ratschlägen gewissenhaft zu folgen, es besteht dennoch ein erhebliches Risiko, dass ein vermeintlich für beide Verhandlungspartner gutes Ergebnis nach relativ kurzer Praxis „platzt", d. h. die mit ihm verbundenen Hoffnungen nicht erfüllt.

Die Ursache ist allzu oft darin begründet, dass in der Endphase von Verhandlungen versäumt wird, das Verhandlungsergebnis auf sachliche Entscheidungskriterien zu gründen bzw., falls möglich, sogar objektive Maßstäbe mit einzubeziehen. Froh und entspannt angesichts scheinbar übereinstimmender Vorstellungen ist man bereit, diese wichtigen Elemente zu vernachlässigen und dem Partner großzügig entgegenzukommen – als Zeichen persönlicher Sympathie.

Gerade an diesem Punkt heißt es aber, diszipliniert die Kriterien des Modells bis zum Schluss einzuhalten; denn zu leicht werden die oft mühsam erreichten Verhandlungsergebnisse aufgeweicht. Unangenehm überrascht muss man dann feststellen, dass der Verhandlungspartner gänzlich oder teilweise andere Vorstellungen bzw. Interpretationen mit dem erzielten Ergebnis verbindet.

Es lässt sich leicht nachvollziehen, dass ein solcher „Rückfall" kaum geeignet sein wird, eine Wiederaufnahme der Verhandlung positiv zu beeinflussen.

Welche **Kriterien bzw. objektiven Maßstäbe** Sie im Bedarfsfall heranziehen, hängt natürlich entscheidend von dem zu verhandelnden Sachverhalt ab. Hilfreich kann der Vergleich der Übereinkunft mit der eigenen besten bzw. der schlechtesten Alternative sein.

Im **Falle des beschriebenen Beispiels** der Absicherung des Sportunterrichts dürfte die Anmietung eines Gymnastikraumes die **bessere Alternative** sein,

- *z. B. durch die Vereinbarung einer konkreten Anzahl von Wochenstunden an bestimmten Vor- oder Nachmittagen in der Woche für das vom 01.08. des Jahres bis zum 31.07. des folgenden Jahres (laufendes Schuljahr),*
- *weiter durch die Erlaubnis zur Nutzung der Warmduschen nach dem Sportunterricht und die Übernahme und Bezahlung der täglich durch die Reinigungskräfte der Schule stattfindenden Reinigung von Halle, Umkleide- und Duschräumen zu einem monatlich zu zahlenden Mietpreis von x EUR,*
- *weiter, dass in Ferienzeiten die Nutzung und die Reinigung entfallen und kein Mietpreis gezahlt wird, und*
- *u. U. bestimmte, nicht hinreichend geklärte Fragen wie der Umgang mit Schäden, Regelungen bei Unterrichtsausfall bez. der Bezahlung und der Reinigungspflicht, der Raumtemperatur nachgeklärt werden,*

als z. B. eine vertragliche Regelung zwischen der Schule und drei Nachbarschulen, die bestimmte Anteile ihres Schuletats für eine bestimmte Zeit zur Verfügung stellen, um eine größere Anschaffung in der naturwissenschaftlichen Sammlung zu ermöglichen.

Kritische Punkte könnten hier sein der Überweisungszeitpunkt an die Schule, der Rückgabetermin, mögliche drastische Kürzung der kommenden Haushalte durch den Schulträger, die den Betrieb der Schule gefährden würde, wenn sie die geliehenen Beträge vollständig zurückzuzahlen hätte, übermäßige und nicht berücksichtigte Inflationsverluste mit Folgen für die Kaufkraft der Leiher, Rückforderung des Geldes durch eine Verleiherin wegen des nicht vorhersehbaren Ersatzes der stationären PC durch neue (und mobile) Laptops.

Sich auf überzeugende und konkrete Kriterien zu verständigen ist möglicherweise im Schulbereich schwieriger, wenn es nicht um einfache technische oder quantitativ definierbare Sachverhalte geht. Aber auch in Schule geht es neben „weichen" Qualitätskriterien wie Fairness, Tradition, pädagogische Sinnhaftigkeit immer öfter um „harte" Kriterien wie Marktwert, Vergleichsfälle, Kosten, Gerichtsurteile, wissenschaftliche Sachbezogenheit, Sachverständigenurteile.

Dennoch: Auch wenn Sie versuchen, all dies zu berücksichtigen, Sie werden im Sinne des Harvard-Modells nur dann Erfolg haben, wenn – möglichst – beide Parteien von diesen vier Grundelementen des Modells überzeugt sind und auch danach handeln.

6. Das Harvard-Konzept ist keine Patentlösung

Das vorgestellte Konzept ist nicht das alleinig erfolgversprechende Konzept für jedwede Verhandlung. Seine Gelingensbedingung, die Anwendung von Vernunft, dürfte nicht in jedem Fall gegeben sein, z. B. wenn die Interessen der Beteiligten „unvernünftig" im Sinne von „jenseits der Vernunft" sind. So könnte es im schulischen Bereich angesichts des erweiterten Handlungs-, Entscheidungs- und Verantwortungsraumes der Schulleitungen vermehrt zur Kollision von pädagogisch-ethischen und ökonomisch-effizienziellen Werten kommen.

In solchen Fällen wird eine rational gesteuerte Verhandlungsstrategie vermutlich an ihre Grenzen stoßen.

Literaturhinweis:

Fisher, R./Ury, W./Patton, B.: Das Harvard-Konzept. Sachgerecht verhandeln – erfolgreich verhandeln. 17. Auflage. Frankfurt/New York. 1998.

Signatur des Originalbeitrages: D 2.10

Pädagogische Konferenzen

Prof. Herbert Altrichter, Linz/Johanna Rasch, Wien

1. Zum Begriff

Der Begriff „Pädagogische Konferenz" hat sich als Kürzel für Alternativ- oder Ergänzungsveranstaltungen zur – meist auf Information und Beschlussfassung orientierten – herkömmlichen Lehrerkonferenz eingebürgert. An manchen Orten werden solche Veranstaltungen auch als „Pädagogische Tage", „Studientage" usw. bezeichnet. Die Dauer dieser Veranstaltungen variiert von ein paar Stunden bis zu einem ganzen Tag, und manchmal mehr als das.

Die folgenden Überlegungen beziehen sich vor allem auf solche Pädagogische Konferenzen, die über die Konferenzdauer von eineinhalb Stunden hinausgehen und die Impulse oder den Anstoß in Schulentwicklungsprozessen geben sollen.

2. Der Erfolg der Konferenz hängt wesentlich von ihrer Vorbereitung ab

Ob Pädagogische Konferenzen gelingen oder scheitern, wird zu einem guten Teil schon in der Vorbereitungsphase entschieden. Eine Pädagogische Konferenz ist – je länger die Dauer und je zahlreicher die Teilnehmer, desto mehr – ein Großereignis. Schon in mittelgroßen Schulen ist eine Pädagogische Konferenz – verglichen mit den üblichen Seminargruppen in Lehrerfortbildung oder Erwachsenenbildung – ein Ozeandampfer, dessen Route zu ändern und aktuellen Gegebenheiten anzupassen nicht mehr so einfach ist, wenn er sich einmal in Bewegung gesetzt hat. Daher macht es Sinn, besonderes Augenmerk auf eine sorgfältige Vorbereitung zu legen. Dazu dienen die folgenden Fragestellungen:

Checkliste für Pädagogische Konferenzen

Anfangsüberlegungen
- Worum geht es?
- Was soll erreicht werden?
- Zielgruppe: Wessen Teilnahme ist zur Erreichung des Ziels notwendig? *Lehrer* (alle? eine bestimmte Gruppe? Teilnahme freiwillig/verpflichtend?); *Schüler* (welche?); *Eltern* (welche?); *Vertreter der Schulbehörde* (wer?); *Vertreter der Öffentlichkeit* (wer?)

- Ist eine Pädagogische Konferenz für dieses Ziel der geeignete Weg?
  Wenn ja, wer soll in der Vorbereitungsphase mitarbeiten? Mit welcher Aufgabenverteilung?
  Wenn nein, was sonst?
- Wer muss informiert werden?
- Mit welchen Hindernissen ist zu rechnen? Wie kann man sie vermeiden, minimieren, überwinden?
- Welche Ressourcen stehen zur Verfügung?
- Wie wird Mitarbeit honoriert?
- Welche organisatorischen Maßnahmen sind zu treffen, damit die Vorbereitungsarbeiten stattfinden können?
- Wie soll das Ziel nach der Pädagogischen Konferenz weiter verfolgt werden?
- Welche Art von Ergebnissen ist dafür notwendig?
- Wann, wo und von wem soll die Nachbereitung/Weiterarbeit erfolgen?
- Welche Rolle/Funktion übernimmt die Schulleitung?
- Erfolgen Vorinformationen sowie Einladung rechtzeitig?
  Ist die Einladung attraktiv gestaltet und informativ (Ort, Zeit, Tagesordnung, Ziele ohne Leerformeln) dargestellt?
  Signalisiert die Einladung Offenheit für die Mitarbeit der Teilnehmer oder erscheint die Arbeit vorbestimmt?
  Gehen etwaige Unterlagen den Teilnehmern rechtzeitig zu?

Leitung und Moderation
- Wer übernimmt die Leitung der Veranstaltung (Mitglied der Schulleitung, Mitglied des Kollegiums)?
- Wer übernimmt die Moderation der Veranstaltung (Mitglieder der Schule, externe Fachleute)?
- Soll mit externen Beratern zusammengearbeitet werden?
- Wenn ja, ab wann werden sie eingebunden?
- Wie lautet der Moderations- bzw. Beratungsauftrag?
- Wer ist der Auftraggeber (Schulleitung, Kollegiumsvertretung etc.)?
- Fallen Honorare an?

Durchführung
- Was geschieht vor der offiziellen Eröffnung der Pädagogischen Konferenz (z. B. Dekoration des Raumes mit Plakaten mit themenbezogenen Statements, Einstiegsfragen oder Karikaturen; Projektion von Overhead-Folien, Musik, Kaffee vor Beginn)?
- Wie erfolgt die Eröffnung?
- Welche Informationen brauchen die Teilnehmer, um sich orientieren und mitarbeiten zu können?
- Welche Arbeitsschritte sind für die Zielerreichung notwendig? Sind für die Schulleitung teilweise andere Arbeitsschritte sinnvoll?

Geräte, Moderationsmaterial
- Overhead, Folien, Folienstifte
- Flipchart
- Moderationstafeln
- Papier für Plakate, Flipcharts
- Plakatstifte
- Moderationskarten
- Klebepunkte
- Pinnadeln
- Scheren
- Klebstoff
- Videokamera, Kassetten, Monitor
- Musikanlage
- Lautsprecher, Mikrofone
- Kopiermöglichkeit
- Fotoapparat, Film
- Stromanschlüsse
- Transport?
- Kosten?
- Wer ist für Logistik verantwortlich?

Finanzierung
- Moderation, Beratung, Referenten
- Raummiete
- Gerätemiete
- Transport
- Verpflegung, Getränke
- Materialien
- Unterlagen, Kopien
- Sponsoring?

Abschluss, Nachbereitung, Weiterarbeit
- Wie werden Vereinbarungen festgehalten?
- Wie wird die Einhaltung von Abmachungen sichergestellt?
- Wann, wo, wie, von wem erfolgt der nächste Schritt?
- Wer übernimmt Verantwortung wofür?
- Welche Aufgaben übernimmt die Schulleitung?
- Wie wird der Erfolg kontrolliert/evaluiert?
- Wie wird der Erfolg gefeiert?

Signatur des Originalbeitrages: D 4.1

Konferenzleitung in Schulen

Prof. Dr. Karl-Klaus Pullig, Paderborn

Das Identifizieren von unterschiedlichen typischen Konferenzphasen ermöglicht der Konferenzleitung, den Prozess innerhalb dieser Phasen mit angemessenen Steuerungsmitteln zu unterstützen und in andere Konferenzphasen hineinzuleiten. Dies führt zu mehr Klarheit und Sicherheit bei allen Beteiligten.

Im Normalfall verwendet die Konferenzleitung als notwendiges Mindestinstrumentarium eine unauffällige Methode, die die vorhandenen Konferenzrituale nicht sprengt und deshalb auch kaum Widerstände provozieren dürfte: die Konferenzleitung stellt im Wesentlichen **angemessene Prozessfragen**, wie in folgender Übersicht beispielhaft darstellt.

1. Prozessfragen

Typische Konferenzphasen und dafür geeignete Prozessfragen

Phasen	Prozessfragen/Formulierungen des Leiters
Phase 1 Verfahrensfragen/ Regularien; Festlegung der Tagesordnung	Haben alle das Protokoll der vergangenen Konferenz erhalten? Wurde fristgemäß eingeladen? Ist die Beschlussfähigkeit gegeben? Wer führt Protokoll? Gibt es Anmerkungen zum Protokoll der vorangegangenen Konferenz? Die Aufgabe unseres Gremiums ist heute … Gibt es Ergänzungen zur Tagesordnung? In welcher Reihenfolge und mit welchem geschätzten Zeitbedarf wollen wir die Tagesordnungspunkte behandeln? Wie wichtig und/oder wie dringlich sind die Themen/Punkte?
Phase 2 Situationsbeschreibung	Bei dem TOP geht es um Folgendes: … Der TOP hat folgenden Hintergrund: … Der Punkt ist deshalb auf die TO gekommen, weil … Der TOP … ist in folgendem Zusammenhang zu sehen: … Wer hat noch Hintergrundinformationen zu diesem TOP?

Phase 3 Eingrenzung und Zielpräzisierung	Worum geht es uns heute bei diesem TOP genau (z. B. nur gegenseitige Information, Beschluss, Ursachenanalyse etc.)? Was wollen wir in der uns heute zur Verfügung stehenden Zeit erreichen? Was ist mit dieser Konferenz beabsichtigt? Wie lautet unsere konkrete Fragestellung für diese Sitzung/Konferenz?
Phase 4 Bildgestaltung (Suchphase)	Gibt es (weitere) Vorschläge, Ideen für die Lösung unseres Problems? Kann Frau/Herr X ihr/sein Konzept einmal schildern?
Phase 5 a Bewertung/ Kritik/Urteil/ Abwägung	Welche Beurteilungsmaßstäbe (Kriterien) legen wir an? Wie gut/schlecht erfüllen die Konzepte und Vorschläge unsere Ziele? Welche Vor- und Nachteile sind zu berücksichtigen?
Phase 5 b Entscheidung/ Beschluss	Unsere Entscheidung heißt also ... Folgende Anträge/Varianten etc. stehen nun zur Abstimmung an: ... Gibt es Zustimmung/eine Mehrheit für folgende Lösung/Entscheidung: ...?
Phase 6 Umsetzung – Aktionsplan – Sicherungsplan	Wer macht/veranlasst was? Bis wann? Was geschieht bei Abweichungen von unserem Beschluss? Wie wahrscheinlich ist es, dass bestimmte Störereignisse unsere Entscheidung gefährden? Was können wir jetzt schon dagegen tun?

Zusätzlich bzw. anstelle einfacher Leitung durch Fragen können und sollen der Konferenzleitung natürlich weitere Instrumente bzw. Methoden zur Verfügung stehen, um situationsadäquate Unterstützung für den Konferenzprozess anzubieten. In diesem Zusammenhang kann wiederum auf die entsprechenden Fachbeiträge in diesem Handbuch hingewiesen bzw. muss auf weiterführende Spezialliteratur verwiesen werden. Hier sollen einige wenige Hinweise genügen:

Bei der **Eingrenzung und Zielpräzisierung** könnte man anregen, das anstehende Thema in verschiedenen Fragesätzen zu formulieren, um sich dann auf eine gemeinsame Formulierung festzulegen. Die Fragesätze können auch alle mit der Formulierung beginnen: *„Wie können wir erreichen, dass ...?"* Eine solche Formulierung richtet den Blick nach vorne, auf eine Problemlösung.

In den – meist als belebend und angenehm empfundenen – **Bildgestaltungsphasen** bieten sich sog. kreative Techniken wie Brainstorming oder verschiedene Formen des sog. Brainwriting an.

Die im Vergleich zu den Bildgestaltungsphasen meist mühevolleren, von Konflikt und Kritik geprägten **Bewertungsphasen** können evtl. durch objektivierende Verfahren wie Nutzwerttabellen oder die „Nominalgruppentechnik" entspannt und verbessert werden.

Die „Nominalgruppentechnik" zielt darauf ab, den Einfluss mächtiger, aber nicht unbedingt in gleicher Weise kompetenter Konferenzmitglieder bei der Bewertung einzugrenzen.

Im 1. Schritt notieren die Teilnehmer individuell und unbeeinflusst ihre jeweils präferierte Lösung.

Im 2. Schritt werden die Lösungsvorschläge in der Gruppe diskutiert.

Im 3. Schritt erfolgt wieder eine individuelle und anonyme Bewertung der Lösungsvorschläge.

Das Verfahren in der **Entschluss- oder Entscheidungsphase** ist für schulische Konferenzen durch die Schulgesetze bzw. dazu erlassene Verordnungen bereits festgelegt: Meist ist eine **Mehrheitsentscheidung** per Abstimmung vorgeschrieben. In den Waldorfschulen werden dagegen alle Entscheidungen bzw. Beschlüsse i. d. R. nach dem **Konsensprinzip** gefasst: Die Sache bzw. das Thema wird erst dann entschieden, wenn sich alle Konferenzteilnehmer damit einverstanden erklären oder zumindest ihre Bedenken zurückstellen können.

Dazwischen gibt es natürlich fließende Übergänge und Mischverfahren. Das gewählte Verfahren muss in die gesamte Organisationskultur passen und ist allenfalls behutsam aus der Praxis heraus zu entwickeln und zu variieren. Ausschließlich argumentativ mit dieser Frage umzugehen führt m. E. kaum weiter, denn die jeweiligen Befürworter haben ihre entsprechenden Erfahrungen und Wahrheiten. Zwei **wesentliche Aspekte** werden bei der Frage Mehrheitsbeschluss oder Konsens oft angesprochen: die **Zeit** und die **Akzeptanz**. Diejenigen, welche an Abstimmungen gewöhnt sind, können sich einfach nicht vorstellen und verfügen auch über entsprechende negative Erfahrungen, dass es innerhalb einer vernünftigen Zeitspanne bei konflikthaltigen Themen zu einem wirklichen Konsens kommen könne; diejenigen, die Konsensentscheidungen praktizieren, haben erfahren, dass es möglich ist, und sie halten Abstimmungen höchstens für eine nur im äußersten Ausnahmefall zu benutzende Notbremse. Abstimmungen, so argumentieren sie, sind Machtausübungen gegenüber Minderheiten, die kaum eine tragfähige Grundlage für schwierige Entscheidungssituationen ermöglichen. Und gerade in umstrittenen Fragen brauche man die Zustimmung und das Mittragen aller Beteiligten. Der längere Zeitaufwand falle demgegenüber weniger ins Gewicht.

In der politischen Konferenzpraxis gelten zwar Abstimmungsverfahren als unvermeidlich, dennoch versucht man auch dort, sich durch Vorabstimmungen oder Probeabstimmungen einem Konsens anzunähern, ehe es zur eigentlichen Abstimmung kommt (so z. B. einmal bei der Wahl des UNO-Generalsekretärs).

Der **Aktions- und Sicherungsplan** soll die Umsetzung der Konferenzbeschlüsse sichern. Nach meinen Beobachtungen fehlt diese Konferenzphase leider in vielen Konferenzen, sei es aus Zeitknappheit – *„wir haben mal wieder die Zeit überzogen"* –, aus Erschöpfung – *„wir sind ja so froh, dass wir überhaupt zu einem einigermaßen akzeptablen Beschluss gekommen sind"* –, um sich weitere Arbeit vom Halse zu halten – *„ich habe schon genug zu tun"* – oder in der vagen, aber bequemen Hoffnung, die (Konferenz-)Leitung werde schon irgendetwas tun.

Eine einzige Prozessfrage am Ende der Konferenz: *„Wer macht oder veranlasst konkret was und bis wann?"* kann dann äußerst nützlich sein. Hilfreich ist in diesem Zusammenhang eine entsprechende Visualisierung und exakte Übernahme in das Protokoll.

Dieses einfache Vorgehen lässt sich noch ergänzen und verfeinern, indem man schon im Vorhinein eine Art **Analyse potenzieller Probleme** anschließt: Man überlegt,

– was bei der Umsetzung des Konferenzbeschlusses mit welcher Wahrscheinlichkeit und mit welchen Auswirkungen schiefgehen könnte und
– welche vorbeugenden Maßnahmen jetzt schon sinnvoll sein könnten, diesen potenziellen Problemen zu begegnen.

Günstig ist wiederum, dies in einfacher Form zu visualisieren, wie die folgende Übersicht zeigt:

Thema:			
Was könnte schiefgehen?	**W***	**T***	**vorbeugende Maßnahmen**
*) W = <u>W</u>ahrscheinlichkeit (z. B. hoch, mittel, niedrig oder von 0 % bis 100 %)			
*) T = <u>T</u>ragweite (Auswirkung, drohender Verlust) (z. B. hoch, mittel, niedrig)			

Übersicht 1: Sicherungs-/Kontrollplan

2. Protokollführung

Organisationen haben in der Regel zu entscheiden, ob sie **Verlaufs-** und/oder **Beschlussprotokolle** führen wollen. Letztere haben den Vorteil, dass sie meist sehr kurz sind und man früher gefasste Beschlüsse schneller wieder auffindet, wenn man sie nachprüfen will. Für Verlaufsprotokolle spricht demgegenüber, dass Nichtteilnehmer sich eher ein Bild von dem Konferenzgeschehen machen können.

Eine interessante Frage ist immer wieder, nach welchem Verfahren der oder die Protokollführer bestimmt werden, eine Funktion, vor der man sich gerne drückt, da sie mit zusätzlicher Arbeit verbunden ist. Ich habe immer wieder beobachten können, dass diese „undankbare" Aufgabe an die rangniedrigsten oder schwächsten (d. h. wenig einflussreichen) Konferenzteilnehmer delegiert wurde – sehr zu Unrecht: Denn die Protokollführung ist nämlich eine äußerst einflussreiche Aufgabe. Der Protokollführer kann den Konferenzleiter sehr wirksam unterstützen, ja sogar Konferenzleitungsaufgaben – mehr oder weniger unbemerkt – übernehmen, indem er z. B. Zwischenzusammenfassungen mit der harmlosen Frage einleitet: „Darf ich noch einmal vorlesen, was ich als bisheriges Ergebnis für das Protokoll festgehalten habe?"

Selbstverständlich nimmt der Protokollführer auch großen Einfluss, indem er den Verlauf oder die Ergebnisse in seiner Art vorformuliert und damit die Möglichkeit hat, Betonungen, Färbungen, Auslassungen etc. vorzunehmen, welche die weitere Konferenzarbeit oft entscheidend prägen. Meines Erachtens ist der stellvertretende Leiter der ideale Protokollführer oder umgekehrt: Der Protokollführer darf sich durchaus als stellvertretender Leiter der Konferenz fühlen.

Literaturverzeichnis:

Pullig, K.-K.: Konferenzen. System – Kultur – Methoden. In: *Buchen, H./ Rolff, H.-G.* (Hrsg.): Professionswissen Schulleitung. Weinheim und Basel 2006, S. 1088–1116.

Pullig, K.-K.: Konferenzleitung in Schulen. Bönen 2004.

Signatur des Originalbeitrages: D 4.2

Die Schulleitungssitzung

Adolf Bartz, Aachen

Die Komplexität der Leitungsfunktion erfordert eine Verteilung von Aufgaben unter den Personen, die neben der Leiterin oder dem Leiter kontinuierlich Leitungsaufgaben wahrnehmen. Für die eigenverantwortliche Wahrnehmung und Gestaltung dieser Aufgaben ist eine Zuständigkeitsregelung eine notwendige, aber keine hinreichende Bedingung. Sie muss durch die regelmäßige Koordination in Schulleitungssitzungen ergänzt werden, um die Einheitlichkeit des Leitungshandelns zu gewährleisten. Damit die Schulleitungssitzung ihre Koordinationsfunktion effektiv und effizient zu erfüllen vermag, bedarf es der Kenntnis von Fallen und Schwierigkeiten, um sie bei der Gestaltung der Sitzungen vermeiden zu können, und der Kenntnis von Methoden für die Planung der Tagesordnung, die Moderation und die Ablaufgestaltung der Schulleitungssitzung.

1. Vorschläge zur Gestaltung von Schulleitungssitzungen

Die phänomenologische Beschreibung von Fallen und Schwierigkeiten bei der Gestaltung von Schulleitungssitzungen ist eine Voraussetzung, angemessene Veränderungsvorschläge zu entwickeln. Die im Folgenden erläuterten Vorschläge sind auf diese Weise aus den Erfahrungen in der Schulleitung entstanden und haben sich in der Gestaltung von Schulleitungssitzungen bewährt.

- Die Schulleitungssitzungen erfolgen regelmäßig. Für die Zeit der Schulleitungssitzung werden – von zwingenden Ausnahmefällen abgesehen – kein Besuch und keine Telefongespräche zugelassen.

- Die langfristige Planung und die Schwerpunkte der Schulentwicklung im anstehenden Schuljahr werden in einer ganztägigen Schulleitungssitzung in der letzten Woche der Sommerferien auf der Grundlage der Schulkonferenzbeschlüsse zur Arbeitsplanung im Rahmen des Schulprogramms in einen groben Ablaufplan sowie in die Konferenz- und Terminplanung umgesetzt.

- Die Termine für die Schulleitungssitzungen werden an einer Wand im Schulleiterbüro ausgehängt. Die Schulleitungsmitglieder melden Tagesordnungspunkte durch Aushang eines Formblatts in Zuordnung zu einem Termin an, z. B. nach folgendem Muster:

Termin:	
Thema:	Kontrolle der Aufsichten
wer?	Ständige Vertretung
wie?	Bericht/Beschlussvorlage
Zeitbedarf:	20 Minuten
ggf. Aktionen:	s. Vorlage

Sie stellen ggf. der Schulleiterin oder dem Schulleiter Beratungsunterlagen oder Beschlussvorlagen zur Verfügung. Auf dieser Grundlage erstellt die Leiterin bzw. der Leiter die Tagesordnung, wobei sie bzw. er im Interesse einer realistischen Zeitplanung ggf. Tagesordnungspunkte auswählt oder für eine spätere Sitzung vorsieht.

Grundsätzlich sollte für jede Schulleitungssitzung ein thematischer Schwerpunkt vorgesehen werden, während der aktuelle Absprache und Klärungsbedarf möglichst reduziert und zügig behandelt werden sollten. Dabei ist auch zu prüfen, ob Absprachen nicht besser in Einzelgesprächen geklärt werden können, wenn nicht alle Schulleitungsmitglieder betroffen sind, und ob Absprachen nicht besser ad hoc zu treffen sind, um die Sitzung von Kleinigkeiten zu entlasten.

- Um die Schulleitungssitzungen zu entlasten und funktionsspezifische Sachbereiche, die nicht die gesamte Schulleitung betreffen, in einem angemessenen Setting bearbeiten zu können, sollten nach Bedarf zusätzliche Gesprächstermine z. B. für Schulleiterin bzw. -leiter und Ständige Vertretung oder für die Abteilungs- bzw. Stufenleitungen vorgesehen werden.

- Wie für die Organisation insgesamt so gilt auch für ihre Leitung, dass unterhalb der Ebene von Organisationsregelungen und sach- und zweckbezogener Kooperation Bedürfnisse, Wünsche, psychische Belastungen und Ängste auf das Handeln einwirken. Deshalb sollte es in den Schulleitungssitzungen möglich sein, auch emotionale Befindlichkeiten zu äußern, die psychologische Organisationsebene bewusstzumachen und Störungen aufzuarbeiten, um ihren unterschwellig negativen Wirkungen in der Organisation und in der Leitung entgegenwirken zu können.

- Im Zusammenhang mit der Einführung einzelner Tagesordnungspunkte wird zugleich das Bearbeitungsverfahren, z. B. Ideensammlung, Erstellen einer Ablaufplanung o. Ä. geklärt. Soll die Schulleitung beschließen, so sollte für die Beratung eine Beschlussvorlage vorgelegt werden. Grundsätzlich gilt: Ohne eine Klärung des Ziels bei der Einführung von Tagesordnungspunkten ist auch die Wahl angemessener Methoden nicht möglich und je nach Ziel sind unterschiedliche Methoden einzusetzen.

- Die Dokumentation der Schulleitungssitzung erfolgt durch ein Ergebnisprotokoll. Zusätzlich können ggf. die Ergebnisse von Visualisierungen im Schulleitungsbüro ausgehängt werden, damit bei der weiteren Arbeit an Schulentwicklungsvorhaben die vorangehenden Erarbeitungsschritte präsent bleiben. Zudem sollte geklärt werden,
  - wie die Ergebnisse der Schulleitungssitzungen einzelnen Lehrerinnen oder Lehrern, Fachgruppen, Jahrgangsstufenteams oder – z. B. durch eine regelmäßige Information – dem Kollegium insgesamt vermittelt werden und
  - wie sie in die Meinungsbildung und Beschlussfassung durch Lehrer- und Schulkonferenz eingebracht werden.
- Die Kontrolle der Erledigungen erfolgt durch eine Übersicht, die nach jeder Sitzung fortgeschrieben wird, z. B. in der folgenden Weise:

Schulleitung – Erledigungen

Datum	Problem/ Aufgabe	zuständig	Erledigung bis	Bericht bis

2. Ablaufschema für die Schulleitungssitzung

Die Vorschläge für die Gestaltung der Schulleitungssitzung sollen abschließend am Beispiel eines **Ablaufschemas für die Sitzungen** veranschaulicht werden:

1. Rückmeldungen zur Kooperation in der Schulleitung für den Fall, dass ein Schulleitungsmitglied Störungen empfindet, die die Mitarbeit in der Schulleitung belasten (Grundsätze: Feedback an einzelne Schulleitungsmitglieder ist als persönliches Feedback zu geben und gehört nicht in die Schulleitung/Feedback ohne Diskussion).
2. Berichte (aus dem Zuständigkeitsbereich), soweit die Information für die gesamte Schulleitung von Belang ist.
3. Kontrolle der Erledigungen
4. Anmeldung von Aktuellem (Was? Warum dringend?) Prüfung:
   - ob die Angelegenheit Sache der ganzen Schulleitung oder von einer einzelnen Leitungsperson zu klären und zu bearbeiten ist,
   - mit welchem Ziel (Information, Beratung, Entscheidung, Genehmigung) die Angelegenheit zu klären ist,
   - ob sie aktuell zu bearbeiten ist oder auf eine Folgesitzung verschoben werden kann.

5. Beratung der aktuellen Angelegenheiten, die nach Prüfung in der Sitzung direkt zu bearbeiten sind. **Zeitumfang für diesen Sitzungsteil höchstens 45 Minuten, ansonsten Verfahrensabsprache für die Bearbeitung und ggf. Verschiebung.**
6. Bearbeitung der vorbereiteten Tagesordnungspunkte; Absprache der Erledigung. Ergeben sich bei der Bearbeitung von Themen andere Aspekte, werden sie nicht beraten, sondern vorgemerkt. Im Anschluss an den TOP wird geklärt, ob und ggf. wann und wie eine Bearbeitung dieser neuen Aspekte erfolgen soll.
7. Rückmeldung zur Sitzung – Planungsabsprachen zur Folgesitzung

Signatur des Originalbeitrages: D 4.3

Fachkonferenzvorsitzenden unterstützen?

Thomas Krall, Hamburg

Ultimatives Ziel ist es, die Fachkonferenzen als **professionelle Lerngemeinschaften** zu etablieren. Erfolgreiche professionelle Lerngemeinschaften setzen nach *Rolff* (2002) voraus:

- eine gemeinsam entwickelte Zielorientierung,
- einen Fokus auf Schüler,
- eine Bereitschaft, die eigene Praxis nicht mehr als privaten Vorgang zu begreifen,
- die Bereitschaft zur Zusammenarbeit, mehr noch Kooperation,
- einen datengestützten, zielorientierten Dialog.

1. Die systemische Verankerung in der Schule unterstützen

Wenn das alles erfolgreich umgesetzt werden soll, bedeutet das eine Umgestaltung in der Struktur der Schule, in der Gestaltung des Konferenzplans und in der Frage der Ergebnissicherung und Dokumentation.

➤ Der Schule eine neue Organisationsstruktur geben

Als Erstes muss sich die Schule eine Organisationsstruktur geben, die es erlaubt, die Aufgaben von Schulleitung, Steuer- oder Konzeptgruppe und Fachkonferenzvorsitzenden genau voneinander abzuheben. Das könnte z. B. so aussehen:

- **Schulleitung:** Die Schulleitung hat die Entscheidungskompetenz, sie leitet ihre Entscheidungen hinsichtlich der Strategie, der Ressourcen und des Personals von Inhalten ab. Sie ist verantwortlich für die Umsetzung des Leitbildes.
- **Steuergruppe:** Die Steuergruppe/Konzeptgruppe ist verantwortlich für die systemische Operationalisierung. Sie trägt die Verantwortung für den roten Faden in der Schulentwicklung. Sie hat eine von der Schulleitung delegierte Entscheidungskompetenz und muss wissen, was in der Schule passiert.
- **Fachkonferenzvorsitzende:** Die Fachkonferenzvorsitzenden haben koordinierende Aufgaben bzw. eine delegierte Entscheidungskompetenz für ihren Teilbereich von Schule. Ihre Aufgabe ist vor allem die Umsetzung.

Dieses Verständnis muss in der Schule kommuniziert sein und es muss ein gutes Informations- und Kommunikationssystem geben.

➤ Konferenzstruktur ändern

Als Zweites muss sich die Schule Gedanken über ihre Konferenzstruktur machen.

- In welchem Verhältnis stehen allgemeine Konferenzen, Jahrgangskonferenzen und Fachkonferenzen zueinander?
- Wie häufig finden die verschiedenen Konferenzen statt?

Die Zielrichtung muss lauten: So viel Arbeit in Fachkonferenzen und Jahrgangsgruppen wie möglich, nur so viele allgemeine Konferenzen wie unbedingt nötig. Das setzt voraus, dass es eine gut geregelte Kultur der Dokumentation von Ergebnissen gibt.

➤ Ergebnisdokumentation gut regeln

Gerade in Schulformen, in denen Lehrer in mehr als zwei Fächern unterrichten, ist es erforderlich, sich auf schriftlich festgehaltene Absprachen verlassen zu können. Dafür Sorge zu tragen, dass dies geschieht, ist eine der zentralen Aufgaben des Fachkonferenzvorsitzenden, wenn er es auch nicht immer selbst tun muss. Das könnte z. B. heißen, dass es eine schriftliche Festlegung darüber gibt, dass jeder Lehrer an maximal zwei Fachkonferenzen teilnimmt und Ergebnisprotokolle verpflichtend geführt werden, am besten nach einem vorgegebenen Raster. Dies könnte eine Absprache in der Konferenz der Fachkonferenzvorsitzenden entwickeln. Zusammenhang mit anderen Entwicklungsthemen der Schule herstellen

Schulentwicklung beschränkt sich nicht auf die Entwicklung der Fachkonferenzarbeit als Arbeit in der vertikalen Ebene einer Schule. Mindestens ebenso wichtig ist die Arbeit im Jahrgang, als Arbeit von Klassenlehrern/Lehrerteams mit ihren Klassen.

Ein Beispiel für die Verknüpfung dieser zwei Ebenen möchte ich zum Thema „Entwicklung von Schülerkompetenzen zum Thema Lernen lernen" geben (im Originalbeitrag S. 9):

2. Die notwendigen Materialhilfen geben

Ablaufplan einer Fachkonferenz

Ablaufplan		
Bereich	**Schritte**	**erledigt**

am Beginn oder vorher erledigen	– Tagesordnung visualisieren
	– Moderator(in) bestimmen
	– Aufgaben im Team verteilen
	  Wer schreibt Protokoll?
	  Wer ist Zeitwächter(in)?
		☐
		☐
		☐

Ziel definieren	– inhaltliches Ziel bestimmen – besonders in der ersten Sitzung: Wie verstehe ich meine Rolle als Fachkonferenzvorsitzender, was ist mit der Leitung abgesprochen, was haben wir noch zu klären?	☐ ☐
Start	– Blitzlicht – an Regeln erinnern – Rückblick auf die letzte To-do-Liste	☐ ☐ ☐
Themen festlegen	**Bei festgelegtem inhaltlichem Schwerpunkt:** – Was ist heute hauptsächlich Thema? – Worüber müssen wir uns darüber hinaus inhaltlich verständigen? – Welche organisatorischen Fragen sind zu klären? – Reihenfolge der Themen absprechen – Zeitrahmen bestimmen **Bei offener Tagesordnung:** – Karten- oder Zuruffrage – Überschriften in Themenspeicher – Reihenfolge festlegen – Zeitrahmen festlegen	 ☐ ☐ ☐ ☐ ☐ ☐ ☐ ☐ ☐
Themen bearbeiten	**Themenspeicher bearbeiten** – Welche Inhalte wollen wir zu welchem Zeitpunkt in welchem Jahrgang durchführen? – Arbeit an einem konkreten Inhalt, um im Plenum über gleiche Vorgehensweisen bei anderen Inhalten sprechen zu können. – Welche Kompetenzen wollen wir mit diesem Inhalt stärken, entwickeln? – In welchem Verhältnis steht unser Inhalt zu den Standards des Faches? – Maßnahmenplan (nächste Schritte) – Aufgabenspeicher	 ☐ ☐ ☐ ☐ ☐ ☐

Ergebnis-sicherung/ Dokumentation/ Verabredungen	Ergebnisse festhalten	
	– festlegen, was gemeinsam weiter bearbeitet wird	❏
	– festlegen, wo einzelne Teams eine Aufgabe übernehmen (To-do-Liste ausfüllen)	❏
	– ggf. klären, wie Ergebnisse nach außen kommuniziert werden	❏
	– organisatorische Fragen klären	❏
	– Abschluss-„Blitzlicht" zur Sitzung	❏

To-do-Liste

To-do-Liste der Fachkonferenz _____ vom _____					
Was?	Macht wer?	Mit wem?	Womit?	Bis wann?

Literaturverzeichnis:

Hamburg macht Schule – Fachkonferenzen. BBS-Pädagogische Beiträge. Heft 1/05, Hamburg 2005. (Gut verwendbar vor allem der Artikel über das Zusammenspiel von Fach- und Fachjahrgangskonferenzen.)

Rolff, H.-G.: Professionelle Lerngemeinschaften. Eine wirkungsvolle Synthese von Unterrichts- und Personalentwicklung. In: Schulleitung und Schulentwicklung, D 6.5, Berlin 2002.

Signatur des Originalbeitrages: D 4.7

Controlling im Schulbereich

Adolf Bartz, Vaals (NL)

1. Aufgaben und Voraussetzungen des Controllings

Die **Aufgaben des Controllings** sind:

- Ermitteln des Informationsbedarfs der Schulleitung für die Koordination und Überprüfung der Zielerreichung,
- Klären und Verbessern der Informationsgrundlagen,
- Koordination von Planung, Kontrolle und Informationsversorgung,
- Unterstützung bei der Ermittlung aussagefähiger Soll-Größen,
- Durchführung und Interpretation des Soll/Ist-Vergleichs,
- Feststellung des Entscheidungs- und Handlungsbedarfs,
- Aufzeigen von alternativen Lösungsmöglichkeiten.

Voraussetzung des Controllings ist, dass

- die Aufgaben und Ziele **ergebnisorientiert** formuliert und geplant,
- Leistungsziele **als Qualitäts-, Zeit- und Kostenziele** definiert,
- die Ziele durch **Indikatoren** beschrieben und
- für die Leistungserstellung **ein Budget (Zeit, Finanzen)** festgelegt

werden.

Controlling stellt auf diese Weise einen Regelkreis dar, in dem die Soll-Daten aus der Planung mit den Ist-Daten abgeglichen werden. Aus dem Abgleich ergibt sich dann eine Maßnahmeplanung.

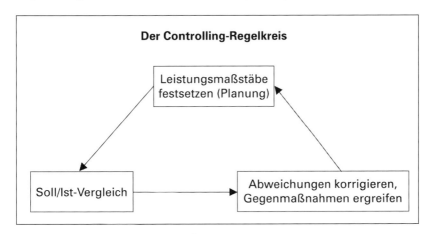

Abb. 1: Controlling-Regelkreis[1]

2. Effizienz- und Effektivitätsprüfung

Das Controlling kann als **Kostencontrolling** (Überprüfung der Effizienz) und **Erfolgscontrolling** (Überprüfung der Effektivität) unterschieden werden; dies sei am Beispiel von Personalentwicklungsmaßnahmen erläutert.

2.1 Das Kostencontrolling

Personalmanagement untersteht wie andere Maßnahmen dem Gebot der Wirtschaftlichkeit: Vorhandene Ressourcen sind so wirtschaftlich wie möglich einzusetzen. Das setzt einen Überblick über die Kosten, die z. B. für eine Fortbildung entstehen (Referentinnen bzw. Referenten, Räume, Materialien, aber auch Vertretungsunterricht), voraus. Je genauer die Gesamtkosten für Personalentwicklungsmaßnahmen, bspw. für Fortbildungsmaßnahmen, erfasst sind, desto besser lässt sich prüfen, ob nicht andere Maßnahmen (u. a. Training on the job anstelle externer Fortbildung) bei gleicher Wirksamkeit letztendlich kostengünstiger sind. Die Schwierigkeit besteht hier darin, den Nutzen für die an der Fortbildung teilnehmende Lehrkraft, ggf. für weitere Lehrerinnen und Lehrer, die durch Information, Materialien und Anregungen aus der Fortbildung profitieren, und für die Schule insgesamt sowie die Wirksamkeit der Fortbildungsmaßnahme im Unterricht und in der schulischen Arbeit so zu erfassen, dass ein Kosten-Nutzen-Abgleich möglich ist.

2.2 Das Erfolgscontrolling

Den Erfolg und die Wirksamkeit von Maßnahmen (z. B. von Personalentwicklungsmaßnahmen) zu messen, kann aus mehreren Gründen schwierig sein, verwiesen sei u. a. auf folgende:

- Die zu erreichenden Ergebnisse sind schwer zu operationalisieren: Woran soll gemessen werden, ob z. B. eine Fortbildung zu neuen Unterrichtsmethoden zu einer besseren Qualität und einer höheren Wirksamkeit des Unterrichts geführt haben?
- Veränderungen sind nicht eindeutig bestimmten Maßnahmen zuzuordnen.
- Auswirkungen von Maßnahmen treten möglicherweise erst sehr viel später auf und können durch weitere Faktoren beeinflusst werden.

Aber: Nur der Versuch, den Erfolg von Maßnahmen zu überprüfen, sichert diese gegenüber dem Vorwurf der Beliebigkeit ab. Hierbei gibt es unterschiedliche **Ansatzpunkte für ein Erfolgscontrolling**:

> **Überprüfung des Lernerfolgs einer Maßnahme**

Was haben z. B. die Teilnehmerinnen und Teilnehmer in einem Seminar über Projektmanagement gelernt? Dies etwa kann durch eine *Teilnehmerbefragung* erfasst werden.

> **Überprüfung des Transfers**

Was wenden z. B. die Teilnehmer nach einer Fortbildung über Gesprächsführung in ihrer Praxis tatsächlich an? Dies kann u. a. durch eine Teilnehmerbefragung oder durch ein Transfergespräch des Schulleiters mit der Teilnehmerin bzw. dem Teilnehmer etwa ein halbes Jahr nach der Fortbildung erkundet werden.

Zudem könnte mit den Teilnehmern vereinbart werden, dass sie sich nach der Fortbildung in ihren Gesprächen mit Kollegen, Schülern oder Eltern diesbezügliche Rückmeldungen zu ihrer Gesprächsführung einholen. Diese Rückmeldungen sollten sich an Kriterien für ihre Wirksamkeit und ihren Erfolg der Gesprächsführung orientieren, die in der Fortbildung erarbeitet und geklärt worden sind.

> **Überprüfung anhand von Kriterien**

Inwieweit trägt z. B. die Ausbildung im Projektmanagement dazu bei, dass Projekte erfolgreicher verlaufen? Oder: Inwieweit trägt eine Fortbildung zum Thema Elternarbeit dazu bei, dass die Zusammenarbeit mit den Eltern sich verbessert?

Die Überprüfung kann einerseits durch die Teilnehmer selbst erfolgen, wenn der Erfolg und die Verbesserung an Indikatoren überprüft werden können, die in der Fortbildung erarbeitet worden sind. Zudem können aber auch die Betroffenen, d. h. die Mitarbeiterinnen und Mitarbeiter im Projekt oder die Eltern, befragt werden. Voraussetzung dafür ist, dass die Kriterien in entsprechende Fragen umformuliert werden.

2.3 Die Instrumente des Erfolgscontrollings

Für das Controlling von Wirksamkeit und Erfolg stehen **unterschiedliche Vorgehensweisen** zur Verfügung:

> **Schriftliche Befragung**

Beispiele dafür sind: eine schriftliche Seminarbeurteilung durch die Teilnehmer. Darüber hinaus können schriftliche Befragungen (mit geschlossenen oder offenen Fragen) auch einige Wochen oder Monate nach der Fortbildung eingesetzt werden.

➤ Offene Interviews

Möglichkeiten hierzu bieten sich in einer Abschlussrunde und in geplanten Interviews an:

- **in einer Abschlussrunde** im Anschluss an eine Bildungsmaßnahme, z. B. als allgemeine Aussprache:
    - Was haben Sie gelernt?
    - Was nehmen Sie sich vor anzuwenden?

- **in Interviews** mit Teilnehmerinnen bzw. Teilnehmern im Anschluss an eine Fortbildung. Mögliche Fragen sind:
    - Was konnten Sie aus der Fortbildung umsetzen?
    - Wo traten bei der Umsetzung Probleme auf?
    - Was schlagen Sie zur Verbesserung der Bildungsmaßnahme vor?

Entsprechend kann man auch die Abteilungsleitung, Kollegen oder Schüler usw. befragen. So lässt sich der Erfolg eines Projektleiter-Coachings auch im Rahmen einer Befragung der Projektmitglieder oder des Projektauftraggebers erheben:

- Wie hat sich die Effektivität, wie hat sich das Klima in der Projektgruppe verändert?
- Gibt es weitere Veränderungen aus Sicht des Auftraggebers?

➤ Transfer- und Zielvereinbarungsgespräche

Der Schulleiter kann auf dem Hintergrund seiner Erfahrungen mit der Lehrerin bzw. dem Lehrer in einem solchen Gespräch überprüfen, inwieweit eine Maßnahme eine Fortbildung oder ein Coaching zur Zielerreichung beigetragen hat oder inwieweit sie im Alltag von Unterricht und schulischer Arbeit wirksam geworden sind.

➤ Überprüfung im Blick auf Indikatoren

Die Grundfrage hierfür lautet: Was kann als Indikator für den Erfolg bzw. Misserfolg einer Maßnahme dienen?

Insgesamt ist es notwendig, **bereits bei der Maßnahmeplanung** ausdrücklich **die Frage der Wirksamkeit zu thematisieren**: Woran zeigt sich die Wirksamkeit, wie kann sie gemessen und überprüft werden?

Fragestellungen bei der Wirksamkeitsdefinition:
- Wann nennen wir die Maßnahme erfolgreich?
- Was sind Indikatoren dafür, dass die Maßnahme wirksam war?
- Wie können wir die Einschätzung der Betroffenen erheben?
- Gibt es andere Möglichkeiten?

➤ Abweichungsanalyse

Das **wesentliche Instrument des Controllings** ist die Abweichungsanalyse. Sie setzt voraus, dass Leistungsmaßstäbe als Soll-Werte überprüfbar festgelegt sind und dass der Ist-Zustand beobachtbar ist oder durch Evaluationsmethoden erschlossen werden kann. Ausgangspunkt der Abweichungsanalyse ist dann auf dieser Grundlage der Soll/Ist-Vergleich. Dabei kann es um konkrete Maßnahmen gehen wie:

- Hat die Fortbildung zur Förderung von selbstständigem Lernen im Unterricht zu einem Lernverhalten der Schüler geführt, das den in der Fortbildung definierten Zielen und beabsichtigten Wirkungen entspricht?
- Hat das Projekt zur Schulhofgestaltung mit dem erklärten Ziel, Unfallgefahren zu verringern und Zufriedenheit der Schüler mit dem Spielangebot in den Pausen zu erreichen, zu den angestrebten Ergebnissen geführt?

Es kann aber auch um die schulische Arbeit und den schulischen Leistungserstellungsprozess insgesamt gehen, wobei sich die Soll-Werte z. B. aus vereinbarten oder vorgegebenen Leistungsstandards und insbesondere aus dem Schulprogramm und seinen Grundsätzen ergeben:

- Zeigen die Schüler in diagnostischen Tests Leistungen, die den Leistungsstandards entsprechen?
- Äußern die Schüler, dass sich die Lehrerinnen und Lehrer, einem entsprechenden Grundsatz im Schulprogramm entsprechend, um ihre Sorgen und Probleme kümmern und sich für ihre persönliche Entwicklung interessieren?

3. Struktur und Ablauf des Controllings

Struktur und der Ablauf von Controlling an der Schule stellen sich dann – auf einzelne Maßnahmen oder auf das Schulprogramm insgesamt bezogen – wie folgt dar (siehe Abb. 2):

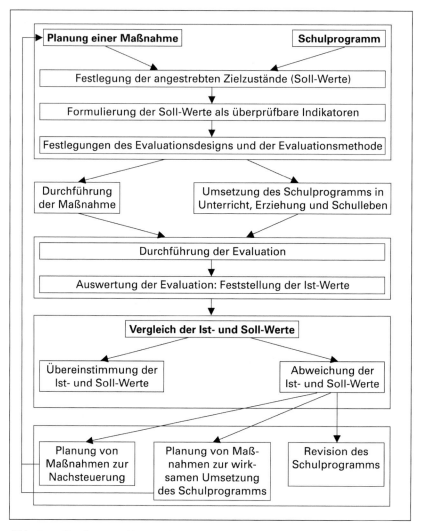

Abb. 2: Struktur und Verlauf des Controllingprozesses

4. Die Abweichungsanalyse

Die Abweichungsanalyse besteht aus den **drei Schritten** Anamnese, Diagnose und Therapie.[2]

4.1 Die Anamnese

Die Anamnese erfasst beobachtete Abweichungen und prüft sie daraufhin, ob sie in einem normalen Rahmen bleiben oder ob sie in dem Sinne signifikant sind, dass eine Ursachenklärung als Grundlage für die Nachsteuerung erforderlich wird.

Wenn z. B. eine kollegiumsinterne Fortbildung zu Unterrichtsmethoden durchgeführt wurde, kann ihre Wirksamkeit daran überprüft werden, ob und inwieweit diese Methoden anschließend im Unterricht eingesetzt werden. Ist das nicht oder kaum der Fall, ist zu prüfen, ob die Ursachen in der Gestaltung der Fortbildung lagen oder ob sie z. B. auf spezifische Unterrichtsbedingungen (Raum, Zeitstruktur o. Ä.) zurückzuführen sind.

4.2 Die Diagnose

Sie erfolgt dadurch, dass mögliche Ursache-Wirkungs-Zusammenhänge erkundet und daraufhin überprüft werden, ob sie für die festgestellten Abweichungen relevant sind. Dabei lassen sich kontrollierbare und unkontrollierbare Abweichungsursachen unterscheiden. Kontrollierbar sind all die Ursachen, die in der Verantwortung der Schule liegen. Sie können in **Planungsfehlern** oder **Ausführungsfehlern** begründet sein.

Planungsfehler

„Planungsfehler liegen vor, wenn es bei der Festlegung der Soll-Werte in der Planung zu vermeidbaren Fehleinschätzungen kommt, etwa weil nicht alle zur Verfügung stehenden Informationen genutzt, Situationen fehlerhaft eingeschätzt oder unzureichende Planungsmethoden eingesetzt werden.

Bei Planungsfehlern findet sich der Grund für die Abweichung also im Bereich der Soll-Werte." [3]

Beispiele für Planungsfehler

- Eine Schule hat sich als Ziel gesetzt, dass nicht mehr als 8 % des nach der Stundentafel vorgesehenen Solls ausfallen. Der tatsächliche Wert liegt aber bei 11 %. Wesentliche Ursache dafür ist, dass die in allen Klassen zum Schuljahresbeginn abzusehende Kürzung des Unterrichts wegen Unterbesetzung der Schule um zwei Stellen dies verhindern wird.

- Eine Gesamtschule hat sich zum Ziel gesetzt, die Anmeldezahlen so zu stabilisieren, dass eine solide Fünfzügigkeit gewährleistet ist, d. h. mindestens 140 Schülerinnen und Schüler angemeldet werden. Sie will dieses Ziel erreichen, indem sie die Eltern von Kindern im 4. Schuljahr verstärkt anspricht, Unterrichtshospitationen ermöglicht und Gespräche mit den Klassenlehrern der 4. Klassen der abgebenden Grundschulen führt. Sie übersieht aber in ihrer Planung, dass die Zahl der Schüler insgesamt im 4. Schuljahr gegenüber den Vorjahren deutlich gesunken ist. Hier hätte das Planziel z. B. prozentual formuliert werden müssen, um überprüfen zu können, ob die Maßnahmen erfolgreich waren.

Ausführungsfehler

Ausführungsfehler liegen vor, wenn zwar realistisch geplant, die unterrichtlichen und erzieherischen Aktivitäten aber nicht plankonform durchgeführt wurden. *„Ausführungsfehler weisen auf Effektivitäts- oder Effizienzdefizite (...) hin. Ineffektives Handeln (...) liegt vor, wenn Maßnahmen ergriffen werden, die ungeeignet zur Erreichung der gesetzten Ziele sind ('die falschen Dinge tun'). Ineffizientes Handeln bedeutet, dass Maßnahmen fehlerhaft (...) ausgeführt werden ('die Dinge falsch tun').“* [4]

Beispiele für Ausführungsfehler

- Eine Schule hat einen Förderkurs für die Lese-Rechtschreib-Förderung eingerichtet und als Ziel definiert, dass sich die Fehlerzahl der teilnehmenden Schüler in ihren Aufsätzen nach einem halben Jahr um die Hälfte reduziert. Fehler: Bei der Überprüfung, warum dieses Ziel nicht erreicht worden ist, stellt sich heraus, dass der Lehrer ausschließlich mit der Methode, die Schüler Diktate schreiben und anschließend Fehler verbessern zu lassen, gearbeitet hat.

- Eine Schule hat sich zum Ziel: gesetzt, das selbstständige Lernen der Schüler zu fördern. Sie überprüft das Erreichen dieses Ziels an Aufgabenstellungen, die die Anwendung neuer Lernmethoden erfordern. Bei der Überprüfung der Zielabweichung in einer Klasse stellt sich heraus, dass eine Lehrerin die neuen Lernmethoden in ihrer Klasse über einen fragend-entwickelnden Unterricht eingeführt hat.

Beispiele für unkontrollierbare Abweichungsursachen

- Eine Grundschule hat für die Einführung von Englisch als erster Fremdsprache ab dem 3. Schuljahr eine Lehrerin, Mutter von zwei Kindern im Grundschulalter, für die entsprechende Qualifizierungsmaßnahme vorgesehen. Da ihr Mann kurzfristig aus beruflichen Gründen an einen anderen Wohnort ziehen muss, wird dem Versetzungsantrag der Lehrerin stattgegeben.

- Eine Realschule rmöchte in der Jahrgangsstufe 5 Förderkurse in Deutsch und Mathematik mit dem Ziel einrichten, die Lernausgangslagen anzugleichen. Sie definiert als Indikator, dass sich im Vergleich von Lernstandserhebungen zu Beginn und am Ende des Schuljahrs eine deutliche Angleichung zeigt. Zugleich soll wegen der Förderkurse der Klassenunterricht nicht gekürzt werden. Der Förderlehrer für Mathematik erkrankt und fällt für zwei Monate aus. Das Ergebnis der zweiten Lernstandserhebung zeigt, dass die Angleichung in Mathematik nicht im angestrebten Maß erreicht wird.

Nicht selten können auch mehrere Abweichungsursachen zusammenwirken.

4.3 Die Therapie

Sie besteht darin, Handlungs- und Steuerungsmaßnahmen vorzusehen, die unter Berücksichtigung der Abweichungsursachen geeignet sind, den Abweichungen wirksam zu begegnen. Dabei geht es entweder um eine **Planrevision**, indem die Ziele an die Realität angepasst werden, oder um Maßnahmen, wie die Ziele durch die **Verbesserung der Ausführung** oder durch das **Neutralisieren der Auswirkungen** unkontrollierbarer Veränderungen trotz der Abweichungen erreicht werden können.

Soweit die Abweichungen auf einzelne Personen zurückzuführen sind, kann das entsprechende Änderungsverlangen in einem Kritikgespräch vermittelt werden. Geht es um Zielanpassung oder um Maßnahmen, um die Ziele trotz veränderter Bedingungen zu erreichen, ist das Zielvereinbarungsgespräch ein geeignetes Mittel.

Von entscheidender Bedeutung ist, das **Controlling als eine Art Frühwarnsystem** zu nutzen. Deshalb sollte die Schulleitung über die Überprüfung der Zielereichung bei definierten oder vereinbarten Zielen hinaus vielfältige Anlässe nutzen, um sich zu vergewissern, ob die Schule und ob einzelne Lehrkräfte (noch) auf dem richtigen Weg sind.

Ein Beispiel:

Bei Schüler- oder Elternbeschwerden über den Unterricht oder das Verhalten einer Lehrperson ist zu klären, ob die Lehrperson Probleme hat, mit denen sie durch ein klares Änderungsverlangen konfrontiert wird, aber auch, was sie an Unterstützung braucht, um besser wirksam sein zu können; es sind weiter die Aufgabenstellungen in Klassenarbeiten im Hinblick darauf zu prüfen, ob sie den Anforderungen im Fach und in der Jahrgangsstufe entsprechen; die Ergebnisse von Vergleichsarbeiten darauf hin, ob sie im Hinblick auf einen Vergleich der in den Parallelklassen erreichten Lernstände zufriedenstellend sind; problematische Notenbilder bei Klassenarbeiten und Zeugnissen mit Blick auf Mängel in der Qualität und Wirksamkeit des Unterrichts, ggf. aber auch auf Beziehungsprobleme zwischen den Lehrpersonen und ihren Klassen usw.

Wie die Anamnese, die Diagnose und die Therapie in einer Folge von Planung und Arbeitsschritten verbunden werden können, zeigt das folgende Beispiel der Fluktuationsrate an einer Schule.[5]

> **Analyse der Fluktuationsrate an einer Schule**
>
> 1. Beschreiben Sie das Ziel. Beispiel: Die Fluktuationsrate soll gesenkt werden.
> 2. Planen Sie Ihre Vorgehensweise. Benennen Sie Teilziele und Einzelaufgaben.
> 3. Klären Sie die relevanten Begriffe: Unter Fluktuation sollen sämtliche erwünschte und unerwünschte Personalabgänge aus der Schule verstanden werden.
> 4. Drücken Sie den Begriff zahlenmäßig – z. B. Abgänge in Prozent des gesamten Personalbestands – aus.
> 5. Bilden Sie differenzierte Quoten. Beispiel: Aufschlüsselung nach Geschlecht, Alter, Fachfakulten, Lehrämtern, Einsatz in Jahrgangsstufen und Klassen.
> 6. Analysieren Sie einzelne Faktoren und klären Sie, inwieweit sie beeinflussbar oder nicht beeinflussbar sind.
> 7. Klären Sie die Vor- und Nachteile der Fluktuation und wägen Sie – auf die einzelnen Personen bezogen – die positiven und negativen Folgen für die Schule ab.
> 8. Führen Sie mit Personen, die an eine andere Schule wechseln, systematische Austrittsgespräche, um von der Lehrerin bzw. dem Lehrer im Rückblick auf die Arbeit in der Schule eine Rückmeldung zu erhalten, wobei sowohl das, was positiv erlebt wurde, wie vor allem das, was kritisch erlebt wurde und möglicherweise den Versetzungswunsch veranlasst hat, für das Personalmanagement hilfreiche Indikatoren zur Verfügung stellt.
> 9. Planen Sie Maßnahmen. Beispiele: eine Stundenplangestaltung, die Teilzeitkräften entgegenkommt, oder der Einsatz in gewünschten Jahrgangsstufen oder die Möglichkeit an einer Qualifizierungsmaßnahme teilzunehmen.

5. Controlling und Führung

Dass eine Schule interne und externe Veränderungen beobachtet und entscheidet, ob sie als kritische Indikatoren anzusehen sind, die eine Maßnahmeplanung veranlassen, ist eine wesentliche Führungsaufgabe. Es ist aber kein angemessenes Führungsverhalten, bei all diesen Indikatoren sogleich die Ursachen und die erforderliche Therapie kennen und umsetzen zu wollen. Dies setzt vielmehr eine schulinterne Verständigung voraus, um mögliche Probleme und ihre Ursachen möglichst perspektivenreich und differenziert erfassen zu können; dies setzt auch ein Wissen um die Komplexität von Ursache-Wirkungs-Beziehungen und Wechselwirkungs-Beziehungen voraus, weshalb sich in der Regel eine Orientierung an einem linearen Konzept von Kausalität verbietet. Dies setzt schließlich ein Wissen darum voraus, dass jede Leitungsintervention das soziale Feld als Störung verändert, ohne dass vorhersagbar ist, ob die Störung zu den beabsichtigten Wirkungen führt. Ohne eine solche sorgfältige Analyse, Verständigung und Selbstreflexion kann es schnell passieren, dass die Therapie die Probleme nicht löst, sondern verschärft und dass die Schulleiterin bzw. der Schulleiter selbst zu einem Teil des Problems wird.

Literaturverzeichnis:

[1] Vgl. *Horvath & Partner:* Neues Verwaltungsmanagement, C 6.1. Düsseldorf 1996, S. 5.

[2] Vgl. *Horvarth & Partner:* Neues Verwaltungsmanagement, C 6.8. Düsseldorf 1999, S. 11.

[3] Ebenda, S. 16.

[4] Ebenda, S. 17.

[5] Vgl. *Horvarth & Partner:* Neues Verwaltungsmanagement, C 6.7. Düsseldorf 1999, S. 15f f., und Kirschbaum, C.: Die Einarbeitung neuer Lehrkräfte. Eine Chance zur innovationsfördernden Personalentwicklung. In: *Buchen, H., Horster, L., Rolff, H.-G.:* Schulleitung und Schulentwicklung, C 2.1. Berlin 2000, S. 10.

Signatur des Originalbeitrages: E 4.3

Führungsverantwortung wahrnehmen und dennoch delegieren

Harald Mier, Berlin

1. Neue Sicht auf Funktionsstelleninhaber

Die Funktionsstelleninhaber sind das fachliche und pädagogische Rückgrat einer Schule. In den Fachschaften erfolgt die Umsetzung der Rahmenlehrpläne, die Festlegung der Bewertungsgrundsätze, die methodisch-didaktische Weiterentwicklung, also die Unterrichtsentwicklung schlechthin. Die üblichen Aufgabenzuweisungen für die Fachbereichsleiter und Fachleiter beinhalten **zwei wesentliche Säulen**. Zum einen haben sie die Schulleitung in deren Leitungsaufgaben zu unterstützen und zum anderen haben sie einen Fachbereich zu leiten. Sie sind im weitesten Sinne für das Funktionieren von Schule zuständig und verantwortlich. Die Funktionsträger haben eine operative Verantwortung, sie unterliegen wie alle Lehrkräfte der Fach- und Dienstaufsicht des Schulleiters. Das Funktionalitätsprinzip (Funktionsstelleninhaber) spielt im Tagesgeschäft von Schule neben dem Partizipationsprinzip, dem Kollegialprinzip und dem Selbstbindungsprinzip eine nicht zu unterschätzende Rolle.

2. Die Funktionsstelleninhaber – die Fachbereiche

Wesentliche fachlich-pädagogische Arbeit wird in den einzelnen Fachschaften unter Leitung von Fachbereichsleitern und Fachleitern geleistet. In den Grundschulen, Hauptschulen und Realschulen gibt es diese Beförderungsämter nicht, hier sind so genannte Vorsitzende der Fachkonferenzen von der Fachschaft zu wählen oder vom Schulleiter zu beauftragen. Das Wählen eines Fachkonferenzvorsitzenden ist problematisch, insbesondere wenn dies nur für kurze Zeiträume (in der Regel ein Jahr) erfolgt. Damit Fachschaften als Keimzelle der Schulentwicklung wirksam arbeiten können, ist kontinuierliche, an Führung ausgerichtete Fachbereichsleitung erforderlich. Ebenso unverzichtbar ist die Annahme der Führungsrolle durch die FBL/FL und das Einfordern und Unterstützen in dieser Rolle durch den Schulleiter.

Daraus ergeben sich folgende **Notwendigkeiten**:

- In Schularten mit zugewiesenen FBL/FL-Stellen ist der Schulleiter zumindest am Stellenbesetzungsverfahren zu beteiligen, besser ist die Durchführung des Verfahrens und die Auswahl durch den Schulleiter.

- In Schularten ohne diese Stellen sollte der Schulleiter den Vorsitz der Fachschaft mit klarer Aufgabenbeschreibung und Zeitvorgabe übertragen.
- Der Schulleiter sollte den Fachschaften und ihren Leitern den erforderlichen Gestaltungsspielraum einräumen, sie gleichzeitig zielorientiert führen und gesamtschulisch zusammenführen. Hier ist eine klare Aufgaben-, Auftrags- und Rollenklärung geboten
- Die FB/FL sind als Führungspersonen zu unterstützen und in dieser Rolle vom Schulleiter zu coachen.

> **Wesentliche Führungsmittel für den Schulleiter sind ...**
>
> – regelmäßige Konferenzen mit der Gruppe der Fachbereichsleiter und Fachleiter. In der Regel sind diese Zusammenkünfte nicht administrativ geregelt, insofern haben sie den Status einer Dienstbesprechung. Dazu kann ein Schulleiter jederzeit einladen.
>
> – regelmäßige Dienstgespräche mit den FBL/FL, auch und gerade im Sinne von Zielvereinbarungsgesprächen. Diese Mitarbeiter-Vorgesetzten-Gespräche sind ein zentrales Führungsinstrument. Darüber hinaus haben sie für die FBL/FL insofern eine Vorbildfunktion, als von ihnen erwartet wird, dass sie die Mitglieder ihrer Fachschaft vergleichbar führen, denn besonders in großen Schulen kann eine Schulleitung nicht jeden einzelnen Lehrer persönlich führen.
>
> – Aufgabenübertragungen, Abfragen und Handlungsanweisungen im Sinne von Merkblättern.

Die FBL/FL sind für das mittlere Management einer Schule von zentraler Bedeutung. Im Folgenden sind einige Beispiele für die Beteiligung dieser Fachebene für die Entwicklung und die Ausgestaltung des Bildungs- und Erziehungsauftrages gegeben.

1.1 Entwicklungsziele der Fachbereiche

Im Schulprogramm legt eine Schule u. a. die fachbezogenen Entwicklungsziele fest. Diese sind in den Fachschaften zu erarbeiten, d. h., die fachliche Arbeit erledigen die Fachkonferenzen, die schulprogrammatische Verankerung erfolgt im Rahmen der Grundsatzverantwortung der Schulkonferenz. Diesen Prozess hat der Schulleiter oder auch Mitglieder der Erweiterten Schulleitung zu steuern.

Über die Arbeit der Fachkonferenzen geben deren Protokolle Auskunft, die dem Schulleiter schon zur Überprüfung der Rechtmäßigkeit vorzulegen sind. Darüber hinaus hat es sich bewährt, im Sinne der oben erwähnten Abfrage nach einheitlichem Muster Auskünfte von den Fachschaften zu verlangen. Als Grundlage für die Schulprogrammarbeit sollen sie Auskunft geben über

- unterrichtliche Entwicklungsziele,
- Zielsetzungen und Grundsätze zur Leistungsbewertung,
- personelle Entwicklungsziele im Sinne einer Beteiligung der mittleren Ebene an der Personalführung und Personalentwicklung,
- sächliche Entwicklungsziele.

1.2 Interne Evaluation durch die Fachbereiche

Die interne Evaluation, d. h. eine Form der Selbstbetrachtung und Selbstbewertung, ist in vielen Bundesländern mittlerweile eine gesetzlich vorgeschriebene Aufgabe jeder Einzelschule. Anknüpfungspunkt ist das Schulprogramm, das die schulinternen Evaluationsvorhaben enthalten soll. Über die gesamtschulischen Evaluationsvorhaben hinaus ist dies eine gestalterische Aufgabe der Fachbereiche. So können die fachbezogenen Entwicklungsziele eine Basis für schulinterne Evaluation sein.

An der Schule des Verfassers hat die Schulkonferenz, die nach dem Schulgesetz das Evaluationsprogramm der Schule beschließt, den Grundsatz beschlossen, dass jeder Fachbereich auf der Grundlage eigener Zielsetzung einen Evaluationsbereich benennen, strukturieren, durchführen und auswerten soll. Eine inhaltliche Vorgabe hat die Schulkonferenz nicht gemacht, damit wird die Führungsaufgabe der FBL/FL hervorgehoben.

1.3 Festlegungen der Fachbereiche zu Lernerfolgskontrollen

In vielerlei Hinsicht ist Schule Leistungsverwaltung, aber im Hinblick auf die Durchführung von Prüfungen, die Vergabe von Zeugnissen mit dem Erteilen und Versagen von Berechtigungen ist sie Eingriffsverwaltung. Ihre Entscheidungen sind Verwaltungsakte. Nach den üblichen schulgesetzlichen Vorgaben ist der Schulleiter verantwortlich für

- die Einhaltung der Rechts- und Verwaltungsvorschriften,
- die Einhaltung allgemein anerkannter pädagogischer Grundsätze oder Bewertungsmaßstäbe,
- das Hinwirken auf einheitliche Bewertungsmaßstäbe und deren Einhaltung,
- die Gewährleistung der Informationsrechte von Eltern und Schülern, hier über die Kriterien der Leistungsbewertung.

Dies ist eine umfangreiche, beileibe nicht konfliktfreie und einfache Steuerungsaufgabe der Schulleitung. Die grundlegende Arbeit ist in den Fachschaften zu leisten, die Vereinheitlichung über die Fachbereiche hinaus ist eine Grundsatzaufgabe der Gesamtkonferenz der Lehrkräfte und eine operative Aufgabe der Schulleitung. Bei Aufnahme ins Schulprogramm beschließt die Schulkonferenz abschließend darüber.

Die **Steuerungsaufgabe** des Schulleiters beginnt damit, dass er der mittleren Ebene mitteilt, welche Festlegungen von ihr erwartet werden. Zu den in der Regel per Rechtsverordnung vorgegebenen Maßgaben zur Leistungsbeurteilung und zu Lernerfolgskontrollen sind folgende Festlegungen notwendig:

– fachspezifische Grundlagen zur Leistungsbewertung,
– Festlegung der Anzahl, der Art und des Umfangs von Klassenarbeiten/ Klausuren,
– Festlegung der Anzahl, der Art und Dauer von Kurzkontrollen (oft fälschlich als Tests bezeichnet) und deren Berücksichtigung bei der Bildung der Gesamtnote.

1.4 Einordnung und Kontrolle von Lernerfolgskontrollen

Da Lernerfolgskontrollen eine Grundlage für spätere Verwaltungsakte sind bzw. sein können, obliegt den Schulleitern die Kontrolle des sach- und fachgerechten Umgangs damit. Im Rahmen ihrer fachaufsichtlichen Funktion haben sie ein umfassendes Informationsrecht, trotzdem ist meist zusätzlich geregelt, dass ihnen von jeder Lernerfolgskontrolle drei Arbeiten einzureichen sind. Das bindet die Lehrkräfte und den Schulleiter in stärkerem Maße als die allgemeine Beschreibung von Fachaufsicht im Verwaltungsrecht.

Legt man einmal ein vierzügiges Gymnasium von Jahrgangsstufe 5 bis 13 zu Grunde, so ergeben sich knapp 2 000 Lernerfolgskontrollen (Klassenarbeiten, Klausuren und Kurzkontrollen) pro Schuljahr, d. h. 6 000 abzuzeichnende Arbeiten. Dies ist nur der quantitative Aspekt, qualitativ wäre es nach Auffassung des Verfassers völlig verfehlt und ressourcenverschenkend, wenn in diesen Prozess die Ebene der FBL/FL – die Fachleute – nicht adäquat mit einbezogen wären. Kein Schulleiter kennt sich in allen Fächern gleichermaßen aus, das ist auch gar nicht erstrebenswert und möglich, er hat andere Aufgaben. Für die Fachlichkeit sind die Fachleute, also zuvorderst die FBL/FL, zuständig und verantwortlich. Diese Überlegungen dienen nicht der Entlastung des Schulleiters, sondern der Optimierung der fachlichen, strukturellen und vereinheitlichenden Arbeit in den Fachschaften. Eine Einbindung der Funktionsstelleninhaber unterstreicht ihre Führungs- bzw. Leitungsaufgabe.

Der Schulleiter darf sich aus dieser Aufgabe aber nicht völlig heraushalten, folgende **Aufgaben und Vorgaben** sind **unverzichtbar**:

- Da die Kontrolle der Lernerfolgskontrollen eine originäre Aufgabe des Schulleiters ist, werden die FBL/FL in seinem Auftrag tätig. In einer „normalen" Behörde müssten die FBL/FL mit „im Auftrage" unterzeichnen, das ist in Schule (noch) nicht üblich. Der Schulleiter hat vorzugeben, nach welchen Kriterien die Durchsicht der Arbeiten zu erfolgen hat, wie zu verfahren ist bei Nichteinhaltung der Kriterien und in welchen besonderen Fällen – z. B. Drittelregelung – selbst zu entscheiden ist. Je nach Rechtsstellung des Schulleiters kann er also die FBL/FL in dieser Angelegenheit zur Zuarbeit heranziehen oder ihnen ganz formal diese Aufgabe übertragen.
- Die Lernerfolgskontrollen der FBL/FL und der weiteren Funktionsträger hat der Schulleiter durchzusehen.
- Trotz Mitwirkung/Übertragung auf die FBL/FL muss geregelt sein, dass die mittlere Ebene keine Beschwerdeinstanz ist. Beschwerden von Schülern oder Eltern hat der Schulleiter zu bearbeiten und zu bescheiden, der zuständige FBL/FL ist daran zu beteiligen. Die Beteiligung erfolgt in Form einer fachlichen Stellungnahme, die dann eine Grundlage für die Entscheidung des Schulleiters ist, die dieser den Beschwerdeführern mitteilt.

Mit der Durchsicht der Lernerfolgskontrollen erschließen sich weitere Informationen und Auswertungsmöglichkeiten, die über die einzelnen Lernerfolgskontrollen und die Arbeit der einzelnen Lehrkräfte hinausgehen. Im Sinne eines **systematischen Qualitätsmanagements** kann eine Übersicht über die Ergebnisse der Lernerfolgskontrollen eines Jahres erstellt werden. Jeder FBL/FL hat für die von ihm vertretenen Fächer eine Auflistung aller Ergebnisse von Klassenarbeiten, Klausuren und schriftlichen Kurzkontrollen vorzunehmen, quasi über das Schuljahr hinweg Buch zu führen.

Diese Auflistungen enthalten den Notenspiegel, den Durchschnitt, das Schreibedatum und Rückgabedatum und in der Gymnasialen Oberstufe die Angabe der Schüler, die nicht mitgeschrieben haben.

Der Schulleiter erhält am Ende des Schuljahres, bewährt hat sich auch ein Zwischenstand zum Halbjahr, von den FBL/FL die ausgefüllten Listen der Ergebnisse der Lernerfolgskontrollen und kann diese zusammenfassend auswerten bzw. auswerten lassen.

Einige **interessante Informationen** seien angemerkt:

- Hinweise auf den **durchschnittlichen Ausfall der Lernerfolgskontrollen**, jahrgangsweise geordnet, vergleichend zwischen Fachbereichen und auch auf einzelne Lehrkräfte bezogen.

- Hinweise auf **Korrekturzeiten**, zum einen Fachbereiche im Vergleich und zum anderen bezüglich der einzelnen Kollegen. Die Rechtsvorschriften schreiben eine unverzügliche Korrektur – juristisch heißt das *ohne schuldhaftes Verzögern* – vor. In erster Linie ist es eine Aufgabe der Funktionsstelleninhaber, in den Fachbereichen eine angemessene und weitgehend einheitliche Vorgehensweise zu gewährleisten. Die Schulleitung gibt den äußeren Rahmen vor und benennt den erwarteten Standard.

- Hinweise über die **Entwicklung in den Fachbereichen** durch kontinuierliche Fortschreibung und Erhebung über mehrere Schuljahre. Kontinuierliche Datenerhebung macht die möglichen Aussagen valider.

Für die Schulöffentlichkeit zugänglich sind die fachbereichsbezogenen Ergebnisse, die lehrkräftebezogenen sind nur dem jeweiligen FBL/FL und der Schulleitung bekannt. Wie mit ihnen innerdienstlich umgegangen wird, ist im Einzelfall durch den Schulleiter zu entscheiden. Die fachbereichsbezogenen Ergebnisse sind Gegenstand der schulöffentlichen Erörterung, vergleichbar mit der Analyse und Diskussion der Ergebnisse interner und externer Vergleichsarbeiten. Zu erwähnen ist, dass im Rahmen der Schulinspektion die Ergebnisse einer Schule wesentlicher Bestandteil des schulischen Qualitätsprofils sind.

3. Übertragung von Handlungsverantwortung auf Klassenleiter

Über die Funktionsstelleninhaber hinaus spielen die Klassenleiter und in der Gymnasialen Oberstufe die Oberstufentutoren eine zentrale Rolle. Auch für diesen Personenkreis ist es angezeigt, sie in stärkerem Maße in die Handlungsverantwortung mit einzubinden. Der in den Schulverfassungen beschriebene Regelfall ist der, dass der Schulleiter in Zeugniskonferenzen und Klassenkonferenzen den Vorsitz führt, allerdings meist verbunden mit der Möglichkeit der Übertragung dieser Aufgabe.

Ein wesentlicher Grund für den Vorsitz durch den Schulleiter ist die pädagogische Verantwortung für das Ganze und die Gewährleistung von rechtssicherem Vorgehen. Das macht es weitgehend unumgänglich, dass der Schulleiter oder zumindest der Ständige Vertreter bei diesen Konferenzen anwesend ist, aber die Durchführung der Konferenz kann sehr wohl in den Händen des jeweiligen Klassenlehrers/Oberstufentutors liegen. Dies stärkt sein Selbstvertrauen und seine Verantwortung für die ihm anvertraute Lerngruppe, erhöht seine Vorbereitung auf eine solche Konferenz, macht ihn rechtssicherer und stärkt insgesamt seine Handlungs-, Beratungs- und Informationskompetenz.

Notwendig ist eine Unterstützung und Anleitung des gesamten Kollegiums, denn nahezu jeder ist irgendwann Klassenlehrer. Hier bieten sich schulinterne Fortbildungsmaßnahmen an und/oder die Unterstützung durch Handlungsanweisungen.

Beispiele für unterstützende Handlungsanweisungen für Klassenlehrer sind:

- tabellarische Übersicht über die Versetzungsbedingungen (anhand einer solchen Tabelle kann jeder Teilnehmer den Entscheidungsablauf von Klassenkonferenzen nachvollziehen);
- tabellarische Übersicht über Abschlüsse am Gymnasium und der Realschule unterhalb des Mittleren Schulabschlusses (entsprechende Vermerke sind ggf. auf Zeugnissen vorzunehmen, Klassenlehrer müssen diesbezüglich versiert und auskunftsfähig sein);
- Zusammenstellung der Bedingungsfelder für den mittleren Schulabschluss;
- Merkblatt zur Ausfertigung von Zeugnissen.

Beispiel für Unterstützung des Klassenleiters für die Leitung der Konferenz zur Verhängung einer Ordnungsmaßnahme

Für die Verhängung von Ordnungsmaßnahmen bei disziplinarisch auffälligen Schülern ist für die schwächeren Maßnahmen die Klassenkonferenz bzw. Semesterkonferenz zuständig, für weitergehende die Gesamtkonferenz der Lehrkräfte oder sogar der zuständige Schulaufsichtsbeamte. Der Vorsitz in solchen Klassenkonferenzen/Semesterkonferenzen kann durchaus der Klassenleiter bzw. der Oberstufentutor wahrnehmen. Da sowohl das Schulrecht als auch das Allgemeine Organisationsrecht (hier: Verwaltungsverfahrensgesetz) zu beachten sind, ist eine entsprechende Handlungsanweisung geboten.

Auch dieses Heranziehen von Lehrkräften dient nicht primär der Entlastung des Schulleiters, sondern der Erhöhung und Verbreiterung der Handlungskompetenz eines Kollegiums. Vom Schulleiter erwarten Eltern und Schüler sowieso, dass er dieses Metier beherrscht, aber Lehrkräfte, die dieses rechtssicher und kompetent ausfüllen, erwerben sich zusätzliche Wertschätzung und werden insgesamt sicherer und selbstbewusster in der Wahrnehmung ihrer Aufgaben.

Signatur des Originalbeitrags: C 1.8

Mit dem strukturierten Einstellungsinterview Bestenauswahl erreichen

Dr. Hajo Sassenscheidt, Hamburg

1. Die Auswahl der Methode

Strukturierte Auswahlinterviews erzielten in empirischen Studien sehr hohe Trefferquoten. Die wesentlichen Elemente dieses auch von Laien erlernbaren Auswahlverfahrens werden hier vorgestellt.

1.1 Das A und O der Bestenauswahl – die Anforderungsanalyse

Grundlage jeder treffergenauen Personalauswahl ist eine sorgfältige Anforderungsanalyse: Was genau muss auf der ausgeschriebenen Stelle getan werden? Dabei geht es nicht nur um den Fächerbedarf der Schule und den Unterricht als Kerngeschäft von Lehrertätigkeit. Zusätzlich werden außerunterrichtliche Aufgaben berücksichtigt. Sie ergeben sich beispielsweise aus dem Schulprogramm, dem Profil der Schule und besonderen Erwartungen des sozialen Umfeldes oder betrieblicher Arbeitspartner.

Die Schulleitung sollte die Anforderungsanalyse nicht alleine durchführen, sondern die **im Kollegium vorhandenen Kompetenzen** mit einbeziehen.

Fünf Schritte für die Anforderungsanalyse

1. Welche Aufgaben müssen auf der ausgeschriebenen Stelle wahrgenommen werden?
2. In welchen Situationen wird die Aufgabenwahrnehmung vor allem verlangt?
3. Welches Verhalten wird in den Situationen bei der Bewältigung der Aufgaben verlangt?
4. Zu welchen Anforderungen kann man die bisherige Analyse zusammenfassen?
5. Welche Muss-Kriterien sind zu beachten?

Beispiel für eine Anforderungsanalyse

1. Welche Aufgaben müssen auf der ausgeschriebenen Stelle wahrgenommen werden?

Der Bewerber soll
- in den Fächern XYZ binnendifferenzierend unterrichten,
- Klassenführung in der Sek I übernehmen,
- durch die Arbeit am Schulprogramm den Aufbau unserer neuen Schule unterstützen,
- aktive Elternarbeit leisten.

2. In welchen Situationen wird die Aufgabenwahrnehmung vor allem verlangt?

Aufgabe: In den Fächern XYZ binnendifferenzierend unterrichten
Situation: Fachunterricht in leistungsheterogenen 5./6. Klassen mit hohem Anteil sozial benachteiligter Kinder

Aufgabe: Mitarbeit am Schulprogramm
Situation: Treffen der Evaluationsgruppe alle 14 Tage nachmittags

3. Welches Verhalten wird in den Situationen bei der Bewältigung der Aufgaben verlangt?

Aufgabe: In den Fächern XYZ binnendifferenzierend unterrichten
Situation: Fachunterricht in leistungsheterogenen 5./6. Klassen mit hohem Anteil sozial benachteiligter Kinder
Erwünschtes Verhalten: Kann flexibel und im Schwierigkeitsgrad an die individuellen Lernstände angepasst Fragen stellen; erkennt schnell und sicher individuelle Lernstrategien; ermutigt schwache Lerner, aber fordert sie auch.
Unerwünschtes Verhalten: Differenziert nicht in seinen Leistungsanforderungen; führt Unterricht vor allem frontal durch; nimmt vor allem die schnellen Lerner dran.

Aufgabe: Mitarbeit am Schulprogramm
Situation: Treffen der Evaluationsgruppe alle 14 Tage nachmittags
Erwünschtes Verhalten: Bringt gute Ideen in die Diskussion; diskutiert sachlich und diszipliniert; trägt auf verschiedene Weise zu effektiver Strukturierung und Ergebnissicherung bei.
Unerwünschtes Verhalten: Monologisiert; nimmt keinen Bezug auf die Beiträge der anderen Gruppenmitglieder; versucht, seine Themen durchzusetzen.

> **4. Zu welchen Anforderungen kann man die bisherige Analyse zusammenfassen?**
>
> Für eine erfolgreiche Bewältigung der Aufgaben „In den Fächern XYZ binnendifferenzierend unterrichten" und „Durch die Arbeit am Schulprogramm den Aufbau unserer neuen Schule unterstützen" sollte der Bewerber über hohe „Fach- und Methodenkompetenz" sowie über „Teamfähigkeit" verfügen.
>
> **5. Welche Muss-Kriterien sind zu beachten?**
>
> – Mindestens (X) Jahre Berufserfahrung als Lehrer,
> – keine Dienstvergehen

1.2 Die Vorbereitung auf das Auswahlgespräch

Es wird davon ausgegangen, dass die Auswahlgespräche von einem Gremium der Schule geführt werden (z. B. Schulleitung und Personalausschuss). Nicht alle am Gespräch Beteiligten waren an der Erstellung des Anforderungsprofils beteiligt. Aus diesem Grund sind die darin festgeschriebenen Kriterien nochmals zu erörtern.

Folgende Fragen sollten dann in einem vorbereitenden und das Auswahlgeschehen qualifizierenden **Gespräch** erörtert werden:

– Was sind die Rollen der einzelnen Mitglieder im Auswahlgremium?
– Welche formalen Aspekte sind zu beachten (z. B. Schweigepflicht)?
– Was verstehen wir unter den Anforderungen an die zu besetzende Position? Was beispielsweise bedeutet für uns „Teamfähigkeit" oder „Flexibilität"? Dabei sollten die unterschiedlichen Zugänge der einzelnen Mitglieder des Auswahlgremiums als Chance zur Perspektivenvielfalt gesehen und genutzt werden.
– Was sind die voraussichtlichen und wesentlichen Probleme, die in der zu besetzenden Funktion zu bewältigen sind?
– Auf welche Anforderungsmerkmale sollten wir uns (aus sachlichen, aber auch aus Zeitgründen) beschränken?
– Woran glauben wir zu erkennen, dass eine Bewerberin oder ein Bewerber die Fähigkeit hat, mit diesen Problemen erfolgreich umzugehen?
– Wie wollen wir die vorliegenden Dokumente und Bewerbungsunterlagen nutzen?
– Wie bauen wir die Gespräche auf?
– Welche Situationen und Fragen halten wir für anforderungsrelevant?
– Wer übernimmt welche Fragen?
– Wie wollen wir sicherstellen, die gängigen Interviewfehler (vgl. Punkt 2.4) zu vermeiden?
– In welcher Form wollen wir unmittelbar nach dem Bewerbungsgespräch die Auswertung durchführen?

1.3 Das Auswahlinstrument „Dokumentenanalyse": Was lässt sich den Bewerbungsunterlagen entnehmen?

Zumeist ist Teil des Vorbereitungsgesprächs auf das Interview die Analyse der Bewerbungsunterlagen.

Für alle **schriftlichen Dokumente** im Rahmen eines Auswahlverfahrens gilt: Sie

- enthalten „harte Fakten" zu einzelnen Sachverhalten;
- dienen der Eindrucksbildung;
- regen an zu Vermutungen, die durch Nachfragen zu klären sind;
- verleiten aber auch zu Fantasien, Vorurteilsbildung und Aktivierung von Klischeevorstellungen, indem sie schon vor dem Kontakt ein Bild der Bewerberin oder des Bewerbers entstehen lassen, das mit der Realität nicht unbedingt deckungsgleich ist;
- ermöglichen keine verlässlichen Vorhersagen über das künftige Verhalten einer Bewerberin oder eines Bewerbers;
- ersetzen kein Gespräch.

An Dokumenten liegen üblicherweise vor das Anschreiben, die Personalakte (steht normalerweise nur dem Schulleiter zur Verfügung), der Lebenslauf und Beurteilungen. Die Dokumente sollten vor allem mit folgenden Fragen genutzt werden

---

Fragen zur Nutzung der Dokumente:

- Enthalten die Unterlagen anforderungsrelevante Hinweise und Fakten? Was wird ausgesagt zu privaten und beruflichen Situationen, in denen die Bewerberin oder der Bewerber Verhalten hat zeigen oder entwickeln können, das in der vorgesehenen Position nützlich ist?
- Enthalten die Unterlagen Hinweise auf „Muss-Kriterien", die allen Anlass zur Skepsis hinsichtlich der Eignung geben, z. B. disziplinarische Fakten, fehlende laufbahnrechtliche Voraussetzungen oder schlechte Beurteilungen?
- Was wird über den Entwicklungsgang der Bewerberin oder des Bewerbers deutlich?
- Welche Anregungen geben die Dokumente für Vermutungen und Hypothesen, die dann im Interview als Gesprächsanlass dienen können?

Eine schriftliche Auflistung der im Wesentlichen zu besprechenden Punkte erleichtert es, den roten Faden in diesem Teil des Gesprächs zu finden.

2. Das strukturierte Interview erfolgreich durchführen: Bestenauswahl erreichen

2.1 Für günstigen äußeren Rahmen und gute Atmosphäre sorgen

Schon der äußere Rahmen, in dem das Gespräch stattfindet, hat Einfluss auf das Gesprächsklima. Der Bewerberin oder dem Bewerber sollte das Gefühl vermittelt werden, als Gast und möglicher zukünftiger Partner empfangen zu werden und nicht etwa als „Bittsteller".

Gesprächsnotizen während des Bewerbungsgesprächs sind notwendige Grundlage für die Bilanz. Um Irritationen für die Bewerberin/den Bewerber zu vermeiden, begründen Sie kurz, warum Sie sich Notizen machen.

Es ist wenig sinnvoll, mehr als drei oder höchstens vier Gespräche hintereinander zu führen, da die Aufnahmekapazität der Beurteiler begrenzt ist.

2.2 Inhalt und Ablauf strukturieren

Vor den Gesprächen sollte ein Ablaufplan erstellt werden.

Die sechs Phasen des Interviews

Phase 1: Gesprächsbeginn
- „Warming up", für gute Atmosphäre sorgen
- Vorstellen der Interviewer
- Organisatorisches (Dauer, Unterlagen etc.)
- Informationen zum Ablauf des Gespräches und zum Verfahren

Phase 2: Bewerberin oder Bewerber reden lassen
- zum Erzählen stimulieren – offene Fragen verwenden
- nichtsprachlich verstärken

Phase 3: Nachfassen
- offene Punkte klären (Notizen aus Dokumentenanalyse)
- interessante Punkte vertiefen (z. B. wenn der Bewerber wichtige Anforderungssituationen angesprochen hat)

Phase 4: Anforderungsmerkmale erkunden
- Einkreisungstechnik: Situation – Verhalten – Ergebnis

Phase 5: Bewerberin oder Bewerber informieren
- über die Schule
- Anforderungen der Stelle
- Fragen des Bewerbers

Phase 6: Absprachen treffen
- keine Gesprächsbewertung
- Entscheidung nicht andeuten
- Reste klären
- Informationen zum weiteren Verlauf des Verfahrens

2.3 Mit der „Einkreisungstechnik" anforderungsrelevante Merkmale herausarbeiten

Die Einkreisungstechnik ist die zentrale Fragetechnik des strukturierten Auswahlinterviews. Grundlage ist das Verhalten in der Vergangenheit. Die Rekonstruktion früherer Verhaltensweisen führt zu einer sichereren Grundlage für eine Eignungsdiagnose als die häufig vorkommenden Fragen nach Meinungen, Absichten und Einstellungen. Die Einkreisungstechnik besteht aus den **drei Schritten**: Situation – Verhalten – Ergebnis.

- **Eine Situation generieren**

  Lassen Sie die Bewerberin oder den Bewerber Situationen finden, in denen die zu diagnostizierenden Anforderungsmerkmale eine wichtige Rolle spielen. Hilfreich ist dabei eine *offene Fragenformulierung*.

- **Das Verhalten in der Situation genau schildern lassen**

  Nun lassen Sie sich ihr oder sein Verhalten genau schildern:
  - Wie kam die Situation zustande?
  - Wie war die Vorgeschichte?
  - Wie ist die Situation genau abgelaufen?
  - Womit hat es begonnen?
  - Wer war beteiligt?
  - Was haben Sie getan (im Unterschied zu anderen Beteiligten)?
  - Schildern Sie den/die anderen Beteiligten: Was war das für ein Mensch?
  - Was ist **Ihr** Anteil am Zustandekommen der Situation gewesen?

- **Das Ergebnis der beschriebenen Situation schildern lassen**
  Fragenbeispiele:

  - Worin bestand das Ergebnis?
  - Wie hat das Umfeld darauf reagiert?
  - Welche Auswirkungen hat die Situation gehabt?
  - Was war nach der geschilderten Situation anders als vorher?
  - Was war Ihr Anteil am Ergebnis der Situation?
  - Was haben Sie selbst aus der Situation gelernt?
  - Was ist Ihr persönliches Fazit?
  - Was würden Sie an Ihrem Verhalten ändern, wenn Sie in eine ähnliche Situation gerieten?

Die erfolgreiche Anwendung der Einkreisungstechnik benötigt auf Seiten der Interviewer anforderungsbezogene Neugierde und die Entschlossenheit, nicht locker zu lassen. Dies ist möglich, ohne die Würde der Bewerberin oder des Bewerbers zu beschädigen.

> **Beispiel:**
>
> In einem Findungsverfahren erwähnte der Kandidat zu Beginn, sich schon einmal bei einer anderen Schule beworben zu haben. Der Personalausschuss nutzte diesen Hinweis jedoch nicht, um genauer nachzufragen. Von dem externen Beobachter bei der Auswertung darauf angesprochen, meinten die Vorsitzende des Verfahrens und die anwesende Personalrätin, so etwas dürfe man nicht fragen. Natürlich darf man, etwa so: „Sie haben eben erwähnt, schon einmal als Bewerber an einem Findungsverfahren teilgenommen zu haben. Mögen Sie uns mehr darüber erzählen?"

2.4 Interviewtechnik verbessern: Fragen gezielt einsetzen, Gespräche bewusst lenken

Die Interviewtechnik lässt sich verbessern durch die Art zu fragen und indem der Gesprächsverlauf gelenkt und Beobachtungen verarbeitet werden.

- *Offene* Fragen sind nützlich, wenn man möglichst viele Informationen und Eindrücke bekommen möchte („Bitte berichten Sie uns über die von Ihnen erwähnten Erfahrungen mit der Leitung einer Jugendgruppe im Asylantendorf."). Offene Fragen überlassen es dem Bewerber, worauf er das Schwergewicht legen will.
- Mit *geschlossenen* Fragen überprüft man Fakten „Sie haben nach einigen Jahren Industrietätigkeit Pädagogik studiert und sind in den Schuldienst gegangen. Wollten Sie gerne mit Jugendlichen arbeiten?").
- Fragen nach *Ansichten und Einstellungen* („Was halten Sie von Klassenführung im Team?"; „Welchen Unterrichtsstil bevorzugen Sie?") geben meist keine Informationen über anforderungsbezogenes Verhalten, sondern über Vorsätze und Ansichten. Sie sollten deshalb nur gestellt werden, wenn man einen Eindruck gewinnen will, wie überzeugend die Bewerberin oder der Bewerber ihre oder seine Meinung unter den Stressbedingungen eines Auswahlinterviews darstellen kann.
- Ähnliches gilt für *Suggestivfragen* („Finden Sie nicht, dass viele Lehrer den Blick für gesellschaftliche Realitäten verloren haben?").
- Zu vermeiden sind auch so genannte *Kettenfragen* („Warum haben Sie damals dieses Projekt zum fächerübergreifenden Unterricht angestoßen? Und wie sind Sie mit den dabei auftretenden Problemen umgegangen? Und was ist dann letztlich dabei rausgekommen?").

- Fragen sollten sich auf *konkretes, individuelles Verhalten* beziehen (Nicht: „Welche Konfliktbewältigungsstrategien bevorzugen Sie?" Besser: „Was haben Sie getan, als Sie das letzte Mal einen Konflikt mit Ihrem Vorgesetzten hatten?").

- *Emotional geladene* Wörter oder Redewendungen sollten Sie vermeiden (Nicht: „Was halten Sie von diesem Gerede über Jugendgewalt?" Besser: „Das Thema 'Gewaltbereitschaft bei Jugendlichen' wird in letzter Zeit häufiger diskutiert. Was ist Ihre Ansicht dazu?").

- Ebenso sollten keine Fragen gestellt werden, mit denen man *provozieren* will. Man will den Bewerber unter Rechtfertigungsdruck setzen und dadurch Gelegenheit verschaffen, Selbstsicherheit und Stresstoleranz unter Beweis zu stellen. Dies ist gefährlich, da dem Bewerber signalisiert wird, dass er „auf der Hut sein muss". Es ist außerdem äußerst fraglich, ob aus der Selbstsicherheit, mit der auf provozierende Fragen reagiert wird, auf die Belastbarkeit im beruflichen Alltag geschlossen werden kann.

- Achten Sie auf einen *eindeutigen Bezugsrahmen* der Frage (Nicht: „Wie lernen Sie eigentlich?" Besser: „Wie haben Sie sich auf Ihre letzte Prüfung vorbereitet?").

- Direkte Fragen zur *persönlichen Eignung* („Können Sie gut organisieren?" Oder: „Sind Sie ein innovationsfreudiger Mensch?") sind meist wenig ergiebig, da Bewerberinnen und Bewerber aus verständlichen Gründen dazu neigen, Antworten im Sinne der vermeintlichen Erwartungen des Fragestellers zu formulieren.

- Bei Fragen, die mit *„warum"* oder *„wieso"* beginnen, besteht die Gefahr, dass anstelle von Erlebnissen und konkretem Verhalten Rationalisierungen, d. h. nachträgliche Begründungen oder Umdeutungen und sozial erwünschte Meinungsbekundungen, gegeben werden.

- Beliebt sind so genannte *Szenario-Fragen*. Man schildert dem Bewerber eine typische Problemsituation, z. B.: „Sie führen eine 7. Klasse. In letzter Zeit häufen sich Beschwerden von Schülerinnen und Eltern über rüde und machohafte Sprüche des in Ihrer Klasse tätigen Mathematiklehrers. Was würden Sie unternehmen?"

  Szenariofragen geben Aufschluss
  - über die Geistesgegenwart und die Fähigkeit einer Bewerberin oder eines Bewerbers, Antworten im Sinne der beim Fragesteller vermuteten Erwartungen geben zu können;
  - über die bei der Bewerberin oder dem Bewerber in dieser Stresssituation aktuell abrufbaren Problemlösungsstrategien.

  Sie sagen damit mehr aus über Reaktionsfähigkeit, Meinungen und Absichten als über das tatsächliche Verhalten in dem vorgegebenen Szenario.

- *Lenkungstechniken* helfen, den Gesprächsverlauf zu strukturieren, beispielsweise durch
    - *Verstärken* (etwa mit nonverbalen Signalen von Zustimmung und Ermunterung oder Äußerungen wie „Das interessiert mich besonders" oder „Was Sie da erzählt haben, hat mich sehr beeindruckt"),
    - *Interpretieren* („Verstehe ich Sie richtig, dass Sie sich damals vor allem aus dem Wunsch nach Abwechslung an die Nachbarschule haben umsetzen lassen?"),
    - *Zusammenfassen* („Wenn ich mal zusammenfasse, dann bestanden Ihre Beiträge zur Entwicklung Ihrer Schule vor allem aus ..."),
    - *Pausenaushalten* („..."),
    - *Konkretisierenlassen* („Was meinen Sie damit, wenn Sie sagen, Sie hätten sich bei der Entwicklung des Schulprogramms Ihrer Schule besonders engagiert?").
    - *Nonverbales Verhalten* (Mimik, Gestik, Motorik) beobachten. Dabei sollte vorrangig beobachtet und registriert, aber nicht bewertet werden. Erst in der Zusammenschau aller Ergebnisse können die Beobachtungen ihren Stellenwert erhalten.

Signatur des Originalbeitrags: C 2.10

Einführung in Statistik für Schulleiter

Dr. Franziska Perels, Wiesbaden/Ingrid Steiner, Wiesbaden

Vor dem Hintergrund der Anforderungen, denen sich Schulleiter im Rahmen ihrer Tätigkeit gegenüber sehen, werden grundlegende Begriffe, Konzepte und Verfahren statistischen empirischen Arbeitens vorgestellt und anhand von für diese Berufsgruppe typischen Fragestellungen vertieft. Der Schwerpunkt liegt dabei auf der Interpretation deskriptiver Daten, da diese in der Schulpraxis von größerer Bedeutung sind. Es werden Hinweise zum Lesen und Interpretieren von Tabellen gegeben, dabei wird auch auf statistische und testtheoretische Grundlagen eingegangen. Bezogen auf inferenzstatistische Auswertungen wird nur auf das Konfidenzintervall und die Bedeutung von Signifikanzaussagen eingegangen. Diese sind vor allem in Bezug auf die internationalen Vergleichsstudien von Bedeutung.

1. Anwendung und Interpretation in der Praxis

1.1 Interne und externe Evaluation von Schule

Bei der externen Evaluation (auch Schulinspektion genannt) werden in der Regel neben den bereits von den Aufsichtsbehörden erhobenen Daten u. a. durch Interviews und Fragebogen subjektive Einschätzungen verschiedener Interessengruppen (Lehrer, Eltern, Schüler) zu Schule, Unterricht und Schulgemeinde erhoben. Gängige Rückmeldungen der Befunde bestehen aus Texten, Diagrammen und statistischen Kennwerten (z. B. Mittelwert und Streuungsmaße). Um die Gesamturteilsfindung für alle Beteiligten transparent zu machen, werden die Vorgehensweise und Teile der verwendeten Instrumente (z. B. Fragebogen) veröffentlicht und in dem überreichten Bericht das Zustandekommen der Ergebnisse erklärt.

Besonders bei intern erhobenen Daten sollten Sie sich noch einmal die Durchführungsbedingungen der Befragung vergegenwärtigen. Bei der **Interpretation und Präsentation** sollte man insbesondere prüfen:

- **Welche Gruppen wurden befragt und wie groß ist die zugrunde liegende Grundgesamtheit?**
  Beispiel: Sie sind Schulleiter an einer fiktiven Schule. Eine interne Umfrage unter den Kollegen hat ergeben: „60 % der Befragten zeigen sich mit dem Informationsfluss zufrieden oder sogar sehr zufrieden". Ihr Kollegium umfasst 30 Lehrkräfte (100 %).

- **Welcher Anteil der Grundgesamtheit wurde befragt?**
  Es stellt sich heraus, dass nur fünf der 30 Kollegen, also rund 17 % des Gesamtkollegiums, befragt werden konnten. Damit verbergen sich hinter den „60 % der befragten Kollegen" nur noch drei Kollegen, also nur noch 10 % des Gesamtkollegiums.

- **Wie wurden die Befragten (die Stichprobe) ausgewählt?**
  Bei den fünf Kollegen handelt es sich, wenn auch nach Zufallsprinzip gezogen, um keine repräsentative Stichprobe (hierfür müssten in der getroffenen Auswahl alle im Kollegium vorhandenen, für die Umfrage relevanten Merkmale – z. B. Alter, Geschlecht, Dienstjahre, Deputat etc. – anteilsmäßig repräsentiert sein).

- **Welche Fragen wurden gestellt und welche Antwortkategorien standen zur Verfügung? Wie kommen also Mittelwerte zu Stande?**
  Im Fragebogen gab es sechs Ankreuzmöglichkeiten, die höchste Zustimmung wurde nach Konvention mit dem höchsten Wert belegt (in diesem Fall 6 für „außerordentlich zufrieden"), die niedrigste Zustimmung mit dem niedrigsten Wert (1 für „überhaupt nicht zufrieden"). Die Mitte/der Mittelwert unserer Beispielskala (folgende Abb. 1) liegt damit bei 3,5 – durch das rechnerische Verfahren ein Zahlenwert zwischen zwei Kästchen, der nirgendwo angekreuzt werden konnte.

Zustimmungs-grad:	1	2	3	4	5	6	gerundete Standardabweichung (SD) in Kästchen
Beispiel a	15					15	2,5 (zweieinhalb Kästchen Abweichung vom Mittel)
Beispiel b			15	15			0,5
Beispiel c	5	5	5	5	5	5	1,6
Beispiel d	3	8	4	4	8	3	1,7

Abb. 1: Beispielverteilungen für 30 Befragte, Mittelwert 3,5 (schwarzer Balken); Beispiel a, b, c, d

- **Sind sich die Befragten in ihrer Meinung eher einig oder nicht?**
  Der arithmetische Mittelwert allein sagt zunächst gar nichts über die tatsächliche Verteilung der Kreuzchen auf den Fragebogen aus. Ein Streuungsmaß (z. B. die Standardabweichung) kann Ihnen dann z. B. die durchschnittliche Abweichung aller Teilnehmer von dem berechneten Mittelwert angeben: Ist es im Vergleich zur Gesamtlänge der Antwortskala hoch, wie in Beispiel a (Abb. 1), liegen viele Werte weit vom Mittelwert entfernt. In Beispiel a liegen sogar alle Werte weitest möglich, nämlich 2,5 Kästchen, vom Mittelwert entfernt, was auf eine Polarisierung der betroffenen Stichprobe hinsichtlich des Frageninhalts hindeutet. Anders verteilte Meinungsbilder können Sie den Beispielen b, c und d entnehmen.

- **Ist die visuelle Darstellung der Daten täuschend?**
  Bei der Rückmeldung von Daten durch Abbildungen treten immer wieder grundlegende Fehler oder verzerrte Darstellungen auf. Achten Sie bei der Interpretation der Abbildungen auf die Probleme graphischer Abbildungen, die im Punkt 2.2 *(hier nicht abgedruckt)* beschrieben werden.

1.2 Vergleichsarbeiten

Vergleichsarbeiten werden in verschiedenen Jahrgangsstufen und Fächern geschrieben. So können jedes Schuljahr landesweit Vergleiche zwischen dem Leistungsstand *aller* qualifizierten Schüler einer Jahrgangsstufe gezogen werden, ein so genannter Querschnittvergleich. Die Art der Rückmeldung der Ergebnisse an die Schulen umfassen z. B. Balkendiagramme, Boxplots und Quartileinteilungen (siehe Punkt 2.1, *hier nicht abgedruckt*). In einigen Ländern werden die Werte für die Rückmeldungen – wie auch bei der PISA-Studie bekannt geworden – adjustiert, d. h. soziale Umfeldfaktoren werden aus den Ergebnissen herausgerechnet.

> **Rückmeldungen über Quartilierung aufgrund der Platzierung innerhalb der Rangreihe der Teilnehmer**

Werden einzelne Schulen oder Regionen in einer aufsteigenden Rangfolge bezüglich der erreichten Ergebnisse übereinander geschrieben und diese Liste dann geviertelt, erhält man Quartile. Die Quartilierung gibt einen Eindruck davon, wie die Leistungen des einzelnen Teilnehmers im Vergleich zu den anderen Teilnehmern einzuschätzen sind; sie sagt wiederum ohne weitere Angaben (z. B. Gesamtpunktzahl) nichts über die Wertigkeit der Leistung aus. Zwei Beispiele sollen dies zeigen:

Beispiel 1:
Sollten nur wenige Schulen einer Region sehr gute Leistungen erbracht haben, alle anderen aber sehr schlechte, könnte sich auch eine der Schulen mit schlechten Ergebnissen noch mit einem Platz im obersten Quartil rühmen, weil sich das oberste Viertel der teilnehmenden Schulen noch weit in den schlechten Leistungsbereich hineinzieht.

Beispiel 2:
Befinden sich alle Schulen im obersten Leistungsbereich (vergleichbar der Schulnote „sehr gut") können selbst Schulen mit Leistungen im obersten Leistungsbereich („sehr gut") im untersten Quartil liegen.

Vorteil: Mit der Quartilierung wird der direkte Vergleich zwischen den Schulen entschärft. Sie gibt innerhalb des Quartils nur eine gemeinsame Lage in der gleichen Teilmenge, nicht das direkte Verhältnis zueinander an.

Nachteil: Die Art der Quartilierung kann für die innerhalb der Rangfolge der Teilnehmer „schlechteren" Teilnehmer nachteilhaft sein, v. a. wenn diese in einem absolut betrachtet akzeptablen Leistungsbereich liegen. Sie favorisiert die innerhalb einer Rangfolge „besseren" Teilnehmer, wenn sie sich in einem objektiv betrachtet schlechteren Leistungsbereich befinden.

Heinrich-Böll-Schule											
Aufgaben-gruppe	Pflichtaufgaben								Wahlauf-gaben	Sum-me	Quartil-rang
	P 1	P 2	P 3	P 4	P 5	P 6	P 7	P 8			
A	2,2	2,8	1,6	2,5	2,7	2,4	2,0	0,8	**18,2**	**35,2**	4
B	1,6	1,8	1,4	1,8	1,4	2,1	0,8	0,8	**10,2**	**21,9**	2
C	1,1	1,2	0,4	1,9	1,0	0,9	1,1	0,8	**8,1**	**16,5**	2

Abb. 2: Mathematikwettbewerb Hessen Jgst. 8; A = gymnasialer Zweig, B = Realschule, C = Hauptschule; der 4. Quartilrang entspricht dem obersten Leistungsviertel

> **Rückmeldung über Boxplot – die visualisierte Quartilierung**

Eine weitere Form der Rückmeldung ist der Boxplot. Sie können dort auf einen Blick die Verteilung aller erreichten Werte in einer Graphik erschließen, die Problematik der Interpretation von Mittelwerten ergibt sich hier nicht, da die Spannweite (Range) der erzielten Werte in der Graphik klar erkennbar sind.

> **Rückmeldung über adjustierte Werte**

Auch die Rückmeldung über adjustierte Werte hat bei den Vergleichsarbeiten inzwischen Einzug gehalten. Hierbei werden die sozialen Kontextfaktoren der Schule berücksichtigt. Die Rückmeldungen für das Land Niedersachsen im Bereich Deutsch zeigen z. B. zum Vergleich im Balkendiagramm die an der Schule erzielten Werte neben dem adjustierten Landesmittelwert.

Leitfragen zur Interpretation von Rückmeldungen zu Vergleichsarbeiten:

- Wurden soziale Kontextfaktoren berücksichtigt?
- Wo liegen die Quartilsgrenzen und wie ist die objektive Leistung?
- Gibt es eine breite Streuung (beim Boxplot: lange Antennen, langer Körper) die ein Hinweis auf Leistungsheterogenität ist?

1.3 Leistungsvergleichsstudien

Während bei den Vergleichsarbeiten jeweils die Grundgesamtheit bekannt und in der Regel voll ausgeschöpft werden kann, kann dies für Leistungsvergleichsstudien zum einen aus Gründen der Ökonomie, zum anderen aus Gründen der Zumutbarkeit nicht ermöglicht werden. Entsprechend muss ein großer Aufwand bei der Stichprobenziehung betrieben werden, um innerhalb bestimmter Konfidenzintervalle verlässlich von der gezogenen Stichprobe (bei der PISA-Studie z. B. 15-jährige Schüler aus verschiedenen Jahrgangsstufen und Schultypen) auf die Gesamtpopulation (z. B. aller 15-Jährigen) zu schließen. So können, obwohl nur ein Prozentsatz der Gesamtpopulation untersucht wurde, innerhalb bekannter Grenzen verlässliche Aussagen über die Gesamtpopulation gemacht werden. Neben der wesentlich aufwändigeren Testkonstruktion ist dies der Hauptunterschied zu den Vergleichsarbeiten, die in den Jahrgangsstufen geschrieben werden.

Rückmeldung mit Hilfe von Perzentilbändern und Konfidenzintervallen

Die Rückmeldung der letzten Pisa-Studie erfolgte in der Öffentlichkeit zu großen Teilen mit Hilfe von Perzentilbändern. Ähnlich der Rückmeldung durch Angabe des Quartils (Viertelung), geben die Perzentilbänder die Lage innerhalb einer Rangliste an. Hat man auf einem **Perzentilband** den Prozentrang 63 erreicht (63. Perzentil) bedeutet das, dass 62 % der Teilnehmer schlechter und 36 % der Teilnehmer besser abgeschnitten haben. Verschiedene Prozentbereiche werden farblich abgetrennt. Um den eingezeichneten Mittelwert liegen die **Konfidenzintervalle**. In Abb. 3 überlappen z. B. die Konfidenzintervalle von Sachsen und B-W.

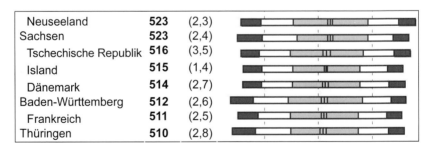

Abb. 3: Beispiel Ausschnitt der Perzentilbänder der Pisa-Rückmeldung mit Konfidenzintervall um den Mittelwert

Literaturverzeichnis:

Bortz, J.: Statistik für Sozialwissenschaftler. Berlin 1999.

Eikenbusch, G./Leuders, T.: Lehrer-Kursbuch Statistik. Berlin 2004.

Signatur des Originalbeitrages: E 1.2

Feedbackkultur an einer Schule entwickeln

Dr. Jochen Pfeifer, Berlin

1. Erste Schritte zur Feedbackkultur

➤ Das Kollegium für Feedback gewinnen

Feedbackkultur kann man nicht verordnen, sondern sie muss wachsen, sie muss kommuniziert werden. Es ist sinnvoll, dass die Beteiligten dahinterstehen, sonst bleiben die Instrumente stumpf, das Feedback äußerlich. Deshalb besteht der erste Schritt darin, in der **Schulöffentlichkeit** zu informieren über die Ziele, über Chancen und Risiken, über Felder des Feedbacks. Das kann auf einem Studientag des Kollegiums passieren, es geht auch auf einer Gesamtkonferenz. In jedem Fall sollten die Lehrkräfte als Profis für Bildung von Anfang an eingebunden sein – nicht nur als passives Publikum, sondern möglichst sofort als Akteure, die zum Beispiel Regeln aufstellen, einen ersten Fragebogen entwerfen oder sich wechselseitig erarbeitete Instrumente vorstellen. **Das Kollegium einer Schule muss den Feedbackprozess steuern.**

➤ Schulöffentlichkeit herstellen

Erst nach diesem Schritt werden die anderen Gruppen einbezogen und die Gremien informiert bzw. um Stellungnahme, Zustimmung oder Mitarbeit gebeten. Es kann bei unkalkulierbarem Verhalten der Gesamtkonferenz natürlich eine Hilfe sein, wenn ein „Elternwunsch" der Elternvertretung nach Feedback an die Gesamtkonferenz herangetragen wird als Initialzündung.

➤ Expertengruppe gründen

Wichtig ist auch am Anfang, eine **Expertengruppe** zu bilden, die im Auftrag der Gesamtkonferenz für einzelne Bereiche Feedbackregeln entwickelt und die sich mit dem Thema allgemein vertraut macht. Es müssen Regeln erstellt und Fragebogen entwickelt, Bereiche festgelegt und die Durchführung kontrolliert werden. Dazu braucht man ein Expertenteam. Das kann die Steuergruppe für die interne Evaluation sein.

➤ Maßvoll im ersten Jahr beginnen

Im ersten Jahr sollte man sich nicht zu viel vornehmen, da sich Feedbackinstrumente abschleifen. Wenn eine Feedbackkultur nicht verlässlich und konsequent eingeführt wird, läuft sie Gefahr, wieder einzuschlafen. Deshalb sollte man mit einem Gebiet anfangen (Unterricht ist geeignet, weil zentral für Schule) und nicht alles auf einmal anpacken.

2. Feedbackregeln

Es ist unabdingbar, dass Feedbacks nach bestimmten Regeln ablaufen. Insbesondere Schülerbefragungen, die Rückschlüsse auf bestimmte Lehrkräfte zulassen, verlangen klare und transparente Regeln. So können sich bei Verletzung der Datenhoheit (also der Veröffentlichung sensibler, negativer Ergebnisse einer Evaluation einzelner Lehrkräfte) durch „Rufmord" Konflikte ergeben. Für eine produktive, die Qualität sichernde Feedbackkultur sind deshalb Regeln wichtig. Die Regeln müssen den Beteiligten ganz klar sein, d. h. am besten schriftlich fixiert werden. Je nach Bereich des Feedbacks sind die Regeln unterschiedlich ausführlich. Vier Punkte sollten jedenfalls immer geklärt und die Grundlage eines jeweils zu erstellenden Kanons sein:

> **Datenhoheit**

Vertrauen ist eine Grundlage, ohne die Feedback nicht funktioniert. Deshalb muss den Beteiligten immer transparent sein, was mit den Ergebnissen passiert. Damit ist auch die enorm wichtige Frage zu klären, wer überhaupt Zugang zu den Ergebnissen haben soll. Häufig kommt nämlich im Feedback Vertrauliches vor oder die Ergebnisse fördern Überraschendes zu Tage. Das ist sogar erwünscht, denn Feedbacks, die nur das sowieso schon Bekannte konstatieren, sind (fast) sinnlos. Zum fruchtbaren Feedback gehört also Vertrauensschutz.

> **Balance von Kritik und Positivem**

Das eingangs erwähnte Problem des einseitig negativen Feedbacks, des „Fehler-Anstreichens" erfordert einen Lernprozess des respektvollen Umgangs miteinander, der in konstruktive Kritik mündet. Eine Hilfe auf diesem Weg ist es, sich auch das Positive mitzuteilen, selbst dann, wenn es selbstverständlich scheint. Es ist insgesamt ratsam, die positiven Aspekte beim Feedback deutlich überwiegen zu lassen, um eine Chance auf Veränderung und positive Entwicklung zu eröffnen. Diese Regel beeinflusst das Ergebnis des Feedbacks selbst. Bei einem Fragebogen z. B. werden die Antworten schon dadurch gesteuert, ob die erste Frage eine positive oder negative Bewertung erwarten lässt (also: Nie den vermeintlich wundesten Punkt in der ersten Frage ansprechen!).

> **Nichts Unabänderliches ansprechen**

Es ist beispielsweise sinnlos, die Klassengrößen in einem Elternfragebogen anzusprechen, da die einzelne Schule in der Regel keinen Einfluss darauf hat. Natürlich bleibt die Klassengröße ein wesentliches Qualitätsmerkmal von Schule insgesamt. Es bringt nichts, im Feedbackgespräch mit Lehrkräften auf Charaktereigenschaften einzugehen. Diese Regel enthält den Appell, „kleine Brötchen zu backen". Das heißt auch, dass Feedback in der Regel gut vorbereitet sein muss, besonders gilt das für Feedbackgespräche im Zusammenhang mit Personalmanagement.

➤ **Transparenz und Wirkung**

Ein wesentlicher Sinn von Feedback besteht darin, Qualität zu sichern. Deshalb muss immer klar sein, wer mit wem bis wann die Anregungen aufnimmt und wer das überprüft. Es ist manchmal sinnvoll, insbesondere bei einseitigem Feedback wie Hospitation, dem Empfänger die Konsequenzen zu überlassen. In jedem Fall soll aber geklärt sein, was mit dem Ergebnis des Feedbacks überhaupt passiert.

3. Kommentierte Instrumente von Feedback

3.1 Kurzfeedback für Konferenzen

Ein Konferenzfeedback sollte kurz und bündig sein. Das Ergebnis muss schnell ermittelbar und den Teilnehmern direkt und zeitlich nah offengelegt werden können. Dazu eignen sich beispielsweise folgende Instrumente: One-Minute-Paper, Dartscheibe, „schnelle Runde".

- Das **One-Minute-Paper** entsteht in einer Minute, indem die Konferenzteilnehmer am Ende auf einem Blatt Papier auf der Vorderseite eine positive Rückmeldung geben (zum Thema, der Tagesordnung, dem Verlauf, dem Ergebnis usw.), auf der Rückseite kritische Anmerkungen aufschreiben. Die Auswertung erfolgt durch einen beliebigen Teilnehmer, das Ergebnis wird im Lehrerzimmer am nächsten Tag bekannt gegeben.

- Die **Dartscheibe** muss vorbereitet werden und dient der Abfrage von einem bis zu sechs Einzelaspekten, indem jeder Teilnehmer mit farbigen Klebesternchen eine Bewertung vornimmt. Die Sternchen werden bei hoher Zustimmung ins Zentrum der Zielscheibe gesetzt, bei Ablehnung an den Rand. Nachteil ist hierbei, dass das Urteil der anderen Teilnehmer sichtbar ist und dadurch die Rückmeldung beeinflusst wird und eine geringere Validität bekommt. Ein Vorteil ist aber die einfache Handhabung, man kann direkt über das Ergebnis sprechen oder Nachfragen stellen.

- Die „**schnelle Runde**" räumt jedem Teilnehmer ein oder zwei Sätze zur individuellen Rückmeldung ein. Dieses einfache Feedbackverfahren eignet sich für kleine Konferenzen, z. B. Steuergruppen und Fachkonferenzen. Die spontanen Äußerungen sind allerdings oftmals nicht sehr aussagekräftig, dieses Feedback trägt zur Qualitätsverbesserung eher wenig bei.

3.2 Schülerfragebogen

Schüler sind Experten für Unterricht. Deshalb sollte die Schule dieses Wissen nicht ungenutzt lassen. Besonders wertvoll ist die Übersicht, die sich Absolventen der Abschlussklassen im Laufe der Jahre erworben haben. Schließlich haben sie viel mehr Unterricht erlebt als jeder Schulleiter oder jeder Seminarleiter im Laufe der gesamten Dienstzeit. Im Unterricht sind gelegentlich die Instrumente des Konferenzfeedbacks nützlich.

Ergiebiger, weil aussagekräftiger, sind jedoch Fragebogen. Sie sind das wichtigste Feedbackinstrument an der Schule. Deshalb werden für drei unterschiedliche Situationen Fragebogen vorgestellt und kommentiert.

- Der **standardisierte Fragebogen** bezieht sich unmittelbar auf Unterrichtsqualität. Die Vorteile sind: Vergleichbarkeit der Resultate (mit anderen Gruppen, anderen Jahrgängen), einfache und eindeutige Auswertung, Anonymisierung, sehr kontrollierte und zielgerichtete Themenausrichtung. Ein gut gemachter Fragebogen hat fast keine Nachteile, aber immerhin seien Stolpersteine erwähnt: Die Sichtweise wird durch den Fragebogen mehr oder weniger stark gesteuert, Skalen und Ziffern suggerieren Objektivität und vorgegebene Fragen sind manchmal doch nicht so eindeutig, wie die Verfasser gedacht haben.

- Der **offene Fragebogen** erlaubt kreative Antworten und ist schneller einsetzbar. Hauptnachteil ist außer der geringeren Validität, dass Schüler ihn häufig nicht so ernst nehmen und sich wenig Mühe geben. Zwar nutzen einige die Chance zur Kreativität im Übermaß, indem sie sich breit zu einzelnen Aspekten auslassen, die sie bewegt haben. Dem gegenüber stehen jedoch die vielen, die sich knapp oder gar nicht äußern. Die **Kräftefeldanalyse** ist ein Beispiel für eine offene Befragung.

3.3 Lehrergespräche

Lehrkräfte können Feedback außer durch ihre Schüler auch durch ein Feedbackgespräch mit der Schulleitung, durch kollegiale Unterrichtsbesuche, Intervision und Ratingkonferenzen einholen.

- Am schwierigsten, aber auch mit nachhaltigster Wirkung ist der **kollegiale Unterrichtsbesuch**. Gewiss ist es nicht ratsam, am Anfang der Entwicklung einer Feedbackkultur diese für viele Lehrkräfte negativ besetzte Rückmeldung zu diskutieren. Es ist vielmehr der Schlussstein eines langen Prozesses, wenn wechselseitige Unterrichtsbesuche als Bereicherung empfunden werden. Folgende Punkte müssen beachtet werden: Beschränkung der Beobachtungskriterien (am besten vorab ausmachen), äußerste Sachlichkeit (keine Interpretationen), ruhige, terminierte Auswertung nach einem Beobachtungsprotokoll gehören dazu. Unterrichtsbesuche sind zwar aufwendig, aber in der Wirkung sehr wertvoll.

- Ein **Feedbackgespräch** zwischen Schulleitung und Lehrkraft folgt eigenen Regeln. Sinn ist, dass wechselseitig ein Spiegel vorgehalten wird. Das Gespräch soll nicht vermischt werden mit anderen professionellen Gesprächsformen (z. B. dienstliche Beurteilung, Bewerbung, konkreter Anlass wie eine Beschwerde). Folgende Grundsätze haben sich bewährt: Vorwurfsfreiheit, Sachlichkeit, Ich-Botschaften, positive Grundstimmung, keine Rechtfertigungen. Dies streng einzuhalten erfordert am Anfang Disziplin und einige Übung, führt aber mittelfristig zu einem besseren Arbeitsklima und ist ein wertvolles Führungsinstrument.

- Die **Ratingkonferenz** wird eher selten an Schulen zur Geltung kommen. Die Teilnehmer einer kleinen Runde erhalten einige wenige vorgegebene Aussagen und bewerten diese z. B. mit der Notenskala. Das Ziel ist, über ihre Einschätzungen sofort mit den anderen ins Gespräch zu kommen. Dazu werden die Einschätzungen von einem Moderator auf der Tafel oder einer Flip-Chart festgehalten. Am Ende muss nicht eine Einigung stehen, sondern die Reflexion über Einstellungen oder Situationen. Wenn es im Rahmen der Schulprogrammarbeit um gemeinsame Ziele geht, ist natürlich der gemeinsame Nenner am Ende am wichtigsten. Im Zusammenhang von Feedback steht aber das geregelte, kontrollierte Wahrnehmen der anderen Positionen im Mittelpunkt.

- Die **Intervision** ist eine der Supervision verwandte Feedbackmethode, die hilfreich im Konfliktfall und in schwierigen Situationen sein kann. Einer Gruppe von Lehrkräften wird von einem Mitglied des Kollegiums eine Situation oder ein Fall vorgestellt, sie hilft dann beim Verstehen durch Nachfragen und Spiegelung, macht Lösungsvorschläge und ebnet durch die Multiperspektivität (hoffentlich) einen Lösungsweg. Das Verfahren ist aufwendig und verlangt Vorkenntnisse seitens der Moderation. Es kann aber in kleinen Kollegien mit schwieriger Schülerklientel durchaus wirkungsvoll sein.

3.4 Elternfeedback

Für Elternabende und -versammlungen sind die gleichen Feedbackmethoden wie für Konferenzen einsetzbar. Eltern sollten aber auch regelmäßig durch Fragebogen um eine Rückmeldung gebeten werden.

4. Hinweise zur Erstellung von Fragebogen und zu den Beispielbogen

Vorab muss das Ziel des Fragebogens möglichst feststehen, denn überflüssige Fragen sollten in beiderlei Interesse vermieden werden. Bei den Befragten erzeugen zu viele Fragen Missmut, bei den Feedbackempfängern kann leicht Verwirrung entstehen, wenn z. B. unwichtige, unabänderliche oder banale Dinge erfragt werden.

1. Die **Überschrift**, die als solche erkennbar ist (Fettdruck, Unterstreichung), spricht das Anliegen, das Ziel, den Bezug der Befragung an.

2. In einer **Einleitung**, die kurz und knapp gehalten sein soll (3–5 Zeilen, abgestimmt auf die Adressaten), wird die Überschrift ausgeführt. In dieser Einleitung geht es um Motivation und Darlegung des Verfahrens (Details zu den Regeln können auch mündlich gegeben werden). Der Umgang mit dem Fragebogen soll erläutert werden (wie soll man ihn ausfüllen, wo abgeben).

3. Die **Anzahl der Fragen** (hier als Statements formuliert) ist überschaubar.

   In der Regel ist ein Feedback auf einer Seite im Schulalltag ausreichend. In Ausnahmefällen, also etwa bei ausführlichen Evaluationen, sind mehrseitige Fragebogen denkbar. Je umfangreicher ein Fragebogen ist, desto weniger durchdacht sind die Antworten (da die Konzentration sinkt und die Schüler „fertig werden wollen"). Es ist wichtiger, wenige und dafür bedeutende Fragen zu stellen, über deren Antwort nachgedacht werden soll. Am schwierigsten ist die Entscheidung, wonach gefragt werden soll. Lange Fragebogen enthalten meistens Fragen, deren Beantwortung keine Konsequenzen mehr haben, weil es gar nicht wichtig ist, die Antworten zu kennen. Viele veröffentlichte Fragebogen sind im Zusammenhang einer Organisationsanalyse (z. B. Bestandsaufnahme am Anfang der Schulprogrammarbeit) oder externer Evaluation entstanden; sie sind als regelmäßig einsetzbare Feedbackbogen wenig geeignet. Die oberste Regel für Feedbackfragebogen lautet: nur Wesentliches fragen!

4. Die **Fragen** müssen kurz und **eindeutig** sein.

   Das heißt zum Beispiel, dass nicht nach zwei Merkmalen gleichzeitig gefragt werden kann („Unsere Lehrkraft ist fachlich kompetent und gut vorbereitet" hat keinen Sinn, da das eine unabhängig vom anderen der Fall sein kann). Natürlich bleibt das Verständnis einzelner Begriffe subjektiv, da die Schüler unterschiedliche Erwartungen und Erfahrungen haben. Das beeinflusst aber nur die Interpretation des Feedbacks und nicht das Feedback selbst. Die Frage nach der Klarheit der Ziele des Unterrichts ist z. B. eine zentrale und klare Frage, obwohl die Schülerbewertungen vom subjektiven Verständnis abhängen. Das Statement „In unserer Klasse sorgen die Lehrer für Ruhe" ist nicht eindeutig, wenn in der Klasse mehrere Lehrkräfte unterrichten; wenn von acht Unterrichtenden bei einer(m) Chaos herrscht, muss man das Statement verneinen, obwohl sieben Mal Ruhe herrscht.

Skalierte Fragen mit einer Einschätzskala und Multiple-Choice-Fragen sind am einfachsten auswertbar und als Fragetypen ergiebiger.

5. Die **Skalierung** sollte keinen Mittelwert enthalten, da sonst die Tendenz zu stark ist, sich nicht zu entscheiden, also den Mittelwert anzukreuzen. Normalerweise ist eine Skalierung mit vier Werten ausreichend. Nicht zuletzt erleichtert es auch die Auswertung.

6. In einem standardisierten Fragebogen wird der strenge formale Charakter, der durch die optische Gleichförmigkeit entsteht, gemildert, wenn **zusätzlich offene Fragen** gestellt werden. Selbstverständlich kann dieser Effekt auch durch auflockernde Symbole und ein ansprechendes, **abwechslungsreiches Layout** erreicht werden. Das Problem bei offenen Fragen ist, dass die Anonymität aufgehoben wird, wenn die Lehrkraft die Bogen zu Gesicht bekommt, da die Handschrift in der Regel zuzuordnen ist.

7. Am **Schluss** steht ein **Dankeschön** des Feedbackempfängers. Jedes Feedback sollte einen Abschluss haben.

8. Gleichzeitig gibt es einen hilfreichen Bogen für die Lehrkräfte, der den Umgang mit dem Feedbackbogen erläutert.

Hinweisbogen für den Einsatz der Fragebogen

Eine Anleitung zum Gebrauch eines Fragebogens ist sinnvoll, wenn ein einheitlicher Einsatz gewährleistet sein soll.

Signatur des Originalbeitrags: B 2.12

Vorgesetzten-Feedback im Schulbereich

Dr. Herbert Buchen, Bad Sassendorf

1. Fünf grundlegende Prinzipien für erfolgreiches Vorgesetzten-Feedback

Prinzip 1: Personenbezogen adressieren (nur die eigenen Mitarbeiter)

Die gesamte Schule betreffende Befragungen sind nur dann zweckmäßig, wenn es außer der Schulleiterin bzw. dem Schulleiter keine weiteren Vorgesetzten mit eigenständigen und von ihnen verantworteten Vorgesetztenaufgaben gibt. Dies wird relativ regelmäßig für die Situation kleinerer Systeme zutreffen. In diesen Fällen findet die Befragung schulweit statt.

In größeren Systemen dürfte dies nur vorkommen, wenn bewusst oder unbewusst eine monokratische Struktur gepflegt wird (die im Übrigen die in den meisten Bundesländern bestehende Rechtslage ignorieren würde, da die weiteren Leitungsmitglieder explizit über eigene Zuständigkeiten verfügen).

Üblicherweise besteht also in größeren Systemen eine differenzierte Struktur mit einer kleineren oder größeren Anzahl weiterer Leitungs- und Führungskräfte mit je eigenen Zuständigkeiten als Vorgesetzte. Sind für die Lehrkräfte aufgrund der Aufgabenverteilung eventuell verschiedene Führungskräfte zuständig, müsste die Befragung entsprechend differenziert werden, da der gewünschte Lerneffekt für die Führungskräfte nur dann entsteht, wenn die einzelne Führungskraft genau weiß, dass es sich um das Feedback der eigenen Mitarbeiter handelt. Schulweite, diese Bedingung ignorierende Untersuchungen zum Führungsverhalten erbringen nicht viel, da dann die persönliche Betroffenheit als Motivator für persönliche Veränderung fehlt.

Prinzip 2: So offen wie möglich, so anonym wie nötig

Die Frage, ob das Feedback für vorgesetzte Führungskräfte *absolut anonym* (Fragebogen ohne jede Rückverfolgungshinweise), *teilanonym* (Fragebogen, bei dem die Lehrkraft ihren Namen nennen kann, aber nicht muss) oder *Bepunktung* von Fragestellungen (hinter einer Pinnwand in einem Workshop) oder *offen* (z. B. im Mitarbeitergespräch oder Teamworkshop) ausgeführt werden sollte, hängt davon ab, wie offen und vertrauensvoll die Beteiligten miteinander umgehen und wie viel Erfahrung sie mit dem Einsatz von Feedback-Systemen bereits haben, also vom Reifegrad der Beteiligten.

Geht es um die erstmalige Durchführung eines Feedbacks, wird man vermutlich ein zweistufiges Verfahren wählen: Man wird mit einer anonymen Befragung mittels eines Fragebogens einsteigen, in dem konkrete Fragen zum Führungsverhalten gestellt werden.

In einem zweiten Schritt kann man ggf. zu einem offenen Dialog übergehen. Es sollte allerdings darauf geachtet werden, dass Leitungspersonen bzw. Führungskräfte und Lehrkräfte im konstruktiven Feedbackgeben und -nehmen hinreichend geschult sind.

Absolute Vorbedingung für Erfolg und Gewinn jeglichen Verfahrens (anonym, teilanonym oder offen) ist Vertraulichkeit. Das heißt, dass die Ergebnisse verlässlich im Kreis der Beteiligten bleiben. Eine Ausnahme kann mit der Zustimmung aller vereinbart werden, wenn der nächsthöhere Vorgesetzte, z. B. der Schulleiter, falls das Feedback nicht ihm gilt, informiert werden soll.

Prinzip 3: Freiwilligkeit oder Verpflichtung: der Reifegrad der Beteiligten entscheidet

Ob ein freiwilliges oder ein verpflichtendes Vorgesetzten-Feedback zum Einsatz kommt, hängt vom Reifegrad der Beteiligten und von der mit der Maßnahme verbundenen Zielsetzung ab.

Wenn bei Führungskräften, die im Feedback eine Bedrohung sehen, mit Vermeidungs- oder Fluchttendenzen zu rechnen ist, es sich also diesbezüglich noch um eine eher unreife Gruppe handelt, ist es sinnvoll, auf der Teilnahme aller zu bestehen.

Bei Gruppen mit hohem Reifegrad hingegen, die sich der Chancen und Potenziale dieses Ansatzes bewusst sind und positiv darauf zugehen, ist es besser, auf Freiwilligkeit zu setzen, um die Eigenmotivation und Selbstbestimmung aller Beteiligten zu erhalten.

Darüber hinaus ist die Zielsetzung des Ganzen zu berücksichtigen: Ist es Ziel, Feedback für alle Vorgesetzten (Organisationsleiter, Konrektoren, Abteilungsleiter usw.) schulweit einzuführen, wird man kaum (siehe Checkliste „Reifegrad") um eine verbindliche Teilnahme aller herumkommen.

Ist der Fokus jedoch z. B. eine einzelne Abteilung oder eine Fachschaft oder geht es um einen gruppeninternen Teambildungsansatz (z. B. in einer Steuergruppe), ist auch Freiwilligkeit möglich.

Wie Sie den Reifegrad Ihrer Schule/Abteilung/Fachschaft einschätzen können

Gehen Sie die folgenden Punkte selbstkritisch durch. Je mehr Fragen Sie mit „Ja" beantworten, desto reifer ist Ihre Schule. (Natürlich müssen Sie die Fragen auf Ihre spezifische Situation abstimmen.)

Checkliste: Bestimmung des Reifegrades für die Einführung eines Feedbacksystems

	ja	vielleicht	nein
Werden Fragen und Ideen offen geäußert?	❏	❏	❏
Führen Sie regelmäßig Mitarbeiter- oder Fördergespräche?	❏	❏	❏
Führen Sie regelmäßig Meetings durch, in denen über die Entwicklung Ihres Bereichs (Abteilung usw.) gesprochen wird?	❏	❏	❏
Haben Sie eine niedrige Fehlzeitenrate?	❏	❏	❏
Haben Sie eine niedrige Personalfluktuation?	❏	❏	❏
Bewerben sich andere Kollegen aus der Schule darum, in Ihrem Bereich zu arbeiten?	❏	❏	❏
Prüfen Sie mit Ihren Kollegen regelmäßig, ob die Organisation verbessert werden kann?	❏	❏	❏
Sprechen Sie die Kollegen an, wenn diese persönliche Probleme haben?	❏	❏	❏
Feiern Sie und Ihre Kollegen auch ab und zu außerhalb der Schule?	❏	❏	❏
Feiern Sie Erfolge und analysieren Sie Misserfolge?	❏	❏	❏
Erhält die Schule aus Ihrem Bereich viele Verbesserungsvorschläge?	❏	❏	❏
Übernehmen Ihre Kolleginnen und Kollegen Verantwortung?	❏	❏	❏

> **Praxistipp bezüglich der Forderung nach Anonymität:**
>
> Erst ab mindestens fünf Mitarbeitern je Führungskraft macht Anonymität Sinn. Außerdem sollte die Feedback erhaltende Führungskraft länger als drei Monate in dieser Position tätig sein. Hat eine Führungskraft weniger Lehrkräfte, sollte man ein moderiertes Teamgespräch wählen, in dem sich alle Beteiligten nach festgelegten Regeln Feedback geben und Verhaltensziele vereinbaren.

Prinzip 4: Feedback ohne Ausnahmen für alle direkten Vorgesetzten

Wenn Sie sich entschieden haben, in Ihrer Abteilung, in Ihrer Leitungsgruppe oder in Ihrer Schule Feedback für Vorgesetzte verbindlich durchzuführen, sollten Sie es konsequent für alle einsetzen und nicht bestimmte Hierarchieebenen (z. B. die eigene Leitungsgruppe) ausnehmen.

Nutzen Sie Gelegenheiten, das Vorhaben durch positive Aussagen, motivierende Artikel in der Schulzeitung, in Abteilungsprotokollen etc. zu unterstützen. Bei schulweitem Einsatz ist die verbale und handelnde Unterstützung der gesamten Schulleitung unerlässlich.

Prinzip 5: Einmal ist keinmal

Ziel sollte sein, das Vorgesetzten-Feedback genauso wie das Mitarbeitergespräch zum regelmäßigen Bestandteil der Schulkultur zu machen. Das erreichen Sie am besten, wenn Sie das Verfahren schon am Anfang als eine Wiederholungsmaßnahme planen (maximaler Zeitrahmen ein Jahr).

2. Vorschlag für die Einführung des Vorgesetzten-Feedbacks

Es braucht keine ausgefeilten Instrumente und Methoden oder kein Expertenwissen, um ein Verfahren zum Vorgesetzten-Feedback zu entwickeln. Beachten Sie die folgenden Punkte und beteiligen Sie möglichst alle Betroffenen an der Entwicklung:

1. Konzeption

Sie können natürlich eines der zahlreichen publizierten Verfahren erwerben und benutzen. Ein fast regelmäßig auftretender Nachteil wird sein, dass dieses immer erst auf die Bedürfnisse Ihrer Schule angepasst werden müsste. Die spezifischen Bedingungen sind zu unterschiedlich, um die Verfahren anderer Organisationen einfach zu übernehmen. Zurückhaltung ist angebracht, wenn Sie ein Beispiel aus schulfremden „Kulturen" und „Strukturen" einsetzen wollen.

Deshalb spricht viel dafür, ein selbst entwickeltes schuleigenes Verfahren einzusetzen, das zu erarbeiten Sie keine Bedenken haben sollten. Die Vorteile liegen auf der Hand:

- Das Know-how und das Wissen Ihrer Lehrkräfte, an einer schwierigen Stelle der Weiterentwicklung der Schule entscheidend mitgewirkt zu haben, wie das Bewusstsein, Verfahren und Instrumente eigenständig erarbeitet zu haben, bleiben in Ihrer Schule.
- Die Erfahrung, dass das Endprodukt nicht hoch elaboriert und sozialwissenschaftlich validiert sein muss, sondern dass fast immer kurze, selbst entwickelte Fragebögen ausreichen (s. Beispielfragen für ein Vorgesetzten-Feedback, S. 6), erhöht die Bereitschaft auch für die erforderliche regelmäßige Wiederholung des Verfahrens.
- Sie sparen wahrscheinlich nicht wenig Geld.

Nicht die ausgefeilte Statistik ist ausschlaggebend für den Erfolg. Wichtiger ist der an die Fragebogenauswertung mit dem sich daraus ergebenden Profil **anzuschließende Kommunikationsprozess** über das Führungsverhalten der Vorgesetzten. Die Bedeutung eines testtheoretisch abgesicherten Profils mit hoher Aussagekraft tritt gegenüber der Praxisorientierung in den Hintergrund.

Dennoch sind einige wenige grundlegende **statistische Aspekte** zu berücksichtigen, um bestimmte negative Effekte zu vermeiden. Dazu gehört, eine vier- oder sechsskalige Bewertungsmatrix zu verwenden. Damit soll der bei der Arbeit mit fünfskaliger Matrix auftretende „Trend zur Mitte" möglichst ausgeschlossen werden (siehe dazu das folgende Beispiel eines Items aus einem Fragebogen):

Unterstützt Sie Ihr Schulleiter/Abteilungsleiter/... bei Ihrer persönlichen Weiterentwicklung?

1	2	3	4	5	6
nie	selten	manchmal	relativ häufig	häufig	immer
	X				

2. Selektion

So wie Sie vermeiden sollten, elaborierte sozialwissenschaftliche Anforderungen an das Gesamtverfahren zu stellen, sollten Sie vermeiden, endlose Fragelisten zu entwerfen.

Von gar nicht zu überschätzender Bedeutung ist es, möglichst Vertreter aller an Ihrer Schule Beteiligten einzubeziehen und einzubinden. Dazu zählen die Lehrkräfte und das nichtpädagogische Personal (Hausmeister,

Sekretariatsangehörige usw.), die weiteren Leitungsmitglieder und Führungskräfte. In der Regel sollte auch ein Mitglied des Lehrer- bzw. schulischen Personalrats mitwirken. Sie erhöhen damit die Akzeptanz des Feedbackprozesses.

Für den Fall einer Befragung in einem Teilbereich (z. B. Abteilung) sollte der jeweilige Vorgesetzte (i. d. R. der Schulleiter) beteiligt sein. In diesem Zusammenhang könnte auch überlegt werden, ob und inwieweit der Vorgesetzte des Schulleiters, die zuständige Schulaufsichtsperson also, angefragt werden sollte, wohl wissend, dass die Schulaufsichten eher selten über ein entsprechendes Rollenbewusstsein verfügen. Andererseits könnte eine Anfrage ein Anstoß für mögliche Veränderungen sein.

Auch aus zeitökonomischen Gründen müssen nicht alle Gruppenvertreter an der Entwicklung aller Fragebogenbereiche mitarbeiten. Sie können sich nach dem Repräsentantenprinzip auf die Auswahl der für die jeweilige Situation bedeutsamen Fragen beschränken.

Einen wichtigen Aspekt sollten Sie von Beginn der Fragebogenentwicklung an im Auge behalten: Er sollte sich immer auch an den Schulzielen (Leitbild und Schulprogramm) und den dort implizierten Führungsleitsätzen orientieren.

Beispielfragen für ein Vorgesetzten-Feedback:

Zum Thema	Mögliche Fragen
Zielvereinbarung	• Vereinbart *meine Führungskraft* Ziele, anstatt sie vorzugeben?
	• Begründet mein Vorgesetzter Ziele und leitet er sie aus der Strategie der Schule (Leitbild/Schulprogramm) her?
	• Werden Kriterien ermittelt, anhand derer wir feststellen können, ob, wie und wann die Ziele erreicht werden

3. Vorbereitung der Lehrkräfte und Führungskräfte

Eine intensive und gute Vorbereitungsphase ist eine wesentliche Voraussetzung für den Gesamterfolg des Verfahrens. In diesem Zusammenhang ist es sehr wichtig, die Führungskräfte und Lehrkräfte ausführlich über die Ziele sowie den Sinn und Zweck eines Vorgesetzten-Feedbacks sowie über die Vorgehensweise zu informieren. Alle Beteiligten müssen verstanden und möglichst auch akzeptiert haben, dass sowohl ihre eigenen berufsbezogenen Interessen wie auch die des jeweiligen Vorgesetzten und nicht zuletzt die der Schule insgesamt betroffen sind und alle profitieren können.

In einem Anschreiben werden die Ziele und Grundsätze Ihres Vorgehens genannt:

> **Ziel des Feedbacks für Vorgesetzte ist es,**
>
> - ehrliche Rückmeldungen für Schulleiter (und …) zu liefern,
> - eine bessere Selbsteinschätzung der Führungskräfte zu ermöglichen,
> - die Anonymität der Rückmeldung gebenden Einzelperson zu sichern,
> - ein wahrnehmbares Zeichen zu setzen, dass dies als (neue) Unternehmensphilosophie ernst gemeint ist,
> - ggf. ein verändertes Führungsverhalten zu unterstützen.

Um dem Eindruck zuvorzukommen, dass es sich beim Vorgesetzten-Feedback um eine isolierte und in keinem Zusammenhang zu anderen Vorhaben in der Schule stehende Entwicklung (um eine „Eintagsfliege" in mehrfacher Hinsicht) handelt, ist es wichtig darzulegen, welche Verbindungen zu anderen Prozessen/Projekten bestehen (z. B. Total Quality Management, Zielvereinbarungen, Balanced Scorecard, interne Evaluation).

Trotz einer noch so guten Vorbereitung wird es immer wieder passieren, dass zu große Widerstände eine Einführung des Feedbacks erst einmal nicht angeraten sein lassen. In einem solchen Fall könnte ein mit einem gewissen Zeitabstand eigens zu diesem Thema stattfindender Workshop hilfreich sein. In besonders schwierigen Fällen lohnt die Hinzuziehung eines Externen, der auch die Moderation übernimmt.

Eine andere Möglichkeit ist, zunächst einen Pilotdurchgang, z. B. mit der Gruppe der weiteren Leitungspersonen oder in einer Abteilung, durchzuführen. Die Beteiligten können anschließend von ihren Erfahrungen und deren Einschätzung berichten.

4. Durchführung: Fremdeinschätzung der Lehrkräfte und parallele Selbsteinschätzung der Führungskraft

Ein zentrales Element des Verfahrens ist der Vergleich von der Selbsteinschätzung der Führungskraft und der Fremdeinschätzung durch z. B. die Lehrkräfte. Hier besteht die Chance, die „Blinden Flecke" im Führungsverhalten zu entdecken und, falls sie im anschließenden Dialog bestätigt werden, an ihrer Beseitigung bzw. Verringerung zu arbeiten. Dazu erhält jede Führungskraft einen in der Formulierung abgewandelten Fragebogen zur Selbsteinschätzung, während die Lehrkräfte ihre Fremdeinschätzung abgeben.

5. Wichtig: Die Rücksendung des Fragebogens und seine Auswertung

Erfahrungsgemäß ist dieser Vorgang ein besonders sensibles Thema. Wenn die dazu bestehenden Ängste und Vorbehalte nicht ausgeräumt werden können, wird das Vorhaben spätestens an dieser Stelle scheitern. Deshalb sollten Sie sorgfältig darauf achten, dass die Anonymität des Rücksendeweges absolut gewährleistet ist. Eine praktikable Möglichkeit ist es z. B., Körbe in der Eingangshalle aufzustellen.

> **Praxistipp bezüglich der Auswertung**:
>
> Vereinbaren Sie mit Ihren Mitarbeitern bzw. Lehrkräften, wer die Auswertung vornimmt. Wichtig ist, dass diese Person(en) von allen akzeptiert wird/werden.

6. Zweistufige Ergebnispräsentation:

Stufe 1: Selbstanalyse

Die Resultate sollten Sie in Ihrer Funktion als Vorgesetzter/Schulleiter mit einer Person Ihres Vertrauens besprechen. Das kann ein Kollege innerhalb oder außerhalb Ihrer Schule sein, ein externer Berater, ein Coach oder ein Kollege Ihres Vertrauens aus einer anderen Schule.

Stufe 2: Beziehen Sie andere mit ein

Sind Sie nicht der Schulleiter, sondern z. B. ein weiteres Leitungsmitglied, können Sie sich ggf. mit Ihrem Schulleiter und darüber hinaus mit Kollegen auf gleicher Hierarchiestufe im Gespräch abgleichen und von beiden ein Feedback (offen oder auch anonym mittels Fragebogen) einholen. So entsteht das so genannte 360-Grad-Feedback, das vermutlich den größten Nutzen für die persönliche Weiterentwicklung erwarten lässt.

Sind Sie selber der Schulleiter, stoßen Sie allerdings, wie zuvor schon einmal angemerkt, rasch an die durch divergierendes Rollenbewusstsein gezogenen Grenzen des 360-Grad-Feedbacks, da die rechtlich und dienstlich zuständige Schulaufsichtsperson sich selten als echte Vorgesetzte versteht. Immerhin: Es lohnt für beide den Versuch, ihr diese Rolle abzuverlangen.

Wie immer sich die schulische Konstellation im Einzelnen darstellt, präsentieren Sie die Ergebnisse in einem Workshop mit dem Ziel, die Kommunikation zwischen Ihnen und Ihren Kollegen und Lehrkräften zu verbessern. Erfolg oder Misserfolg hängen von einem offenen und vertrauensvollen Klima und einer sachlich fundierten konstruktiven Diskussion ab. Ein möglichst zeitnah zu der Auswertung der Ergebnisse stattfindender Workshop sollte zu konkreten Zielvereinbarungen (z. B. im Bedarfsfall schnelle Rückmeldung an eine Lehrkraft, Information auch als Holschuld etc.) führen, an denen beide Seiten arbeiten wollen.

Diese Veranstaltungen sind das zentrale Element der ganzen Maßnahme, dort werden einzelne Wahrnehmungen noch einmal expliziert, ggf. auch korrigiert. Wenn Sie sich unsicher sind, ob Sie einen solchen Workshop allein durchführen können, kann es zweckmäßig sein, ihn z. B. von einem externen Berater moderieren zu lassen.

7. Umsetzungs- und Follow-Up-Maßnahmen

Umsetzungen und Folgeaktivitäten bedürfen, wenn sie effektiv sein sollen, konkreter Zielsetzungen, die ggf. mit den für die Umsetzung zuständigen Personen zu vereinbaren sind. Eventuell können auch begleitende Beratungen oder bestimmte Trainings sinnvoll sein, sei es in einzelnen Bereichen/Abteilungen/Jahrgangsstufen oder im gesamten System.

8. Vom Fragebogen direkt zum Feedback

Bisher wurde davon ausgegangen, dass das Vorgesetzten-Feedback, da ungewohnt, eine erhebliche Herausforderung für die Beteiligten ist und deshalb sorgfältiger und sensibler Vorbereitung und Einführung bedarf.

Verfügt eine Schule bereits über einen hohen Reifegrad und gute Feedbackfähigkeiten, besteht die Möglichkeit, mit Hilfe eines Workshops eventuell sogar zu besseren und schnelleren Ergebnissen zu gelangen, wenn Befragung, Auswertung und der Dialog darüber in einem integrierten Verfahren stattfinden.

Der Workshop verwendet die gleichen Fragestellungen wie ein Fragebogen. Sie werden jedoch nicht anonym angekreuzt, sondern offen an einer Pinnwand von jedem Teilnehmer bepunktet. Parallel dazu bearbeitet der Vorgesetzte seinen Fragebogen an einer anderen Pinnwand als seine Selbsteinschätzung. Danach werden beide Einschätzungen verglichen. Dieser Ansatz gelingt allerdings nur, wenn die zuvor in der Schule für verbindlich eingeführten Feedbackregeln von allen konsequent eingehalten werden. Dabei spielt, gerade weil niemand Kritik besonders gut verträgt, eine klare und trotzdem annehmbare Sprache eine wichtige Rolle.

Ein wichtiger Praxistipp zum Schluss:

Wenn Sie in Ihrer Schule das Vorgesetzten-Feedback einführen wollen, denken Sie daran, Ihren Personalrat oder Lehrerrat zu informieren bzw. zu beteiligen. So schaffen Sie eine Grundlage für eine vertrauensvolle Zusammenarbeit.

Signatur des Originalbeitrages: C 3.9

Evaluation praktisch

Christoph Burkard, Dortmund

1. Vier Grundschritte einer Evaluation

Im Wesentlichen lassen sich vier Schritte eines Evaluationsprozesses zur Verbesserung und Weiterentwicklung der pädagogischen Arbeit unterscheiden:

1. Evaluationsfragen und Bewertungskriterien klären,
2. Datensammlung,
3. Analyse/Diagnose,
4. Aktion/Handlung.

Schulinterne Evaluation ist immer unmittelbarer Bestandteil des Schulentwicklungsprozesses. Im Mittelpunkt steht die gemeinsame Reflexion über die Qualität und die Ergebnisse der eigenen Arbeit in einem Kollegium oder einer ganzen Schule. Ziel dieses Prozesses ist, zwischen allen Beteiligten zu einer möglichst hohen Übereinstimmung über die aktuelle Situation und den notwendigen Handlungsbedarf zu kommen.

2. Der Einsatz von Fragebögen bei der schulinternen Evaluation

An methodischen Verfahren bietet sich eine Fülle von Methoden an (etwa Gespräche oder Interviews mit relevanten Personen oder in Klassen, Beobachtungen im Unterricht oder im Schulgebäude, mit Fotos dokumentierte Prozessverläufe, auch durch „Tagebücher" begleitet, Schülerleistungen durch in parallelen Klassen gleich durchgeführte Arbeiten oder Tests).

2.1 Was kann ein Fragebogen leisten?

Jedes methodische Verfahren zur Datensammlung kann nur Teilbereiche der „Wirklichkeit" erfassen. Ist man daran interessiert, was beispielsweise Schüler über Angebote in der Pause denken, kann dies in einem Fragebogen abgefragt werden. Möchte man dagegen wissen, was Kinder oder Jugendliche in der Pause tatsächlich tun, bietet sich eher eine direkte Beobachtung des Pausenverhaltens an. Keinesfalls liefert ein Fragebogen gleichsam „objektive" Erkenntnisse über die Schulrealität.

2.2 „Idealtypischer" Ablauf einer Fragebogenaktion

1. Klären der Ziele der Befragung in der Konferenz:

2. Arbeits- oder Steuergruppe erhält von der Konferenz den Auftrag zur Vorbereitung der Befragung

3. Arbeitsgruppe erarbeitet einen Vorschlag für den Ablauf und die Durchführung der Befragung

4. Klären der Normen für die Durchführung der Befragung in der Konferenz
   Wer erhält die Daten?
   Wie wird schulintern mit den Ergebnissen umgegangen?
   Wer soll über die Befragung informiert werden?
   Wie wird Datenschutz gewährleistet?

5. Beschlussfassung durch die Konferenz

6. Entwickeln des Fragebogens durch die Arbeitsgruppe Information des Kollegiums über den Arbeitsstand der Gruppe

7. Durchführung der Datensammlung

8. Technische Auswertung der Daten durch die Arbeitsgruppe

9. „Kommunikative" Analyse der Ergebnisse und der Daten – „Feedback-Konferenz" im Kollegium

10. Diskussion der Ergebnisse mit Schülerinnen und Schülern, Eltern, Schulkonferenz oder anderen (externen) Gruppen – „Spiegelungen"

11. Formulierung von Entwicklungsschritten und Handlungsplanung in der Konferenz

Offenheit und Klarheit über die Ziele und Interessen stellen eine entscheidende Voraussetzung für den Erfolg eines Evaluationsvorhabens dar. Je mehr Beteiligte sich mit dem Vorhaben identifizieren können, desto größer sind die Chancen, dass sich Konsequenzen ergeben. Für die Befragung heißt dies, dass in einem **ersten Schritt** in der Konferenz gemeinsam geklärt wird, was mit der Befragung erreicht werden soll, und ein Beschluss zur Durchführung der Befragung und über den Umgang mit den erhobenen Daten herbeigeführt wird:

- Wer erhält Einblick in die Daten?

- Wie kann garantiert werden, dass keine einzelnen Personen identifiziert werden können?

- Wer wird an der Analyse der Daten beteiligt?
- Wer soll bei welchem Arbeitsschritt die Schule extern unterstützen?
- Wie wird mit den Ergebnissen umgegangen?

Daran anschließend kann die Arbeitsgruppe den konkreten Fragebogen entwickeln und die Datensammlung durchführen.

Bei der Auswertung der Ergebnisse ist es sinnvoll, zwischen einer Phase der „technischen" Auswertung und der „kommunikativen" Analyse der Daten zu unterscheiden (technischer Auswertung: die Aufarbeitung der Daten, z. B. Auszählung der Ergebnisse Zusammenstellung der Antworten). Dies kann von einer kleinen Gruppe übernommen werden. An der inhaltlichen Bearbeitung und Analyse der Daten sollten möglichst alle Beteiligten mitwirken. Denn in **dieser Phase** geht es um die entscheidenden Fragen:

- Was bedeuten die Daten für die Situation der Schule?
- Welche Interpretationen können gemeinsam getragen werden?
- Welcher Handlungsbedarf und welche Konsequenzen ergeben sich aus den Ergebnissen?

Die Daten sollten nach der kollegiumsinternen Analyse mit anderen Gruppen (Schüler, Eltern oder Externe wie beispielsweise Kollegen einer anderen Schule) diskutiert und gespiegelt werden. Deren Aufgabe wäre die Analyse und Interpretation der Informationen und Daten auf der Grundlage ihres jeweiligen Erfahrungszusammenhangs und kritische Kommentierung der Sichtweisen des Kollegiums.

Der schwierigste, aber **wichtigste Schritt** ist die Umsetzung der Ergebnisse einer Befragung in die Arbeitsplanung.

2.3 Welche Funktion hat eine Befragung für den Schulentwicklungsprozess?

Eine Befragung ist Teil eines Entwicklungsprozesses und **Werkzeug für Ziele**, die man erreichen möchte. Eine Befragung kann

- Stärken und Schwächen einer Schule oder in Teilbereichen identifizieren und als Einstieg in längerfristige Entwicklungsarbeit dienen;
- zur Informationssammlung und als Entscheidungshilfe genutzt werden, wenn beispielsweise Interessen oder Wünsche von Schülern erfragt werden, die als Planungsgrundlage für pädagogische Angebote herangezogen werden;
- zur Erfolgskontrolle eingesetzt werden;

- zum Ziel haben, Erfahrungen festzuhalten und innerhalb der Schule verfügbar zu machen, damit nicht jeder bei der Planung bestimmter Aktionen oder Angebote wieder von vorne anfangen muss;
- als systematisches Feedback angelegt sein, beispielsweise wenn Eltern oder Schüler zu deren Bewertungen der schulischen Angebote befragt werden.

Was mit einem Fragebogen erfragt werden soll, hängt wesentlich von der Zielstellung des Schulentwicklungsprozesses ab, in dessen Zusammenhang sie steht.

2.4 Wer soll befragt werden?

Welche und wie viele Personen befragt werden, hängt vor allem auch von dem beabsichtigten Aufwand ab. Wichtige Impulse für die Weiterarbeit gehen von einer Gegenüberstellung der Sichtweisen unterschiedlicher Gruppen aus. Das heißt, es werden beispielsweise nicht nur Lehrkräfte über ihre Erfahrungen mit dem Ganztagsbetrieb einer Schule befragt, sondern auch Schüler und Eltern. Diese Konfrontation unterschiedlicher Erfahrungszusammenhänge kann wichtige korrigierende Funktionen übernehmen.

2.5 Wie kommt man zu den Fragen, die gestellt werden sollen?

Bewährt hat sich ein Vorgehen, bei dem zunächst in einer Vorbereitungsgruppe **Themenfelder gesammelt** werden, die im Fragebogen abgefragt werden sollen. Zentrale Fragestellungen dafür sind:

- Was müssen wir wissen, um mit unserer Arbeit voranzukommen?
- Was können wir mit den Ergebnissen zu dieser Frage/diesem Themenbereich im weiteren Arbeitsprozess anfangen?

Im nächsten Schritt können **konkrete Fragen** gesammelt werden; beispielsweise, indem jedes Mitglied einer Vorbereitungsgruppe auf Karten notiert, welche Fragen aus seiner Sicht im Fragebogen gestellt werden sollten. Die Auswertung dieser Kartenabfrage wird bereits Schwerpunkte aufzeigen und Anregungen für Formulierungen im Fragebogen liefern.

Danach wird von ein oder zwei Personen ein erster **Entwurf** für einen Fragebogen erstellt, in der Gruppe diskutiert und überarbeitet. Ein wichtiger letzter Schritt vor dem Einsatz eines Fragebogens ist ein *„Testlauf"* des Instruments, um Formulierungen und Verständlichkeit der Fragen und des Aufbaus durch einige Personen (Schüler einer anderen Klasse oder Kollegen einer anderen Schule) zu überprüfen.

2.6 Inhalt der Fragen und Frageformen

Zunächst ist es wichtig, sich darüber klar zu werden, was man erfahren möchte. Fragen können sich richten auf:

- Fakten (Beispiel: „Wie lange arbeiten Sie als Lehrer/Lehrerin an dieser Schule?")
- Wünsche/Bedarf (Beispiel: „Sollte deine Schule mehr Arbeitsgemeinschaften einrichten?")
- Einstellungen/Meinungen (Beispiel: „Inwieweit stimmen Sie folgender Aussage zu: ‚Fachunterricht sollte nur am Vormittag stattfinden'?")
- Wahrnehmungen (Beispiel: „Inwieweit trifft aus Ihrer Sicht die folgende Aussage zu: ‚Die Lehrer an dieser Schule arbeiten systematisch zusammen'?")
- Gefühle (Beispiel: „Wie ist es im Unterricht? Ich habe Angst, ich fühle mich wohl, es ist langweilig ...")

Für die Frageform bieten sich grundsätzlich zwei **Fragetypen** an:

	Offene Fragen	**Geschlossene Fragen**
Vorteile	<ul><li>liefern „authentische" Formulierungen der Befragten</li><li>keine Einschränkungen durch Antwortvorgaben</li><li>Ergebnisse liegen in sprachlichen Formulierungen vor, die direkt als Gesprächsanlass dienen können</li></ul>	<ul><li>relativ einfache Auswertung, ermöglicht schnelle Beantwortung</li><li>liefern Meinungsbild zu vorgegebenen Kategorien</li><li>geben den Befragten Anhaltspunkte für die Meinungsbildung</li></ul>
Nachteile	<ul><li>zeitaufwendige Beantwortung, z. T. aufwendige Auswertung</li><li>Schreibaufwand kann bei den Befragten zu Antwortverweigerung führen</li><li>Befragte haben ggf. Antworten nicht „parat"</li></ul>	<ul><li>Einschränkungen der Antwortmöglichkeiten durch vorgegebene Kategorien</li><li>möglicherweise Antwortverweigerungen, wenn die Befragten komplexe Meinungsbilder nicht in einfache Kategorien fassen wollen</li><li>Ergebnisse müssen aus statistischen Werten in sprachliche Formulierungen „übersetzt" werden</li></ul>

Anwendungsgebiete	• eher bei geringer Anzahl von Befragten • wenn noch wenig Informationen über den Themenbereich vorliegen • Identifizieren von Problemlagen	• eher bei großer Anzahl von Befragten • wenn quantifizierbare Rückmeldungen erwünscht sind (z. B. Bedarfsfeststellung) • bei bereits großem Vorwissen über den Themenbereich

Wichtig ist, bereits bei der Formulierung der Fragen und bei der Entscheidung über die Länge des Fragebogens die Auswertungsphase im Blick zu haben: Wie viel Zeit steht für die Auswertung zur Verfügung? Wie viele Informationen und Daten können realistisch bearbeitet und berücksichtigt werden? Was sind die wesentlichen Bereiche, auf die im Fragebogen nicht verzichtet werden kann?

Für einen „dynamischen" Umgang mit Fragebogenergebnissen eignen sich Fragestellungen, bei denen Gegenüberstellungen vorgenommen werden: Bewertungen des real erlebten Zustandes an der Schule mit dem ideal gewünschten Zustand oder gleich lautende Fragen, die an Schülerinnen und Schüler und Lehrerinnen und Lehrer gestellt werden.

2.7 Gestaltung eines Fragebogens

Fragebögen können in sehr unterschiedlicher Form gestaltet werden. Zur Veranschaulichung zwei Beispiele:

Beispiel 1: Fragebogen für den Englischunterricht, Jahrgang 5 (Auszüge)

Jetzt bist du gefragt! Sag deine Meinung zum Englischunterricht!			
3. **Wie schwer findest du ...?**	☺ leicht	😐 mittel	☹ schwer
Englisch zu verstehen, wenn es deine Lehrerin spricht?			
Englisch zu verstehen, wenn es andere Schüler sprechen?			
... ...			
4. **Was kannst du schon?** **Würdest du dir zutrauen ...**	ja, ich glaube schon ☺	ich weiß nicht 😐	nein, ich glaube nicht ☹
jemanden auf Englisch deinen Namen zu sagen?			
...			
8. **Wie sollten wir deiner Meinung nach im Englischunterricht lernen?**	☺ ganz oft	😐 manchmal	☹ nicht oft
alleine Aufgaben machen			
...			
11. Wie gut fandest du bisher ...?	☺ echt gut	😐 es ging so	☹ nicht gut
unsere Englisch AG?			
...			

Beispiel 2: Fragebogen zum Englisch- und Deutschunterricht in einem Jahrgang 6 („Blitzumfrage")

Jetzt bist du gefragt, sag deine Meinung zum Englisch- und Deutschunterricht!	
Mir gefällt am Englischunterricht besonders gut, dass ... 1. .... 2. .... 3.	Mir gefällt am Deutschunterricht besonders gut, dass ... 1. .... 2. .... 3. ....
Mir gefällt am Englischunterricht nicht so gut, dass ...	Mir gefällt am Deutschunterricht nicht so gut, dass ...
Ich habe folgende Vorschläge für den Englisch- und Deutschunterricht:	

Beispiel 2 zeigt, dass zur Evaluation von Unterricht auch sehr einfache Fragebogen eingesetzt werden können (hier im Sinne einer „Blitz-Umfrage" zur Evaluation des Deutsch- und Englischunterrichts in einem sechsten Jahrgang). Ausschließliches Ziel: eine sehr offene Rückmeldung der Schüler über den Unterricht. Die Ergebnisse der Befragung wurden nicht klassenübergreifend, sondern nur klassenintern veröffentlicht und bearbeitet.

2.8 Durchführung einer Befragung

Die höchsten Rücklaufquoten ausgefüllter Fragebogen erhält man bei Nutzung regulärer Zusammenkünfte betroffener Personengruppen. So eignet sich für eine Kollegiumsbefragung eine gemeinsame Konferenz oder Dienstbesprechung, eine Schülerbefragung bei klassenweise durchgeführten Unterrichtsstunden.

2.9 Die technische Auswertung eines Fragebogens

Bei der Auszählung quantitativer Befragungen kann ein Computer hilfreich sein. Der Aufwand lohnt sich aber erfahrungsgemäß erst ab einer gewissen Anzahl von Befragten.

Bei der Aufbereitung der Ergebnisse sollte man im Blick haben, dass die Analyse und Interpretation von Schaubildern und Tabellen gewisse Erfahrungen im „Lesen" dieser Darstellungsformen erfordert. Darüber hinaus muss damit gerechnet werden, dass bei Einzelnen generelle „Berührungsängste" gegenüber statistischen Verfahren vorkommen. Insofern können Lesehilfen für die Analysephase hilfreich sein.

Möglicherweise geringer sind diese Probleme bei der Darstellung von Ergebnissen offener Fragen. Hier stellt sich allerdings häufig das Problem, wie die nicht selten sehr unterschiedlichen Aussagen zu den abgefragten Themenbereichen zusammengefasst bzw. strukturiert werden können.

Die Verwendung offener Fragen zielt im Allgemeinen weniger auf quantifizierbare Ergebnisse als auf die Identifikation von vorhandenen Argumenten, Problemen, Erfahrungen oder Einstellungsmustern. Deshalb sollte man in einem ersten Schritt die zu einer Frage vorhandenen Antworten einer „Inhaltsanalyse" unterziehen und dabei die in den Aussagen der Befragten angesprochenen Themen- oder Problembereiche herausfiltern. In einem zweiten Schritt können dann alle einzelnen Aussagen und Statements den jeweiligen Bereichen zugeordnet werden und die zu jeder Kategorie genannten unterschiedlichen Argumente ggf. auch in ihrer quantitativen Häufung festgehalten werden.

2.10 Wie man Ergebnisse kommuniziert

Befragungen zu Schulentwicklungsprozessen werden erst dann wirksam unterstützt, wenn die Daten mit allen Beteiligten analysiert und kommuniziert werden. Von entscheidender Bedeutung ist deshalb das so genannte Daten-Feedback. Das gesamte Kollegium bzw. die betroffene Teilgruppe sollte teilnehmen. Leitfragen für den Ablauf einer solchen Daten-Feedbackkonferenz könnten sein:

- Welche „Stärken" der Schule bzw. des Teilbereichs lassen sich aufgrund der Befragungsergebnisse formulieren?
- Welche „Schwächen" der Schule bzw. des Teilbereichs lassen sich aufgrund der Befragungsergebnisse formulieren?
- Was hat sich bewährt? – Was hat sich nicht bewährt?
- Welche Ziele wurden erreicht? – Welche Ziele wurden nicht erreicht?
- Was sind besonders überraschende/erfreuliche/ärgerliche Ergebnisse?
- Welche Ergebnisse können wir uns nicht erklären?
- Wo besteht aufgrund der Ergebnisse Handlungsbedarf?

Ein weiterer zentraler Gesichtspunkt ist die Verknüpfung der Ergebnisdiagnose mit der Arbeits- bzw. Handlungsplanung. Als „Werkzeug" der Schulentwicklung zielt Evaluation auf Veränderung und Aktion. Ergebnis einer Daten-Feedbackkonferenz sollten deshalb **konkrete Vereinbarungen und Entscheidungen** über die weiteren Ziele und Handlungsschritte sein.

3. Checkliste für die Ausarbeitung eines Fragebogens

Formulierung des Untersuchungsgegenstands
- Über welche Bereiche benötigen wir Informationen? Was wollen wir wissen?
- Was wissen wir bereits? Was wissen wir noch nicht?
- Wen müssen wir befragen, um die notwendigen Informationen zu erhalten?
- Mit welchen Zielen stellen wir welche Fragen?
- Können wir die benötigten Informationen auch auf andere Weise erhalten?
- Würden wir unsere Ziele mit einer anderen Methode besser erreichen?
- Welchem Zweck dient der Fragebogen: Bedarfsermittlung/ Bewertung/Entscheidungshilfe/Ausweitung des Wissens über den Themenbereich ...?
- Zu welchen Entscheidungen/Folgen können wir die Daten nutzen?

Prozessgestaltung
- Wer soll an der Fragebogenausarbeitung beteiligt werden?
- Wer soll über den Einsatz des Instruments entscheiden?
- Welche Rolle spielen die Befragten bei der Erstellung des Fragebogens?
- Wie erfolgen Qualitätssicherung und Qualitätsentwicklung
- Wie groß ist die Bereitschaft bei den Beteiligten, einen Fragebogen zum Thema auszufüllen?
- Wie wird die Notwendigkeit der Befragung gegenüber den Befragten begründet?
- Wie wird die Notwendigkeit der Befragung gegenüber Personen begründet, über deren Tätigkeit Meinungen eingeholt werden?
- Wann und wo soll der Fragebogen ausgefüllt werden?
- Welche Informationen/Hilfen sind für das Ausfüllen notwendig?
- Kann der Datenschutz gewährleistet werden?

Aufbau des Fragebogens und Formulierung der Fragen
- Welche Instrumente/Fragebögen kennen wir zum selben Thema?
- Was können wir davon übernehmen?
- Welche Erfahrungen liegen mit dem Einsatz von Fragebögen in diesem Bereich vor?
- Welchem Zweck dienen einzelne Fragen: Bewertungen/Informationsgewinnung/Erhebung von Einstellungen etc.?
- Wie viel Zeit wollen wir den Befragten zum Ausfüllen zumuten?
- Welche Form von Fragen wollen wir stellen? „Geschlossene" Fragen/„offene" Fragen?
- Wie viel Zeit kalkulieren wir für die Aufarbeitung der Ergebnisse ein?
- Mit welchen Widerständen haben wir bei einzelnen Fragen von den Befragten zu rechnen?
- Sind die Fragen ethisch zu vertreten?
- Sind die Fragen konkret formuliert?
- Sind die Fragen verständlich formuliert?
- Sind die Fragen eindeutig formuliert?
- Sind die vorgegebenen Antwortalternativen gleichwertig?
- Welche Anordnung der Fragen im Fragebogen ist sinnvoll?
- Ist ein „Pretest" des Fragebogens notwendig?

Auswertung und weiterer Umgang mit den Informationen
- Welche Wirkungen kann die Befragung bei den Befragten auslösen?
- Wer übernimmt die technische Aufbereitung der Ergebnisse?
- Welche technischen Voraussetzungen sind für die Auswertung notwendig?
- Kann die Informationsmenge realistisch bearbeitet werden?
- Welche Hilfen/Unterstützung benötigen wir bei der Auswertung?
- In welcher Form sollen die Daten präsentiert werden?
- Wie lange dauert die technische Aufbereitung der Daten?
- Wer soll wann über die Ergebnisse informiert werden?
- Wer soll an der inhaltlichen Auswertung beteiligt werden?
- Welche weiteren Schritte sollen durch die Befragung vorbereitet werden?
- Wer entscheidet über die Verwendung der Daten?

Signatur des Originalbeitrages: E 4.1

Einarbeitung neuer Lehrkräfte als Beginn der Personalentwicklung

Leonhard Horster, Bocholt

Wenn sich Wissenslücken von Berufsanfängern vornehmlich auf das Betriebswissen ihrer Schule sowie das fach- und schulformspezifische Repertoire ihrer Fächer beziehen, dann ist der erstgenannte Bereich vornehmlich durch **selbstgesteuerte Aktivitäten** bearbeitbar, während es für den zweiten zusätzlich **besonderer Maßnahmen der Schulleitung** im Bereich der Personalentwicklung bedarf.

1. Das Betriebswissen der Schule erarbeiten

Zum Betriebswissen der Schule als einer pädagogischen Organisation gehören neben der Vertrautheit mit Regelungen, die den Unterricht im engeren Sinne betreffen, Kenntnisse vor allem über folgende Dimensionen:

Leitung

Wer nimmt welche Leitungsfunktion wahr? Gibt es eine offizielle/inoffizielle Arbeitsteilung zwischen dem Schulleiter und dem Stellvertreter? Welche Zuständigkeiten haben Abteilungs- und Stufenleiter? Gibt es entwickelte Zuständigkeiten von Klassenleitern und Fachkoordinatoren, die über Routineaufgaben (z. B. Führen von Listen und Organisieren von Bestellungen) hinausreichen? Gibt es Gelegenheiten und Verfahren, die jeweiligen Leitungsfunktionen zu thematisieren und gegebenenfalls ihren inhaltlichen Zuschnitt zu ändern? Wer bestimmt darüber, welche Personen welche Leitungsfunktionen wahrnehmen? Gibt es akzeptierte Prinzipien, an denen sich die Inhaber von Leitungsfunktionen orientieren?

Erziehung

Existiert an der Schule ein expliziter Kanon von Erziehungsgrundsätzen? Gibt es an der Schule einen praktizierten Zusammenhang zwischen fachlichem Lernen und Erziehung? Gibt es in der Schule Gelegenheiten und Formen, um Erziehungsfragen zu thematisieren und evtl. Dissense zu bearbeiten? Gibt es einen institutionalisierten Austausch zwischen Lehrkräften und Eltern über ihre jeweiligen Vorstellungen von Erziehung? Gibt es Formen, um die Eltern am schulischen Erziehungsauftrag zu beteiligen?

Beratung

Verfügt die Schule über ein innerhalb des Kollegiums und mit der Schulleitung abgestimmtes Beratungskonzept? Gibt es Personen im Kollegium, die über eine spezifische Ausbildung verfügen? Gibt es Formen einer institutionalisierten kollegialen Beratung? Welche Rolle spielen in diesem Zusammenhang Fach-, Klassen- und Jahrgangsstufenkonferenzen? Wie ist die Beratung von Eltern und Schülern organisiert: Gibt es feste Termine und Zuständigkeiten? Gibt es ein geregeltes Zusammenwirken unterschiedlicher Instanzen (Fachlehrer, Klassenlehrer, Stufenleiter, Schulleiter)? Gibt es Kontakte/Zusammenarbeit mit außerschulischen Beratungsinstanzen?

Qualitätssicherung/Qualitätsentwicklung

Gibt es für die verschiedenen Fächer und Jahrgangsstufen vereinbarte Kriterien und Indikatoren für die Beurteilung von Klassenarbeiten? Gibt es vereinbarte Regelungen, um die sonstige Mitarbeit von Schülerinnen und Schülern zu erfassen und zu bewerten? Gibt es Vereinbarungen/Arbeitsvorhaben von Fach- und Jahrgangsstufenkonferenzen, um die Qualität des Unterrichts zu verbessern? Gibt es etablierte Verfahren, um die aktuelle Qualität von Unterricht zu erheben und damit einer Verbesserung zugänglich zu machen?

Organisation/Verwaltung

Gibt es eine Aufteilung von Organisations- und Verwaltungsaufgaben nach unterschiedlichen Zuständigkeiten und Sachgebieten? Welche Personen sind mit spezifischen Aufgaben der Organisation und Verwaltung betraut?

An welchen Prinzipien orientiert sich die Erstellung des Stundenplanes? Welche Vorgaben sind hierbei zu beachten? Gibt es in diesem Zusammenhang ungelöste Probleme? Wie ist die Verwaltung der Schülerdaten (Personal- und Leistungsdaten) organisiert? Wer ist für die Kontrolle von Klassenbüchern und Kurslisten zuständig?

Die Antworten auf diese Fragen bieten wichtige Orientierungen für die alltägliche Arbeit über das Halten von Unterrichtsstunden hinaus; sie erst ermöglichen die Wahrnehmung der Lehrrolle in ihrer vollen Breite in den Segmenten Unterrichten, Beurteilen, Erziehen, Beraten und Organisieren/Verwalten.

Kenntnisse in diesem Bereichen können prinzipiell auf unterschiedliche Weise vermittelt/angeeignet werden: einmal auf dem Weg der *Instruktion* z. B. durch die Schulleitung bzw. ein anderes damit beauftragtes Kollegiumsmitglied oder auf dem Weg *der selbsttätigen Erkundung*.

Im Zusammenhang mit den hier angestellten Überlegungen wird für die selbsttätige Erkundung durch neue Kollegiumsmitglieder plädiert. Obwohl die genannten Dimensionen für das alltägliche Handeln von Belang sind, gibt es in vielen Schulen – außer der Schulleitung – nur wenige Personen, die über das hier einschlägige Wissen verfügen. Das hat u. a. damit zu tun, dass die entsprechenden Regelungen in den meisten Fällen in einem relativ langen Zeitraum entstanden und dabei nicht unbedingt aus einheitlichen Prinzipien abgeleitet worden sind, auch sind sie selten in allen Einzelheiten – etwa in Form eines Organisationshandbuches – schriftlich fixiert; bestenfalls lassen sich in Sitzungsprotokollen Hinweise finden, die über einen langen Zeitraum verstreut sind.

Die Erkundung dieser Regelungen durch ein neues Kollegiumsmitglied hat daher den Effekt, dass all diese z. T. bereits halb vergessenen Regelungen im Prozess der aktiven und selbsttätigen Aneignung im Austausch mit einer größeren Zahl von Kollegiumsmitgliedern wieder in das aktuelle Bewusstsein gehoben werden. Hierdurch erfüllt die selbsttätige Erkundung eine Funktion, die über die Information der neuen Lehrkraft hinausreicht und für das Kollegium insgesamt von Bedeutung ist. Überdies: Indem ein neues Kollegiumsmitglied selbsttätig und gleichsam mit dem „fremden Blick" einer Person, die nicht in die bisherige Schul- und Organisationsgeschichte involviert ist, die genannten Dimensionen erkundet, werden mit großer Wahrscheinlichkeit auch Lücken und Ungereimtheiten im ungeschriebenen Regelwerk der Schule deutlich. Diese Tatsache kann als Impulsgeber für neue Schritte in der Entwicklung der Schule genutzt werden.

Schulerkundung – Mitarbeitergespräch – Schulentwicklung
- Um diese Effekte zu realisieren, wird hier dafür plädiert, dass die Schulleitung mit neuen Kollegiumsmitgliedern bei deren Einstellung eine selbsttätig durchzuführende Erkundung der Schule als pädagogischer Organisation in den Dimensionen Leiten, Erziehen, Beraten und Organisieren/Verwalten verabredet und gleichzeitig einen Zeitraum vereinbart, innerhalb dessen diese Erkundung durchzuführen ist.
- Am Ende des Erkundungsvorhabens steht ein Mitarbeitergespräch, das die Schulleitung mit dem/den neuen Kollegiumsmitglied(ern) führt, in dem auch denkbare Entwicklungsnotwendigkeiten und -möglichkeiten der Schule aus der Sicht des neuen Kollegiumsmitgliedes angesprochen werden.

Auf diese Weise kann aus dem Informationsbedarf neuer Lehrpersonen zugleich ein Entwicklungsimpuls für die Schule abgeleitet werden.

2. Die fachliche und pädagogische Einarbeitung unterstützen, Stärken der neuen Lehrkraft nutzen

Lehrerinnen und Lehrer, die ihre erste Planstelle antreten, verfügen naturgemäß noch nicht über ein voll ausgebildetes fachliches Repertoire, das die unterrichtlichen und erzieherischen Erfordernisse der jeweiligen Schulform abdeckt, und häufig auch nicht über eine Vertrautheit mit den an der Schule eingeführten Lehrwerken. Hieraus resultiert ein im Vergleich zu berufserfahrenen Kollegen erheblich erhöhter Planungsaufwand für jede einzelne Unterrichtsstunde und damit eine insgesamt größere Beanspruchung durch den Beruf. Hier ist planvolles und einfühlsames Handeln der Schulleitung gefordert, um Dequalifizierungseffekte zu vermeiden.

Lehrkräfte, deren Unterrichtseinsatz nicht auf ihre spezifischen Bedürfnisse Rücksicht nimmt, werden über kurz oder lang für die Entlastungen sorgen, die sie für ihr berufliches Überleben benötigen. Die einschlägigen Strategien sind: ungenügende Vorbereitung des Unterrichts, Vernachlässigung erzieherischer Aufgaben, Vermeidung von Aufgaben, die über das bloße Lektionenhalten hinausreichen.

Diesen wildwüchsigen individuellen und pädagogisch destruktiven Entlastungsstrategien sollte die **Schulleitung** durch **gezielte Maßnahmen entgegenwirken**, die neuen Lehrpersonen die für die Festigung und Erweiterung ihrer Professionalität nötigen Spielräume eröffnen.

Entlastung gewähren, Kooperation fördern, besondere Kompetenzen nutzen, Unterrichtseinsatz strategisch planen

- Schulleiter sollten in ihrem Kollegium das Bewusstsein dafür wecken, dass der Status eines Berufsanfängers wegen seiner spezifischen Mehrarbeit vergleichbar entlastungsbedürftig ist wie die Übernahme von Sonderaufgaben durch eine berufserfahrene Lehrkraft. Entsprechend sollte ein Kollegium diesen Sachverhalt in ein Verhältnis zu anderen Mehrbelastungen setzen und darüber diskutieren, welches Maß an Stundenentlastung Berufsanfängern etwa für die Dauer der ersten beiden Berufsjahre gewährt werden kann.

- Bei der Unterrichtsverteilung sollten Schulleitungen so verfahren, dass sie Berufsanfänger auf keinen Fall damit betrauen, den kompletten Unterricht ihres Faches in einer Jahrgangsstufe abzudecken. Stattdessen sollten sie, bezogen auf ein bestimmtes Fach, eine Tandembildung von berufserfahrenen und neuen Kräften in Parallelklassen etablieren. Auf diese Weise kann ein kontinuierlicher Austausch über Fragen der Unterrichtsgestaltung, der Beurteilung von Schülerleistungen sowie über organisatorische und erzieherische Probleme angebahnt und begünstigt werden.

- Nicht jede Art von außerunterrichtlichen Aufgaben wird gleichermaßen als Belastung empfunden. Werden Berufsanfänger mit solchen Aufgaben in Bereichen betraut, in denen sie persönlich über spezifische Kompetenzen verfügen, wird dies eher als ein besonderer Vertrauensbeweis gewertet und zur Steigerung der Berufszufriedenheit beitragen. Schulleitungen sollten daher in Gesprächen mit Berufsanfängern solche Kompetenzen und Interessen in Erfahrung bringen und beim Einsatz der Kollegen berücksichtigen. Je nach Umfang können solche Tätigkeiten auch mit einem Teil des unterrichtlichen Einsatzes verrechnet werden.

- Der konzentrierte Unterrichtseinsatz von Berufsneulingen in nur einer Jahrgangs- oder Schulstufe bedeutet nur scheinbar eine Entlastung von der Notwendigkeit, sich in neue, vergleichsweise weit gespannte fachliche Zusammenhänge einzuarbeiten. Tatsächlich trägt er dazu bei, dass ein die gesamte Schulform umfassendes Unterrichtsrepertoire nur sehr verzögert aufgebaut werden kann. Aus diesem Grund sollte die Schulleitung den Unterrichtseinsatz neuer Lehrkräfte so vornehmen, dass er möglichst gleichmäßig über alle Schulstufen verteilt erfolgt. Für Schulformen der Sek I/II hat dies zur Folge, dass ein Berufsanfänger nach drei Jahren Unterricht in allen Jahrgangsstufen seiner Schulform erteilt und ein entsprechendes Repertoire entwickelt haben kann.

Alle diese Maßnahmen der Schulleitung sollten von in regelmäßigen Zeitabständen durchgeführten **Mitarbeitergesprächen** begleitet werden, um deren Wirksamkeit einschätzen und die aktuellen Bedürfnisse von Berufsanfängern als Grundlage für weitere Maßnahmen erfassen zu können. Mit zunehmender Einarbeitung können dann auch Aufgaben im Rahmen des Schulprogramms über den Unterrichtseinsatz im engeren Sinne hinaus übertragen werden.

Alle bisherigen Überlegungen sind vor allem darauf gerichtet, die Übernahme der Berufspraxis in ihrer vollen Breite zu begleiten und abzusichern. Eine professionelle Wahrnehmung der Lehrerrolle ist aber vor allem auch durch **Theorieorientierung** bestimmt. Bei vielen Lehrkräften ist jedoch mit zunehmender Berufspraxis eine allmähliches Verblassen von berufsrelevanten fachdidaktischen und allgemeindidaktischen Theoriekenntnissen festzustellen. An deren Stelle treten häufig alltagstheoretische Muster von begrenzter Gültigkeit und geringem Transferwert. Dieser Sachverhalt ist deswegen bedenklich, weil hierdurch selbstgesteuerte Verhaltenskorrekturen angesichts neuer fachlicher Fragestellungen und pädagogischer Herausforderungen deutlich eingeschränkt werden. Nicht selten immunisieren sich Lehrkräfte gegenüber dem Eindruck, mit neuen Entwicklungen nicht mehr zurechtzukommen, durch die Klage über nachlassende Fähigkeiten ihrer Schülerinnen und Schüler oder über wirklichkeitsferne Reformkonzepte der Schulbürokratie. Letztlich werden auf diese Weise die eigenen Handlungsprobleme damit erklärt und entschuldigt, dass sich die Umwelt ändert. Eine professionelle Wahrnehmung der Lehrerolle verlangt jedoch die Fähigkeit, sich selbstreflexiv und selbstgesteuert auf neue Bedingungen einstellen zu können. Hierzu liefern Theoriekenntnisse die notwendige Breite unterschiedlicher Deutungsmuster, die dazu beitragen können, die bisherige eigene Praxis in ihrer möglichen Begrenztheit zu erkennen und alternative Handlungsmuster zu entdecken.

> **Lernen durch Lehren – dem Theorieverlust entgegenwirken, die Selbstreflexivität stärken**
>
> - Eine Möglichkeit, dem schleichenden Theorieverlust entgegenzuwirken und damit die Selbstreflexivität zu stärken, bietet das Konzept „Lehrendes Lernen".
>
> - Bezogen auf die Situation von Berufsanfängern im Lehrerberuf kann dieses Konzept auf unterschiedliche Weise genutzt werden. So ist es etwa vorstellbar, Berufsneulingen nach einer gewissen Einarbeitungszeit, in der sie Gelegenheit hatten, ihre aus der Ausbildung mitgebrachten Theoriekenntnisse mit eigener Praxis zu verknüpfen und anzureichern, mit der Aufgabe zu betrauen, kleinere Fortbildungsangebote in einem fach- oder allgemeindidaktischen Zusammenhang anzubieten.
>
> - Um Akzeptanzprobleme zu mindern, können sich solche Angebote zunächst vornehmlich an Lehramtsanwärter richten. Hierzu können schulintern Verabredungen mit den Ausbildungskoordinatoren getroffen werden oder extern Vereinbarungen mit einem Studienseminar: Junge Lehrerinnen und Lehrer können wegen ihrer berufsbiografischen Nähe zu Theoriefragen im Studienseminar als Referenten zu begrenzten fach- oder allgemeindidaktischen Fragen vor dem Hintergrund ihrer eigenen Praxiserfahrungen eingesetzt werden.
>
> - Die Erfahrung z. B. von Fachleitern zeigt, dass ihr eigener Unterricht in dem Augenblick anspruchsvoller und variantenreicher geworden ist, wo sie durch den Auftrag der Theorievermittlung zwangsläufig in die Lage versetzt worden sind, ihre eigene Praxis an den von ihnen vertretenen Prinzipien zu messen. Ähnliche Effekte könnte das Konzept „Lernen durch Lehren" für Berufsneulinge haben. Über diese persönliche Wirkung hinaus könnte durch das skizzierte Verfahren auch die oftmals bestehende Kluft zwischen Schule und Ausbildungssystem wenigstens tendenziell vermindert werden.

Signatur des Originalbeitrages: C 2.6

Unterrichtsbesuch und Unterrichtsnachbesprechung

Leonhard Horster, Bocholt

Von vielen Schulleiterinnen und Schulleitern wird die ihnen auferlegte Verpflichtung, im Unterricht der Lehrkräfte ihrer Schule zu hospitieren und Nachbesprechungen durchzuführen, als eine heikle Aufgabe erlebt. Der vorliegende Beitrag zeigt einen Weg, wie sich Lehrperson und Schulleitungsperson in der Unterrichtsnachbesprechung auf ein praktikables Modell des zu besprechenden Unterrichts verständigen können.

1. Dreischritt von Rekonstruktion, Evaluation und Neukonstruktion

Die Unterrichtsnachbesprechung auf der Grundlage eines gemeinsamen Modells erfolgt in den Schritten von Rekonstruktion, Evaluation und Neukonstruktion. Durch die *Rekonstruktion* bereitet sich die Schulleitungsperson darauf vor, gemeinsam mit der Lehrperson eine *Evaluation* des unterrichtlichen Konzeptes durchzuführen und gegebenenfalls dessen *Neukonstruktion* vorzunehmen.

In einem ersten Arbeitsschritt ordnet die hospitierende Person ihre Eindrücke von der beobachteten Unterrichtsstunde. Sie versucht zunächst für sich, das Konzept der unterrichtenden Lehrperson nachzuvollziehen, indem sie sich fragt, worin deren *zentrale didaktische und/oder methodische Entscheidung* besteht und *welche Auswirkungen diese auf die verschiedenen unterrichtlichen Dimensionen* gehabt hat.

> **Beispiel:**
>
> Es macht einen erheblichen Unterschied aus, ob eine Lehrperson in ihrer *zentralen didaktischen und/oder methodischen Entscheidung* den Lehrvortrag wählt, um einen Sachverhalt zu vermitteln, oder ob sie diesen durch ein Schülerexperiment selbstständig erarbeiten lässt. Beide Entscheidungen haben unterschiedliche Auswirkungen auf die verschiedenen unterrichtlichen Dimensionen. Im ersten Fall besteht die *Lehrerrolle* darin, den *Unterrichtsstoff darzubieten*, im zweiten Fall darin, den *Lernprozess der Schüler zu organisieren*. Die *Aktivitäten der Schüler* werden im ersten Fall darin bestehen, der *Lehrperson zuzuhören* und sich gegebenenfalls Notizen zu machen, im anderen Fall werden sie weitgehend *selbstständig ein Experiment durchführen*.

Abb. 1 zeigt, wie in diesem Sinne die Rekonstruktion des Konzeptes einer Unterrichtsstunde systematisch durchgeführt werden kann. Auf dieser Basis kann die Schulleitungsperson für sich zu einer ersten Einschätzung der Unterrichtsstunde gelangen.

1.1 Rekonstruktion

a) Welches **Konzept** liegt der Unterrichtsstunde zugrunde: Was sind die zentralen didaktischen und/oder methodischen Entscheidungen, die die Lehrperson getroffen hat? Welche Funktion(en) hat die Stunde im Lern- und Arbeitszusammenhang der Unterrichtsreihe: Eröffnung, Problemstellung, Planung, Problemlösung, Übung, Übertragung, Abschluss ...?

b) In welchen **unterrichtlichen Dimensionen** hat dieses Konzept seinen Niederschlag gefunden?

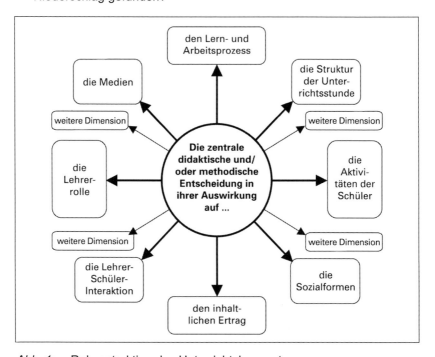

Abb. 1: Rekonstruktion des Unterrichtskonzeptes

Die Antworten auf die beiden Leitfragen kann die Schulleitungsperson im Sinne der Grafik in ein Modell der Unterrichtsstunde umsetzen und hierauf ihre ersten Einschätzungen und Bewertungen stützen. Auf einem leeren Blatt können die Beobachtungen und Deutungen zu einer konkreten Unterrichtsstunde eingetragen werden.

Nachdem die Schulleitungsperson im Sinne des hier entwickelten Vorschlags zunächst für sich versucht hat, das Konzept der Unterrichtsstunde nachzuvollziehen, beginnt nun die **Unterrichtsnachbesprechung**:

1. Die Schulleitungsperson klärt mit der Lehrperson ab, ob die von ihr vorgenommene Rekonstruktion der Unterrichtsstunde mit den Intentionen und Planungen der Lehrperson übereinstimmen. Als Gesprächseröffnung könnte die Schulleitungsperson etwa formulieren: *„Wie ich Ihre Unterrichtsstunde verstanden habe, hat ihre zentrale didaktische/ methodische Entscheidung darin bestanden, dass ..."* oder: *„Wenn ich das Konzept Ihrer Unterrichtsstunde richtig deute, ist es Ihnen besonders darum gegangen, ...".* Dort, wo die Lehrperson den Deutungen der Schulleitungsperson nicht zustimmen kann, werden die Notizen der Schulleitungsperson korrigiert bzw. ergänzt. Am Ende dieses Arbeitsschrittes verfügen beide Personen über ein annähernd gleiches Verständnis der abgelaufenen Unterrichtsstunde.

2. Nun treten beide Personen in die Phase der Evaluation ein; die entsprechenden Notierungen der Schulleitungsperson dienen (neben den Wahrnehmungen der Lehrperson) hierfür als eine Arbeitsgrundlage. Gemeinsam wird der Unterrichtsverlauf in seinen verschiedenen Dimensionen im Hinblick auf die Bearbeitung des Unterrichtsgegenstandes, das Verhalten der Lerngruppe, das Verhalten der Lehrperson und den Interaktionsprozess erörtert. Hierfür bieten die folgenden Leitfragen eine mögliche Orientierung.

1.2 Evaluation

Welche **positiven Eindrücke** konnten gewonnen werden:

- im Hinblick auf die Bearbeitung des **Unterrichtsgegenstandes,**
- im Hinblick auf das Verhalten der **Lerngruppe,**
- im Hinblick auf das Verhalten der **Lehrperson,**
- im Hinblick auf den **Interaktionsprozess**?

Welche **Schwierigkeiten** konnten beobachtet werden:

- im Hinblick auf die Bearbeitung des **Unterrichtsgegenstandes,**
- im Hinblick auf das Verhalten der **Lerngruppe,**
- im Hinblick auf das Verhalten der **Lehrperson,**
- im Hinblick auf den **Interaktionsprozess**?

Gibt es einen **plausiblen Zusammenhang** zwischen der zentralen didaktischen und/oder methodischen Entscheidung und

- den positiven Eindrücken,
- den Schwierigkeiten?

Lassen sich **unterrichtliche Dimensionen** identifizieren, in denen die zentrale didaktische und/oder methodische Entscheidung nicht (konsequent genug) umgesetzt worden ist?

Wird die zentrale didaktische und/oder methodische Entscheidung durch den Unterrichtsverlauf

- insgesamt **bestätigt** oder
- muss sie (in Teilen) **revidiert** werden?

Gibt es neben der zentralen didaktischen und/oder methodischen Entscheidung sowie der Art ihrer Umsetzung **andere Faktoren,** die den Unterrichtsverlauf positiv oder negativ beeinflusst haben könnten?

1.3 Neukonstruktion

Auf der Grundlage von Rekonstruktion und Evaluation können nun Schulleitungsperson und Lehrperson über die Notwendigkeit einer Revision des unterrichtlichen Konzeptes oder seiner Umsetzung in einzelnen Dimensionen nachdenken. Hierbei können sie die folgenden **Leitfragen** durcharbeiten:

a) In welchen unterrichtlichen Dimensionen ist es gelungen, die zentrale didaktische/methodische Entscheidung plausibel umzusetzen?

b) Welche Möglichkeiten gibt es, um das gewählte didaktisch-methodische Konzept noch konsequenter umzusetzen?

c) Muss das gewählte didaktisch-methodische Konzept (in Teilen) revidiert werden? Wie könnte eine solche Revision aussehen?

d) Welche anderen Faktoren, die den Unterrichtsverlauf beeinflusst haben, sind bei Revisionsüberlegungen zu berücksichtigen? Zu welchen Veränderungen könnte dies führen?

e) Welche Aspekte der beobachteten Unterrichtsstunde sollten als positive Elemente auch künftig Berücksichtigung finden?

2. Gemeinsame Reflexion der Unterrichtsnachbesprechung

Um die Unterrichtsnachbesprechung auf einer gemeinsamen Erfahrungsgrundlage von Schulleitungs- und Lehrperson zu optimieren, sollten sich beide Zeit nehmen, ihre Gesprächserfahrungen und gegenseitigen Wahrnehmungen miteinander auszutauschen. Die folgenden **Fragen können** hierfür eine **Hilfestellung sein.** Die beiden Personen sollten eine Zeitspanne verabreden, in der jede von ihnen in Einzelarbeit diese Fragen als Vorbereitung auf das gemeinsame Reflexionsgespräch beantworten kann. Es kann möglicherweise auch sinnvoll sein, sich für die Dauer der Vorbereitung zu trennen und nicht im gleichen Raum zu bleiben.

> **Mögliche Fragen der Schulleitungsperson:**
>
> – Wie habe ich mich während der Unterrichtsnachbesprechung als Schulleitungsperson gefühlt? Wodurch ist dieses Gefühl entstanden?
> – Was hat mir besondere Mühe bereitet?
> – Wie habe ich die Lehrperson erlebt: ... als reflexionsfähig, ... lernoffen, ... interessiert an anderen Standpunkten?
> – Welchen Eindruck habe ich nachträglich vom Gesprächsverlauf?
> – Habe ich den Eindruck, durch die Nachbesprechung eine positive Wirkung erzielt zu haben?

> **Mögliche Fragen der Lehrpersonen:**
>
> – Wie habe ich mich während der Unterrichtsnachbesprechung als Lehrperson gefühlt? Wodurch ist dieses Gefühl entstanden?
> – Wie habe ich die Schulleitungsperson erlebt: ... als sicher, ... helfend, ... offen für meine Perspektive?
> – Was hat mir geholfen? Was hat mich gestört?
> – Welchen Eindruck habe ich nachträglich vom Gesprächsverlauf?

Auf der Grundlage des anhand dieser Fragen geführten Reflexionsgespräches können dann **Vereinbarungen** für die Durchführung künftiger Unterrichtsnachbesprechungen getroffen werden.

3. Das Problem der Maßstäbe: Was kennzeichnet guten Unterricht?

Im Zusammenhang mit der Beobachtung und Nachbesprechung von Unterricht kommt der Frage nach den Kriterien für guten Unterricht sicherlich ein zentraler Stellenwert zu. In der einschlägigen Literatur sowie in behördlichen Handreichungen, z. B. zur dienstlichen Beurteilung, existieren die unterschiedlichsten Kataloge zur Beantwortung dieser Frage. Die meisten dieser Kataloge wählen einen bestimmten Ausschnitt aus der Fülle denkbarer Kriterien vor dem Hintergrund eines bestimmten didaktischen Konzeptes aus, ohne dass dieses unbedingt explizite vorgestellt oder den Autoren sogar als ein solches bewusst sein muss.

Bei aller Unterschiedlichkeit und Ausschnitthaftigkeit wirken die meisten solcher Kriterienkataloge auf den Leser durchweg plausibel, sodass man sich die Frage stellen muss, was dem einen Katalog gegenüber den anderen den Vorzug geben lässt. Auch zeigt die Erfahrung, dass bei ausreichender Zeit die meisten Personen, die sich professionell mit Unterricht beschäftigen, zu einer vergleichbaren Aufzählung von Qualitätskriterien gelangen werden. Das **Problem der Vergleichbarkeit der Maßstäbe** scheint also nicht so sehr darin zu bestehen, *welche Maßstäbe überhaupt zur Beurteilung von Unterricht herangezogen werden, sondern wie die einzelnen Kriterien im Gesamt der denkbaren Maßstäbe gewichtet werden.* Hier gibt es individuell deutliche Unterschiede, die mit den persönlichen Wertvorstellungen und Lernbiographien der beteiligten Personen zusammenhängen.

„Der Anspruch, allgemein gültige Kriterien für die Unterrichtsbeurteilung bereitzustellen, lässt sich mit Hilfe eines Katalogs nicht aufrechterhalten. Diesem Bemühen steht die Tatsache der ‚Mannigfaltigkeit' entgegen, in der sich unterrichtliche Prozesse zeigen. Ein interkultureller Vergleich, ein Vergleich des Unterrichts verschiedener Schulstufen, in verschiedenen Schulen, Schularten, Fächern und ein Vergleich verschiedener Unterrichtskonzeptionen macht deutlich, dass diese sehr unterschiedlichen Prozesse nicht sinnvoll mit denselben Kriterien beurteilt werden können."[1]

Wenn es den einen allgemein gültigen Katalog für die Unterrichtsbeurteilung in jedwedem Zusammenhang nicht gibt, kommt es darauf an, die **individuellen Vorstellungen** innerhalb eines Lehrerkollegiums **zur Grundlage einer gemeinsam zu treffenden** und in der Alltagsarbeit umzusetzenden **Vereinbarung zu machen**. Der Inhalt einer solchen Vereinbarung kann nicht hierarchisch und normativ von der Schulleitung vorgegeben werden, sondern ist in einem möglichst weitgehenden Konsens von den beteiligten Personen untereinander auszuhandeln. Nur dann ist eine Wahrscheinlichkeit dafür gegeben, dass sich die beteiligten Personen in ihrem Handeln nach diesen Kriterien richten werden.

Für diesen Aushandlungsprozess bietet die **Zielklärungsübung „Was kennzeichnet guten Unterricht?"** ein Verfahren an, das prinzipiell in allen Schulformen und in Lehrerkollegien unterschiedlicher Größe eingesetzt werden kann. Die durch diese Zielklärungsübung vereinbarten Vorstellungen von gutem Unterricht können die im Kollegium akzeptierte Bezugsgröße für Unterrichtsnachbesprechungen bilden und an die Stelle individueller Kriterienkataloge treten, die wegen ihrer Abhängigkeit von der Subjektivität einzelner Personen wenig Verbindlichkeit besitzen. In diesem Zusammenhang käme der Schulleitung dann die Aufgabe zu, nicht ihrerseits die Merkmale guten Unterrichts selbst zu definieren, sondern innerhalb des Kollegiums einen **Klärungs- und Verständigungsprozess** zu initiieren, der in diesem Bereich für eine möglichst weit gehende Übereinstimmung sorgt und die Betroffenen zu Beteiligten macht.

Auf dieser Grundlage können dann auch innerhalb eines Kollegiums mittelfristig Überlegungen angestellt werden, ob **Unterrichtsbesuch und Unterrichtsnachbesprechung** nicht nur **als Instrument der Schulleitung eingesetzt werden sollen, sondern als ein Verfahren** *kollegialer* **Qualitätssicherung und Qualitätsentwicklung** genutzt werden können.

Zielerklärungsübung: Was kennzeichnet guten Unterricht?

Intention: Einen möglichst weitgehenden Konsens innerhalb einer Lehrergruppe über ihre Vorstellungen von gutem Unterricht herbeiführen. Die Übung wird in Gruppen von nicht mehr als sieben Personen durchgeführt.

1. Schritt: Jeder Teilnehmer erhält eine beliebige Anzahl von Karten, auf denen er jeweils *ein* mögliches Merkmal von gutem Unterricht notiert. Das Merkmal sollte knapp formuliert und in großer Schrift notiert werden, damit es bei der Präsentation im Plenum noch aus einiger Entfernung gelesen werden kann. Dieser Arbeitsschritt wird in Einzelarbeit durchgeführt, damit sichergestellt werden kann, dass wirklich die individuellen Vorstellungen aller Teilnehmer zur Sprache kommen und nicht schon frühzeitig eine Konzentration auf die Auffassungen der Meinungsführer stattfindet.

2. Schritt: Wenn alle Mitglieder einer Gruppe den 1. Arbeitsschritt beendet haben, werden die Karten für alle lesbar in die Mitte des Tisches gelegt. Um eine größere Übersichtlichkeit zu erzielen, können dann zunächst alle inhaltlichen Dubletten ausgesondert werden. Nun beginnt die Diskussion in der Gruppe:

a) Die Aussagen mancher Karten stehen einander inhaltlich sehr nahe. Durch Diskussion in der Gruppe sollten die Karten in einem ersten Schritt nach inhaltlicher Nähe geordnet bzw. gruppiert werden.
b) Man kann auch übereinkommen, einzelne Karten, über die kein Konsens besteht, nicht weiter zu benutzen, also auszusortieren.
c) Dann sollte versucht werden, daraus ein „Merkmale-Bild" bzw. „Merkmale-Profil" zu gestalten, etwa so:

Die Frage, ob es sich bei den einzelnen Merkmalen um ein zentrales oder peripheres Merkmal handelt, wird von der Gruppe gemeinsam entschieden. Dies zwingt dazu, die individuellen Prioritäten-Setzungen innerhalb der Gruppe einem Konsens nahe zu bringen.

Im Prozess der Konsensbildung kann es zu **zwei Fehlformen** kommen, die verschleiern sollen, dass in der Gruppe die unterschiedlichen Auffassungen nicht wirklich ausdiskutiert worden sind:

Die *eine Fehlform* besteht darin, die Begriffe auf einem so hohen Abstraktionsniveau anzusiedeln, dass ihnen jeder zustimmen kann. Erst wenn man nach Konkretisierungsformen dieser Begriffe fragt, wird der Dissens deutlich.

Die *andere Fehlform* gibt sich dadurch zu erkennen, dass eine inhaltlich leere Kategorie zum zentralen Merkmal erklärt wird, z. B. „Mittelpunkt des guten Unterrichts ist der Schüler". Dieser Aussage können dann als periphere Bestimmungen prinzipiell alle Aussagen über Unterricht zugeordnet werden, ohne dass die Personen, die sich über ihre Prioritäten verständigen wollen, ernsthaft ihre unterschiedlichen Auffassungen diskutiert hätten.

Mit einem Formal-Konsens ist dem Verständigungsprozess des Kollegiums jedoch nicht gedient, weswegen für die Diskussion innerhalb der Gruppen genügend Zeit zur Verfügung stehen sollte.

d) Schließlich sollte das gemeinsam entwickelte Merkmale-Profil für die gegenseitige Vorstellung im Plenum auf ein großes Blatt geklebt werden. Graphische Ausschmückungen als zusätzliche Verdeutlichung der Zusammenhänge zwischen den verschiedenen Merkmalen sind sinnvoll.

3. Schritt: Die im Plenum ausgehängten Merkmale-Profile werden miteinander verglichen und diskutiert: Stimmen die verschiedenen Merkmale-Profile weitgehend überein oder ergeben sich deutliche Unterschiede? Worin bestehen diese? Sind diese Unterschiede für die praktische Unterrichtsarbeit von Belang? Welche Konsequenzen sind aus diesen Unterschieden zu ziehen? Können sie aufgelöst werden oder markieren sie einen Dissens innerhalb des Kollegiums?

4. Schritt: Auf der Grundlage der Diskussion im Plenum werden die Gruppenplakate ergänzt oder sonst wie modifiziert. Man kann auch überlegen, ob eines der Plakate am ehesten die Tendenzen aller anderen Gruppen zusammenfasst.

Literaturverzeichnis:

[1] *Becker, G. E.:* Auswertung und Beurteilung von Unterricht. Handlungsorientierte Didaktik, Teil III. Weinheim und Basel 1993, S. 169.

Memmert, W.: Kunstfehler beim Unterrichten. In: *Schwarz, B./Prange, K.* (Hrsg.): Schlechte Lehrer/innen. Zu einem vernachlässigten Aspekt des Lehrberufs. Weinheim und Basel 1997.

Signatur des Originalbeitrages: E 3.3

Aufbau eines Systems gegenseitiger Hospitation

Roland Schiefelbein, Nettetal/Veronika Wolters, Nettetal

1. Die Schulleitung organisiert gegenseitige Unterrichtsbesuche

Wir fassten einstimmig den Beschluss, die Probe aufs Exempel zu machen und uns alle gegenseitig im Unterricht zu besuchen.

> Dazu stellten wir folgende **Bedingungen** auf:
>
> 1. Der besuchte Kollege legt die Lerngruppe und den Termin fest, an dem er besucht werden will.
>
> 2. Er erteilt dem hospitierenden Kollegen einen oder mehrere Beobachtungsaufträge, z. B. bestimmte Schüler in den Blick zu nehmen, die Lehrerimpulse zu protokollieren, den Anteil der Schüler- und Lehreraktivitäten festzuhalten usw.
>
> 3. Es findet zeitnah eine Nachbesprechung des Unterrichts statt.
>
> 4. Falls es nicht anders möglich ist, einen Unterrichtsbesuch zu arrangieren, wird der Unterricht des besuchenden Kollegen vertreten und als Fortbildung deklariert!
>
> 5. Alle Hospitationen sollen innerhalb eines Zeitraums von zehn Wochen stattgefunden haben.

2. Erfahrungen der Schulleitungsmitglieder mit den Hospitationen

> **Die erste Stunde mit Hospitation – die Sicht des Schulleiters**
>
> *Ich stelle einmal meine erste persönliche, emotionale Erfahrung an den Anfang: Am Vorabend des Besuchs meiner Stellvertreterin in der Schulleitung in einem Grundkurs Deutsch, 9. Jahrgang, bekam ich plötzlich auftretendes Herzklopfen und es überfiel mich eine gewisse Unruhe. Dieser begegnete ich damit, dass ich mich an den Schreibtisch setzte, um die Planung der Stunde noch einmal zu überdenken.*

> *Stimmt der Impuls an dieser Stelle? Wie wird Susanne mit folgender Aufgabenstellung umgehen? „Flippt" sie aus, wenn ihr die Aufgabe zu schwer erscheint? Wie stehe ich dann da, wenn sie wieder ausfallend wird? Da war der Beweis für die These von der tief sitzenden Angst!*
>
> *Übrigens: Susanne „flippte" nicht aus und ich wurde während des Unterrichts immer ruhiger. Ich bekam in unserer sehr offenen Nachbesprechung sowohl Bestätigung für gelungenes Planen und Handeln als auch kritische Fragen und Anmerkungen zu hören zu Aspekten, die ich aus meiner Selbstwahrnehmung durch langjähriges Training ausgeblendet hatte. Vor allem erfuhr ich dabei, dass mein Anteil am Unterrichtsgeschehen gegenüber den Schüleraktivitäten viel zu hoch ist, eben ein typisch lehrerzentrierter Unterricht.*

Konsequenzen für den eigenen Unterricht

Ich arbeitete bei der Vorbereitung der nächsten Stunden konsequent daran, den Anteil der Schüleraktivitäten deutlich zu erhöhen, und rückte diese Fragestellung in den Mittelpunkt der Beobachtung bei den Besuchen der übrigen Schulleitungsmitglieder. Deren Beobachtung und Rückmeldung waren mir eine große Hilfe bei der systematischen und nachhaltigen Verbesserung meines eigenen Unterrichts.

Erfahrungen mit Hospitationen bei Kollegen

Sehr wertvoll waren auch meine Hospitationen bei den Schulleitungsmitgliedern. Ich erhielt eine Fülle von Anregungen für meinen eigenen Unterricht, erfuhr viel von den „heimlichen Lehrplänen" der Kollegen, erkannte strukturelle Probleme, die auf anderen Ebenen gelöst werden müssen (z. B. in Fachkonferenzen oder Jahrgangsteams), erlebte unterschiedliche Beziehungsmuster zwischen Schulleitungsmitgliedern und Schülern und präzisierte nach und nach meine hypothetischen Annahmen über die Gestaltungsweisen des Unterrichts der Kollegen. Kurzum: **Jeder hatte etwas anzubieten, was sich zur Nachahmung empfahl**, und alle „kochten auch nur mit Wasser".

Gerade der letzte Aspekt kann auch für Kollegen entlastend sein, die an ihren eigenen Unterricht (zu) hohe Erwartungen knüpfen, denen sie oft nicht gerecht werden, von anderen Kollegen aber denken, dass sie es besser hinbekommen als sie selbst.

Übrigens fand der letzte Besuch in meinem Unterricht durch den didaktischen Leiter unserer Schule wegen Terminproblemen in einer Vertretungsstunde statt, für die ich leider keine Vorbereitungen durch den abwesenden Kollegen erhalten hatte. Aus dieser Situation ergab sich eine sehr fruchtbare Diskussion über das, was in solchen Alltagssituationen im Unterricht machbar ist und was nicht, und an welchen strukturellen Problemen des Vertretungsunterrichts noch gearbeitet werden muss.

Die Erfahrungen der übrigen Schulleitungsmitglieder waren ähnlich wie die oben beschriebenen, sodass wir uns nach der Abschlussdiskussion einhellig vornahmen, das Thema in der nächsten Lehrerkonferenz auf die Tagesordnung zu setzen.

3. Vorstellung der Hospitationsabsichten im Kollegium

Unsere Absicht war, unser Projekt vorzustellen, über die sehr positiven Erfahrungen zu berichten und systematische Unterrichtshospitationen im Kollegium als geeignetes Instrument zur Unterrichtsentwicklung vorzuschlagen.

Schon in der Vorbereitung der Konferenz durch die Schulleitungsmannschaft wäre sicher etwas mehr Nüchternheit und weniger Euphorie angebracht gewesen! So wäre uns allen vielleicht eine Menge Frustration erspart geblieben.

Nachdem wir mit großer Begeisterung das Konzept vorgestellt und von unseren guten Erfahrungen berichtet hatten, wollten wir bewusst keinen Raum geben für eine lange „Lehrerdiskussion" mit 68 Kollegen, in der doch häufig mehr zerredet wird, als etwas konstruktiv aufgebaut. Stattdessen sollten die Kollegen in kleinen Arbeitsgruppen überlegen, wie sie unsere Erfahrungen für sich nutzen konnten und, falls sie wollten, wie man die Hospitationen systematisch organisieren sollte. Der Vorschlag der Schulleitung war, sich an unseren Vorgaben (siehe oben) zu orientieren, einschließlich der Möglichkeit, besuchende Kollegen in ihrem planmäßigen Unterricht notfalls vertreten zu lassen, selbstverständlich bei selbst vorbereiteten Aufgabenstellungen für den Vertretungslehrer.

Das Ergebnis war alles andere als erwünscht. Man fand zwar unsere Vorleistung durchaus anerkennenswert und sogar mutig, fand aber für sich viele Argumente, warum das Modell nicht übertragbar sei:

- „Wann sollen wir denn das noch machen bei den Belastungen des Alltags?"
- „Dann fällt ja noch mehr planmäßiger Unterricht aus!"
- „Das bringt doch nichts, wenn das nur einzelne Stunden sind!"
- „Für den besuchten Kollegen bedeutet das doch nur Stress!"

So oder ähnlich lauteten die Argumente gegen das Vorhaben. War sie da wieder, die tief sitzende Angst?

Es erschien uns jedenfalls nicht ratsam zu sein, ein Vorhaben in dieser Konferenz „durchzuboxen", von dem der größte Teil des Kollegiums (noch) nicht überzeugt war. Zumal auch Stimmen laut wurden, dass „uns etwas aufgedrückt werden soll, was wir gar nicht haben wollen".

Wir beließen es zunächst bei dem Angebot, alle Kollegen von Seiten der Schulleitung zu unterstützen und zu beraten, die sich gegenseitig im Unterricht hospitieren wollten. Leider wurde von dem Angebot wenig Gebrauch gemacht und selbst interessierten und motivierten Kollegen gelang es nicht, in Eigenregie gegenseitige Besuche zu arrangieren. Es mussten von der Schulleitung strukturelle Voraussetzungen geschaffen werden, die das Vorhaben organisatorisch erleichtern.

4. Gründung eines Interessentenkreises „Gegenseitige Unterrichtshospitation"

Die Schulleitung entwickelte einen Fragebogen, auf dem sie das Vorhaben noch einmal erläuterte und nachfragte, welche Kollegen grundsätzlich an der Teilnahme interessiert seien. Es meldeten sich 18 Kollegen, die ihr Interesse bekundeten.

Diese Kollegen wurden von meiner Stellvertreterin und mir zu einem ersten Treffen eingeladen, auf dem die Motive, die Erwartungen und die möglichen Vorgaben offen besprochen werden sollten. Dieses Treffen fand unter Inkaufnahme von teilweisem Unterrichtsausfall bzw. Vertretungsunterricht einiger beteiligter Kollegen statt!

Es bestand schnell Einigkeit darin, die Vorgaben der Schulleitung zu übernehmen und sich selbst einen Zeitrahmen von sechs Wochen zu setzen, innerhalb dessen sich je drei Kollegen gegenseitig im Unterricht besuchen wollten. Soweit es ging, wurden nach Sichtung der einzelnen Kollegenstundenpläne bereits Termine festgelegt.

So gingen wir auseinander, nachdem wir das nächste Treffen zu einem ersten Erfahrungsaustausch ebenfalls terminlich festgelegt hatten.

Im Verlauf der Hospitationsphase wurde nur vereinzelt von der Möglichkeit, den eigenen Unterricht vertreten zu lassen, Gebrauch gemacht!

5. Resümee und Perspektiven für die Zukunft

Das Wichtigste zuerst: Das, was der Erfahrungsbericht (s. o.) darstellt, war die einhellige Meinung aller beteiligter Kollegen bei der ersten Nachbesprechung. Es bestand der große Wunsch der Kollegen, dieses Instrument zur Unterrichtsentwicklung fortzuführen, auszubauen und zu systematisieren.

Es ist bis jetzt nicht mehr, aber auch nicht weniger als ein ermutigender Anfang gemacht worden. Die beteiligten Lehrer haben Mut gefasst, die Beratung vertrauter Kollegen – auch in Krisensituationen – im Unterricht anzunehmen und zu nutzen.

Der Austausch im Kollegium über die gemachten Erfahrungen hat die Neugier eines Teils bisher unbeteiligter Kollegen geweckt, sodass sich der Kreis der Beteiligten sicher vergrößern wird.

Der nächste Schritt wird sein, **aus den Einzelaktionen ein Konzept zu entwickeln**, das zu einer systematischen Weiterentwicklung des Unterrichts führt. Wir haben ein „Instrument" geschaffen, die „Noten" und die „Partituren" müssen noch geschrieben werden. Dabei sind wir für jeden Rat und für jede Hilfe von außen dankbar.

Literaturhinweis:
Buhren, C.: Kollegiale Hospitation: Verfahren, Methoden und Beispiele aus der Praxis. Köln: Link 2011.

Signatur des Originalbeitrages: E 2.21

Für jede Lehrkraft einen Arbeitplatz schaffen

Egon Tegge, Hamburg

Die Forderung an den Schulträger, für die Lehrkräfte einen eigenen Arbeitsplatz zu schaffen, bleibt in den meisten Fällen aus den verschiedensten Gründen, überwiegend aber aus finanziellen, ohne Resonanz. So bleibt nur zu versuchen, dem Ziel z. B. durch eine **Umnutzung** von verschiedenen Räumen näher zu kommen. Nachfolgend der Versuch eines mittelgroßen Gymnasiums, jeder Lehrkraft den eigenen Schreibtisch zu bieten – ohne großes Bauprogramm.

1. Vorteile individueller Arbeitsplätze in der Schule

1.1 Optimierung der Zusammenarbeit des schulischen Personals

Welche Vorteile individuelle Arbeitsplätze in der Schule bieten können und wie damit die Zusammenarbeit innerhalb des Kollegiums optimiert werden kann, ist in der Übersicht auf der folgenden Seite dargestellt.

Weitergehend wäre eine Lösung, **Lehrkräfte mit gleichen Fächern oder Jahrgangsteams in gemeinsamen Büroräumen** unterzubringen, wobei dann die überwiegend gegebene Zweifachlichkeit rasch die Grenzen aufzeigt.

Umgekehrt sind Jahrgangsteammodelle mit erheblichen Weiterungen in der Einsatzplanung verbunden. Die geschaffenen Räumlichkeiten sind dann eher Kommunikationsräume für die Teams, die auch von den Schülern aufgesucht werden – pädagogisch sicher sehr wertvoll, aber sie schaffen keine individuellen Arbeitsplätze für die betroffenen Jahrgangsteammitglieder. Wo dies aber kombinierbar ist, kann es ein sinnvoller Weg sein; und dies gilt mehr für Jahrgangsteams (z. B. wegen der nicht unerheblichen Fluktuation) als für Fachschaftsräume. Hier läuft die Schulleitung insbesondere bei der ungleichen Verteilungen der Fachschaften Gefahr, an einem zu hoch gesteckten Ziel zu scheitern: Man bekommt leicht vier Kunstlehrkräfte in ein gemeinsames Büro, aber was macht man mit der 12-köpfigen Fachschaft Deutsch, deren Mitglieder acht verschiedene Zweitfächer haben?

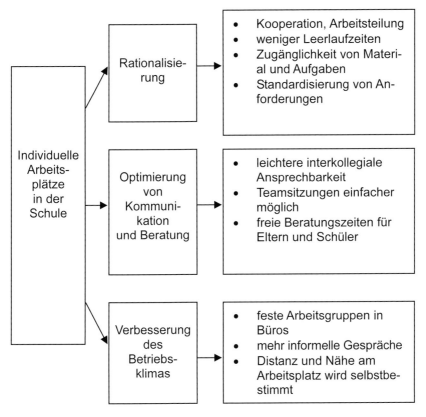

Übersicht 1: Vorteile individueller Arbeitsplätze in der Schule

1.2 Vereinfachung und Verbesserung der Schulorganisation

In dem Maße, wie Lehrkräfte Nichtunterrichtszeit nicht mehr als nutzlose Zeit empfinden, sondern die Möglichkeit haben, ihren schulischen Büroraum aufzusuchen, wird die Einführung ganztagsschulspezifischer Organisationsformen einfacher, da die damit verbundenen Freistunden nicht mehr bekämpft und damit von der Schulleitung nach Möglichkeit klein gehalten werden müssen. Folgende **Vorteile** sind damit verbunden:

- Die Einführung eines **konsequenten Doppelstundenprinzips**: Damit lässt sich die Anzahl der Lehrkräfte und damit der Fächer am Schultag deutlich reduzieren und folglich auch die Konzentration der Schüler erhöhen. Die stundeninterne Rhythmisierung, mit deutlichen Stillarbeitsphasen etc., wird dadurch erleichtert. Wenn man diese Blöcke darüber hinaus nach pädagogischen Anforderungen über die Woche verteilen will, hat dies häufig eine „Verschlechterung" der Pläne für die Kolleginnen und Kollegen zur Folge. Auf gleicher Ebene liegen Projektunterrichtsformen, die regelhaft im Schuljahresrhythmus verortet sind. Auch diese Form schulischer Arbeit führt häufig zur Verlängerung der individuellen Präsenz der Lehrkräfte an der Schule.

- Die **Mittagspause** selbst oder/und Kursangebote von Nichtlehrkräften in der Mittagspause führen dazu, dass eine ganze Reihe von Lehrkräften nicht eingesetzt wird und im klassischen Sinn weitere Freistunden erhält.

- Schließlich ist die **Länge des „ganzen Tages"** an der Ganztagsschule elementar mit dieser Frage verknüpft. Ob Ihr Schultag bis 15.00 Uhr oder 16.00 Uhr dauert, ob Sie darüber hinaus zusätzliche, weitere Lern- oder Betreuungsangebote vorhalten können, hängt entscheidend von der Akzeptanz Ihrer Lehrkräfte ab und diese wiederum von deren Wohlbefinden im schulischen Umfeld – hier spielt das Angebot und die Qualität des schulischen Arbeitsplatzes eine entscheidende Rolle.

1.3 Verbesserung des Betriebsklimas

Konstante Lehrergruppen in Büros, individuelle Lehrerarbeitsplätze und längere Präsenzzeiten in der Schule haben ungeahnte Auswirkungen auf das Betriebsklima (s. Übersicht).

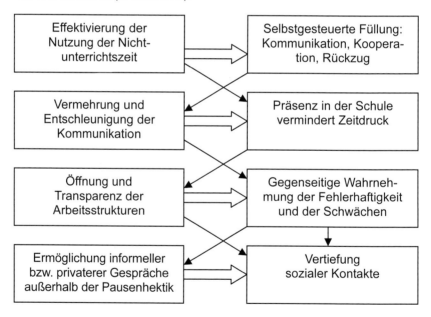

Übersicht 2: Auswirkungen auf das Betriebsklima

2. Konkrete Umsetzung – ein Beispiel

2.1 Untersuchen Sie die Schule nach „Freiraum"!

Ein systematischer Check aller Räume der Schule auf ihre derzeitige Nutzung ist Voraussetzung für eine Gewinnung von Flächen für mögliche Arbeitsplätze. Sie als Leitungskraft sollten heilige Kühe oder andere Besitzstände zunächst nicht akzeptieren, sondern die Beibehaltung überkommener Nutzungsstrukturen **von notwendigen Funktionen abhängig machen**.

- Dabei lassen sich alle *unbedingt für den Unterricht notwendigen Räume* zunächst ausschließen, allerdings sollte man auch hier die Grenze eng setzen. Aber: Räume mit einer nur gerimngen Nutzung in der Woche für den Unterricht müssen nicht unbedingt eine Bestandsgarantie haben – insbesondere wenn es mehrere solcher „Raumleichen" gibt.

- Die nächste Gruppe sind die *Lehrerzimmer*. Bei dem hier angestrebten Modell sollte der Grundsatz gelten, dass ein großer Kommunikationsraum ausreichend ist, darüber hinaus muss es mindestens einen Sitzungsraum geben, der für Runden von 10 bis 12 Personen ausreicht. Alle anderen Räume wären für eine Umwidmung für individuelle Lehrerarbeitsplätze geeignet. (Im Beispielfall waren dies 13 individuelle Arbeitsplätze.)

- Ein großes Reservoir bieten die *Sammlungsräume* der verschiedensten Fachschaften. Hier sollte man einen strengen Maßstab anlegenund und auf eine regelmäßige Verwendung im Unterrichtsprozess abstellen. Einfacher und wirksamer ist es allerdings, es den Fachschaftsmitgliedern gemeinsam zu übertragen, in diesen Räumen Platz für ihre eigenen Arbeitsplätze zu schaffen – was dazu an baulichen Voraussetzungen oder Einrichtungsgegenständen notwendig ist, sollte die Lehrkräfte an der Erstellung von Plänen nicht hindern. Auf diese Weise konnten im Beispielfall in den Sammlungsräumen folgende Kapazitäten an individuellen Arbeitsplätzen geschaffen werden: Chemie (3), Physik (5), Biologie (5), Geographie (3), Kunst (4), Geschichte/ GMK/Politik (5) und es bestünde noch Erweiterungsraum für weitere Plätze.

- Weitere „Raumfresser" sind häufig *Bibliotheken*, die es für Lehrkräfte, für Lernbücher, für Schüler oder sogar extra für die Oberstufe usw. gibt. Auch hier hilft konsequentes Aufräumen sowie Zusammenführen. Helle, lichtdurchflutete Räume dienen u. U. der Lagerung von Lernbuchbibliotheken, die nur in der Zeit der Sommerferien wirklich voll genutzt werden, während vorhandene Keller- oder Bodenräume mit Gerümpel vollgestellt sind – hier hat Schulleitung eine einfache Gestaltungsmöglichkeit.

- Grundsätzlich kann man *vorhandene Dachräume* als Arbeitsräume herrichten, da diese Flächen aus den verschiedensten Gründen nicht für den Unterricht genutzt werden können. Selbiges gilt ggf. auch für Räume im *Souterrain*.

- *Film- oder Videovorführungsräume* gehören ebenfalls auf den Prüfstand: Die Alternative besteht darin, eine Reihe von vorhandenen Fachräumen mit fest eingebauten Beamereinheiten auszustatten. Dies bedeutet zwar eine erheblich erscheinende einmalige Investition, aber der Preis für zehn Projektionseinheiten steht in einem krassen Missverhältnis zu den Baukosten für einen Schulraum. Im vorliegenden Falle konnten so – im Zusammenhang mit einer Bibliotheksverlegung – schulische Arbeitsplätze für weitere vier Lehrkräfte entstehen.

- Ebenso schlummern im EDV-Bereich mitunter Raumreserven, da für Server, zu reparierende Geräte etc. schnell ein Raum mit in Beschlag genommen wird. Auch hier gehören Altbestände in echte Abstellzonen und um die Server herum eine Wand oder ggf. reicht ein lärmgeschützter Schrank. Im vorliegenden Beispiel bekamen durch Umgestaltungen vier weitere Lehrkräfte ihr schulisches Büro.

So konnten inklusive des Raumes der Beratungslehrkraft, des Personalrates und der Räume der Schulleitungsmitglieder insgesamt über 50 Lehrkräfte einen individuellen Arbeitsplatz in der Schule erhalten, in der Regel in Büros mit 3 bis 5 Personen. Nur müssen Sie, um diesen Stand zu erreichen, auch bereit sein, die eine oder andere Baumaßnahme zu beantragen und durchzuführen.

2.2 Keine Angst vor dem Umbau

Auch wenn man nicht über einen selbstverwalteten Bauunterhaltungsetat – ein Budget für die Instandhaltung der gesamten Schulgebäude – verfügt, auch „normale" Schulträger sollten von der Notwendigkeit der hier vorgeschlagenen Maßnahmen überzeugt werden können, wenn diese bereits die Umwandlung Ihrer Schule in eine Ganztagsschule beschlossen haben.

Als zusätzliches Argument kommt hinzu, dass Sie die Träger nicht mit Neubaumaßnahmen „belästigen", sondern es sich in der Regel um kostengünstige Umbaumaßnahmen handelt, die sich auch bei späteren Umnutzungen der Gebäude leicht wieder rückgängig machen lassen.

Was können Sie tun?

- Vorhandene Räume teilen, indem Sie Trockenbauwände setzen lassen. Mit einer Zugangstür inklusive der elektrischen Anschlüsse und Malerarbeiten müssen Sie Kosten von 3 000 bis 5 000 Euro pro Wand einplanen; falls Heizkörper gesetzt werden müssen oder aufwendige Wanddurchbrüche notwendig sind, kann es auch teurer werden. Mit Trockenbauwänden kann man auch schräge Wände ziehen, Vorsprünge ausgleichen, Dachschrägen anpassen etc. – der Fantasie sind nur finanzielle Grenzen gesetzt.

- Sinnvoll können mancherorts Trockenbauwände sein, deren oberer Teil verglast ist (Lärmdämmwerte und Sicherheitsverglasungen beachten), die die arbeitenden Kolleginnen und Kollegen zwar räumlich abtrennen, aber noch einen Sichtkontakt ermöglichen (Sammlungsräume).
- Gerade in Altbauten eignen sich sog. tote Endflure für solche Umbaumaßnahmen. Hier sollte man sich allerdings lärmtechnisch beraten lassen, um eine optimale Abtrennung vom Schultrubel in den Pausen zu erhalten.

2.3 Ein paar Wände sind nicht genug

Der Blick in die freie Wirtschaft offenbart noch einige weitere Notwendigkeiten, die für funktionierende individuelle Lehrerarbeitsplätze geschaffen werden müssen, wenn das Modell von den Lehrkräften angenommen werden soll:

- **Die Zugangsfrage**: Unabdingbar ist das Vorhandensein oder die Einrichtung eines **elektronischen Schließsystems der Außentüren**, damit die Lehrkräfte nicht durch die Arbeitszeitregelungen der Hausmeister in ihrer Entfaltung gehindert werden. Bei den meisten Systemen dieser Art ist auch die Zugangskontrolle gegeben, sodass den behördlichen Sicherheitsbestimmungen Genüge getan wird. Im vorliegenden Beispiel haben die Lehrkräfte über 7 Tage die Woche zwischen 6.00 Uhr und 23.00 Uhr freien Zugang, außerhalb dieser Zeiten kommt man zwar hinaus, aber nicht mehr hinein.
- **Das Telefon**: Es klingt trivial, aber nicht nur die schulinterne Kommunikation über das Telefon muss möglich sein, sondern ebenso die Erledigung aller wichtigen Dienstgeschäfte nach „außen". Das bedeutet die Einrichtung oder das Vorhandensein eines Telefons **in jedem Büroraum der Lehrkräfte**, das mindestens Ortsgespräche, besser bundesweite Gespräche möglich macht, um vom Elterngespräch bis zum Buchen einer Klassenreise alles in den Diensträumen erledigen zu können und dabei eine gewisse Intimität zu haben. Dazu sind Telefonpläne wie Stundenpläne der Kolleginnen und Kollegen im schulinternen Netz notwendig. Falls es erforderlich erscheint, haben Sie die Möglichkeit, Einzelverbindungsnachweise einzurichten, müssen dieses aber mit dem Personalrat absprechen. Im vorliegenden Fall genügte der Hinweis auf plausible Summen. Wenn von einem Apparat in Höhe von 10 bis 20 € im Monat telefoniert wird, sollte dies keine Kontrollen auslösen.
- **Intra- und Internetverbindung**: Ein Modell für schulische Arbeitsplätze ist mittelfristig zum Scheitern verurteilt, wenn die Lehrkräfte in ihren Büros keine ausreichende Intra- bzw. Internetverbindung haben. Idealerweise wäre eine Vollausstattung mit einem schulischen Rechner und der Anbindung ans Intranet mit einer Terminverwaltung über Outlook und entsprechender E-Mail-Verwaltung eigentlich „state of the art"

eines modernen Lehrerbüros. Allerdings scheitert dies in aller Regel an der schlechten Finanzausstattung von Schule. Unverzichtbar ist allerdings, dass **Netzwerkverbindungen** geschaffen werden und jede Lehrkraft die Möglichkeit erhält, eigene Notebooks oder Altgeräte aus schulischem oder eigenem Bestand anzuschließen. Ob dieses dann per Festverdrahtung oder per WLAN umgesetzt wird, ist von den lokalen Gegebenheiten abhängig – Sie sollten diesen Punkt allerdings nicht vernachlässigen oder auf Grund der Übermacht negativer Sachzwänge davor kapitulieren. Wenn man Lehrkräfte dazu veranlassen will, in der Schule den Schwerpunkt ihrer Arbeit zu erledigen, ist der Computeranschluss der Knackpunkt.

- Hinzu gehört ebenfalls, dass jede Lehrkraft einen **E-Mail-Account** einrichtet. Hier hilft als „Erziehungsmaßnahme", dass man Konferenzvorlagen und Mitteilungen ein paar Tage vorher elektronisch verschickt, bevor diese den übrigen Kolleginnen in die Fächer verteilt werden – im Beispielfalle dauerte es zwar drei Jahre, aber heute hat jedes Kollegiumsmitglied eine persönliche E-Mail-Adresse.

Hierarchie des Unverzichtbaren:

- elektronische Außenschließung

- Telefon deutschlandweit

- Computernetzanschluss

- Intra-/Internet

2.4 Die Ausstattungsfrage

Ein **Tisch und ein Bürodrehstuhl** sind unverzichtbar. Ein einfacher, genormter Tisch (80 cm x 140 cm) ist durchaus für 100 € zu erhalten, während ergonomisch konstruierte Sitzmöbel etwa 250 € kosten dürften.

Ein **abschließbarer Bürocontainer** ist ebenso unverzichtbar. Der Preis hierfür liegt bei etwa 150 €. Der Container kann auch den abschließbaren Fachschrank im Lehrerzimmer ersetzen.

Bleibt ein **Akten- und Bücherregal** sowie eine Schreibtischlampe mit zusammen 150 €.

Die Ausstattung eines Arbeitsplatzes dürfte damit bei etwa 600 € insgesamt liegen. Sie sollten auf eine einheitliche Ausstattung Wert legen, das mindert innerbetriebliche Missgunst. In Anbetracht der Mittelknappheit ist zudem eine schrittweise Vorgehensweise angeraten.

3. Probleme, denen man begegnen kann

Selbstverständlich treten bei einer derartigen Umstrukturierung der Schule einige unerwünschte Nebenwirkungen auf, denen man aber durch geeignete Maßnahmen zumindest teilweise begegnen kann:

Kommunikationsfluss über das Lehrerzimmer

Mitunter ist es ja erwünscht, dass die hektischen Pausengespräche reduziert werden und verbindlichere und individuellere Gespräche in Büros etc. stattfinden. Allerdings besteht dabei die Gefahr, dass wichtige Informationen, z. B. bzgl. Vertretungsunterricht oder Mitteilungen, die Kolleginnen und Kollegen nicht oder nicht rechtzeitig erreichen.

Dem kann man begegnen, wenn man die Regel aufstellt, mindestens zweimal am Tage einen Blick in den Vertretungs- und Mitteilungsplan zu tun. An der Beispielschule ist dazu eine elektronische Anzeige installiert, die vom stellvertretenden Schulleiter aus seinem Raum direkt administriert wird. Die entsprechenden für Schüler relevanten Daten werden gleichzeitig an einem weiteren Terminal in der Pausenhalle angezeigt.

Gegensteuernd kann der Standort der Kopierer sein. Wenn diese unmittelbar neben dem Lehrerzimmer stehen, machen die Kollegen schnell einen Schlenker. Die Kopierer können auch an das Drucknetz angeschlossen werden – man kann also direkt aus seinem Arbeitsraum den Druck eines Klassensatzes am Kopierer auslösen, zum Abholen landet man dann – da die Kopierer neben dem Lehrerzimmer stehen – fast wie von selbst im Lehrerzimmer.

Einseitige Gruppenbildung und Abkapselung von Büro-Crews

Natürlich finden mehr und intensivere Gespräche zwischen den Personen statt, die einen gemeinsamen Büroraum haben – das ist schließlich erwünscht. Aber die damit verbundene Gefahr der Cliquenwirtschaft muss man sehen und ggf. etwas dagegen unternehmen.

So kann man das Lehrerzimmer – das als zentraler Kommunikationsraum verstanden wird – kommunikationsfördernd aufwerten, indem eine Lehrerlounge eingerichtet wird, die der Entspannung, aber auch der Kommunikation dient. Eine Ecke des Lehrerzimmers wird mit Sofas, Sesseln und Tischchen, Espressomaschine, Zeitungen u. Ä. ausgestattet. Man kann sich dort entspannen, aber auch zwanglose Gespräche führen bzw. sich dort treffen, weil die Atmosphäre eine andere ist als im Büro. Selbstverständlich hat dieser Raum – wie ein Café – keinen ausgrenzenden Charakter, sondern ist offen angelegt.

Signatur des Originalbeitrages: G 3.1

Schulische Gesundheitszirkel

Thomas Rimmasch, Dortmund

1. Verhalten und Verhältnisse entwickeln

Das Verfahren „**Gesundheitszirkel**" bietet den passenden Rahmen, ein Kollegium aktiv und direkt an einer Gesundheitsförderung zu beteiligen und damit wenig oder nur schlecht genutzte Ressourcen einer Schule zu nutzen. Die Zirkelarbeit wird von dem grundlegenden Gedanken getragen, sowohl das individuelle Verhalten als auch die schulischen Verhältnisse gleichzeitig und gleichwertig zu entwickeln. Die Aufgabe der Arbeitszirkel ist es, die Beobachtungen, Überlegungen, das Erfahrungswissen aus dem Berufsalltag der Kollegen über gesundheitsabträgliche und gesundheitsförderliche Verhaltensweisen und Bedingungen zusammenzuführen. Die zu bearbeitenden Fragestellungen entstammen aus den Arbeitszusammenhängen der Kollegen und sind daher für sie bedeutungsvoll und für ihre Arbeitsbewältigung relevant. Die Kollegen können wesentliche Erfahrungen zur Entstehung und zur Lösung beitragen. Die Betroffenheits- und Interessenlage des Einzelnen sollte die Motivation zur Mitarbeit in den Zirkeln schaffen, im Gegensatz zu einer Anordnung oder Delegation von oben. Betont wird die **Freiwilligkeit des Mitmachens und die im Kollegenkreis selbst vereinbarte Themenauswahl**. Der Nutzen des Verfahrens zeigt sich für die Kollegen wie für die Schule durch **eine erhöhte Arbeitszufriedenheit, ein Mehr an Selbstbeobachtung und Selbstreflexion, vertiefte Kommunikation und Zusammenarbeit, verstärkte Verantwortungsbereitschaft, Identifikation mit einer gemeinsam getragenen Schul- und Kommunikationskultur und die Reduzierung von Belastungsrisiken**

2. Organisation und Arbeit von Gesundheitszirkeln

2.1 Die Struktur der Gesundheitszirkel

Zusammensetzung der Zirkel: Die Gesundheitszirkel setzen sich aus etwa sechs Kollegen zusammen und tagen regelmäßig unter der Leitung eines von den Zirkelmitgliedern gewählten Gesundheitszirkelsprechers.

Schulische Gesundheitszirkel können modellhaft folgendem Aufbau und Ablauf folgen:

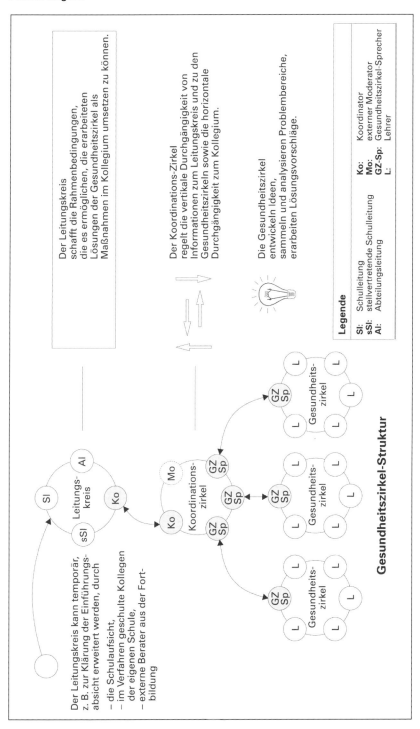

Abb. 1: Gesundheitszirkel-Struktur

Die **Schulleitung** sollte **nicht ständiges Mitglied** eines Gesundheitszirkels sein, sie kann jedoch temporär zur Klärung aktueller Fragen als Gast am Zirkel teilnehmen. In kleinen Schulorganisationen, in denen die Zirkelorganisation in Personalunion strukturiert sein muss, stellen sich damit für die Schulleitung zusätzliche Überlegungen:

- Als Mitglied des Zirkels wechsele ich zeitweilig in die Lehrerposition. Gebe ich damit Teile meiner Leitungsrolle auf?
- Welche Auswirkungen hat dies auf meine Arbeitsfähigkeit, auf die der anderen?
- In den Zirkeln sprechen Kollegen über individuelle Belastungsfaktoren, inwieweit reduziere ich den Vertrauensschutz durch meine Anwesenheit, wenn ich z. B. in einer Revisionssituation diesen Kollegen zu beurteilen habe?

Organe und Aufgaben

Der **Koordinationszirkel** setzt sich aus den Gesundheitszirkelsprechern und dem Koordinator, einem interessierten Kollegen des eigenen Kollegiums, der über Moderationskenntnisse verfügen sollte, zusammen. Möglicherweise wird der Zirkel durch einen externen Moderator, der beratende Hinweise zur Moderation von Kleingruppen und zur Koordination der Zirkelarbeit geben kann, ergänzt.

Der **Koordinationszirkel** koordiniert die Arbeit der einzelnen Gesundheitszirkel untereinander und gegenüber dem Leitungskreis. Er führt die Arbeitsinhalte der einzelnen Gesundheitszirkel zusammen und bringt diese Zusammenstellungen im Leitungskreis ein. Er leitet Entscheidungen des Leitungskreises zurück in die Zirkel und informiert das Kollegium über die Inhalte und den aktuellen Stand der Zirkelarbeit.

Der **Leitungskreis** setzt sich in erster Linie aus der Schulleitung/ Abteilungsleitung zusammen. Er kann temporär erweitert werden durch die Schulaufsicht, im Verfahren geschulte Kollegen der eigenen Schule, externe Berater aus der Fortbildung. Mitglied dieses Kreises ist auch der Koordinator, der Sprecher des Koordinationskreises.

Dem **Leitungskreis** obliegt die Planung der Aufbau- und Ablaufstruktur der Gesundheitszirkel, die Grundsatzentscheidung zur Einführung, die Steuerung der Zirkelarbeit und Einleitung von Evaluationen, die Schaffung der Rahmenbedingungen, die es ermöglichen, die erarbeiteten Lösungen der Gesundheitszirkel als Maßnahmen im Kollegium umzusetzen.

Die Organisation der Gesundheitszirkel ist schulspezifisch flexibel zu handhaben. Die Anzahl und der zeitliche Bestand der Zirkel richten sich nach dem Umfang des zu bearbeitenden Problemfeldes und der Zeit- und Personalkapazität der Schule. Die Zirkelorganisation wird bei Bedarf eingerichtet und nach Abschluss der Aufgabe aufgelöst.

2.2 Beispiel für einen Arbeitszyklus der Zirkelorgane

Eine Schulleitung wird durch Kollegenaussagen auf belastende Situationen aufmerksam. In einer Lehrerkonferenz stellen sich die Themenfelder „Umgang mit dem Rauchen" und „stressfreie Pausen" als brisant heraus. Es wird entschieden, drei Gesundheitszirkel zu den folgenden Themenfeldern einzurichten:

- Rauchen in der Schule,
- stressfreie Pausen,
- Erarbeitung von Ideen, um Belastungssituationen zu erheben.

Das Vorgehen der Gesundheitszirkel

Die Zirkel arbeiten arbeitsteilig und präsentieren ihre Ideen im Koordinationszirkel. Der Koordinationszirkel gruppiert die Sammlung und erhält eine Übersicht über die verschiedenen Vorschläge. Der Koordinator stellt diese Sammlung im Leitungskreis vor. Der Leitungskreis präsentiert zusammen mit den Zirkelsprechern die Zwischenergebnisse der Arbeit im Kollegium. Das Kollegium stellt fest, dass der Umgang mit den Problemfeldern „Rauchen" und „stressfreie Pausen" nur im Zusammenhang mit anderen Belastungssituationen in der Schule zu klären ist. Aus diesem Grund wird entschieden, die Belastungen an der Schule in einem größeren Rahmen zu erheben und die vorhandenen Arbeitsergebnisse hier einfließen zu lassen.

Der dritte Zirkel, der Ideen zur Erhebung von Belastungssituationen erarbeitet hat, stellt zwei Befragungsmöglichkeiten vor. Das Kollegium entscheidet, dass die Kollegen über die Abteilungsleitungen per Fragebogen zu ihren Belastungen gehört werden sollen. Der Zirkel, der die Ideen zur Belastungserhebung entwickelte, schließt sich mit einem der anderen Zirkel kurz, beide planen arbeitsgleich einen Fragebogenentwurf. Parallel dazu entwickelt der dritte Zirkel einen Ablaufplan: *„Wer muss was wann tun, damit die Befragung zügig und problemlos läuft?"*

Die Arbeitsergebnisse der Zirkel werden im Koordinationszirkel diskutiert, bei eventuellen Modifizierungen in die Zirkel zurückgegeben. Der Koordinator erläutert die Ergebnisse im Leitungskreis. Der Leitungskreis gibt „grünes Licht" und setzt eine Terminierung fest. Die Aussagen der Kollegen werden von den Abteilungsleitungen gesammelt und gehen zurück in den Koordinationskreis. Hier wird festgelegt, welche Zirkel wie und bis wann die Auswertung übernehmen. Die Auswertungsergebnisse werden dem Leitungskreis und dem Kollegium vorgelegt. Das Kollegium vereinbart eine Reihenfolge der zu bearbeitenden Belastungssituationen und beauftragt die Zirkel Lösungen zu erarbeiten und Maßnahmen vorzuschlagen. Sind die durch die Zirkel vorgeschlagenen Maßnahmen von der Leitung und dem Kollegium akzeptiert, wirken die Zirkelmitglieder als Ansprechpartner bei der Umsetzung.

2.3 Die Einführung von Gesundheitszirkeln

Bei der Einführung der Gesundheitszirkel ist die Ebene der Installation in Form einer Aufbau- und Ablauforganisation zu unterscheiden von der Ebene der zwischenmenschlichen Kommunikation, bei der es darum geht Akzeptanz und Mitarbeit für die Arbeit der Zirkel zu erlangen. **Überlegungen zur Organisation der Gesundheitszirkel folgen der Leitfrage:** *"Wie muss die Zirkelstruktur gestaltet werden, um dem Ziel einer Gesundheitsförderung an unserer Schule zu genügen?"* Nachdenken und Planen beziehen sich auf den zweckdienlichen Einsatz aller Zirkel, um effektive und effiziente Arbeitsabläufe zu gestalten und zu gewährleisten. **Die Leitfrage nach der zwischenmenschlichen Kommunikation lautet:** *"Mit wem muss wie gesprochen und wie gehandelt werden, damit Kollegen sich aktiv mit dem Verfahren der Gesundheitszirkel beschäftigen können?"*

Angesprochen wird das Verhalten und die Stimmung der Kollegen, angestrebt die Zustimmung und Mitarbeit in den Zirkeln. Erfahrungsgemäß ist davon auszugehen, dass sich die meisten Kollegen von dem Thema Gesundheitsförderung durch das hohe Maß an eigener Betroffenheit und durch den direkten Praxisbezug angesprochen fühlen. Dennoch ist zu bedenken, dass durch die Einführung von Zirkeln eingespielte Arbeitsabläufe, Kooperationsstrukturen und Beziehungsmuster umgestaltet werden. Damit können Verunsicherungen einhergehen. Jede Veränderung bedeutet – selbst in unbefriedigenden Situationen – die Aufgabe der Sicherheit des Bekannten. Eine **Schulleitung** steht vor der Aufgabe, im Kollegium Verbündete für die Idee der Einführung von Gesundheitszirkeln zu gewinnen. Daraus entsteht die Notwendigkeit, auf die Bedenken und die Zurückhaltung eines Kollegiums angemessen zu reagieren.

Die Schwierigkeit besteht darin, dass jeder Kollege die Einführung einer Gesundheitsförderung und Zirkelarbeit in individueller Weise anhand subjektiver Vorstellungen bewertet: *"Ergibt sich für mich durch die Einführung eine Verschlechterung meiner Arbeitsbedingungen oder beinhaltet sie eine Chance?"* *"Worin liegt das Risiko?"* Die Einschätzung, dass sich durch eine Gesundheitsförderung keine Verbesserung der jetzigen Situation ergibt, sondern im Gegenteil die Arbeitsbelastungen steigen, skizziert z. B. ein **sachliches Risiko**. Ein **persönliches Risiko** beschreibt die Befürchtung, einen individuellen Verlust zu erleiden, z. B. durch die Veränderung des bisherigen Arbeitsfeldes in der Schule oder durch die Tatsache, mit anderen als den bisher gewohnten Kollegen zusammenarbeiten zu müssen. Eine **Schulleitung**, die ihr Kollegium an ihrem „geistigen Auge" vorbeiziehen lässt, wird sich sicherlich die verschiedenen Kollegengruppen und ihre Reaktionen vorstellen können:

- **Die Begeisterten**, sie fühlen sich von der Idee und dem Konzept der Gesundheitsförderung angesprochen. Sie schätzen ihre sachlichen und persönlichen Risiken gering ein. Sie sind begeistert und wollen, dass „es los geht".
- **Die Skeptiker**, sie sind von der Notwendigkeit und Leistungsfähigkeit der Gesundheitskonzeption nicht überzeugt. Sie bewerten die sachlichen Risiken hoch, die persönlichen gering.
- **Die Passiven**, sie schätzen das persönliche Risiko hoch ein. Dies artikulieren sie jedoch selten unumwunden, sondern „verpacken" es in Sachargumenten.

Um möglichst viele Kollegen von dem Vorhaben zu überzeugen, ist es sinnvoll geplant zu kommunizieren. Die Fragen einer **Schulleitung** könnten lauten:

- Wie bekomme ich einen Zugang zu den Kollegen?
- Welche Kollegen sind schon überzeugt von der Gesundheitsförderung?
- Wie kann deren Schwung im Kollegium genutzt werden?
- Wie können die Argumente und Bedenken der zurückhaltenden und distanzierten Kollegen verwendet werden, um die Gesundheitsförderung so zu planen und anzulegen, dass auch sie sich eingebunden fühlen?

Mithilfe der Gruppe der Begeisterten, die aufgrund ihrer Einstellung meist gerne als Multiplikatoren mitarbeiten, sollte auf Kollegen, die sich zurzeit noch passiv oder skeptisch verhalten, zugegangen werden, um sie weiter mit einzubeziehen.

Eine angemessene kommunikative Form der Einführung einer Gesundheitsförderung sind **Workshops**. Vor allem in großen Systemen, in denen aufgrund der Weiträumigkeit Einzelgespräche mit Kollegen seltener stattfinden können, eröffnen Workshops die Möglichkeit, miteinander in einer ungezwungenen Atmosphäre ins Gespräch zu kommen. Im Workshop liegt der Schwerpunkt auf der freien Diskussion, dem Austausch von Ideen neben der Bekanntmachung der Abläufe und der Arbeit von Gesundheitszirkeln. Zu den Workshops können Kollegen anderer Schulen, die Erfahrungen in der Zirkelarbeit haben, eingeladen werden, ebenso wie Angehörige von Betrieben, die mit Gesundheitszirkeln arbeiten. Die Gespräche müssen nicht ausschließlich über die Schulleitung laufen, sondern es können Materialien wie persönliche Erfahrungen über die Gäste oder über andere in dem Verfahren bewanderte Kollegen auch aus der eigenen Schule nachgefragt werden.

Die Teilnahme an den Workshops sollte freiwillig sein.

In **kleineren Systemen** werden statt der Workshops eher **Einzel- und Kleingruppengespräche** stattfinden, um Engagement und Akzeptanz zu fördern. Ausschlaggebend für den Erfolg jeglicher Gespräche ist die Art und Weise, in der die Schulleitung auf die Kollegen zugeht.

Eine **förderliche Gesprächshaltung** zeichnet sich durch folgende Merkmale aus:

- den Gesprächspartner in seinen **Bedenken ernst zu nehmen** und ihn als Person anzuerkennen. Dazu ist es notwendig, ihm genau zuzuhören und präzise nachzufragen, um erkennen zu können, was seine Bedenken ausmachen, was die Sorgen sind;
- die geäußerten Bedenken und Sorgen **nicht als Kritik**, sondern als noch vorhandene Schwachpunkte in der Konzeption der Zirkelorganisation **anzusehen** und als Grundlage einer Planungsmodifizierung gemeinsam zu diskutieren;
- ein **langsameres** Tempo bei der Einführung zu ermöglichen;
- **Informationsmöglichkeiten** außerhalb der eignen Schule **anzubieten**;
- den **Nutzen für die Verbesserung der eigenen Situation** zu erläutern;
- auf **Freiwilligkeit** zu setzen;
- auf **gelungene Vorhaben der Vergangenheit** zurückzuverweisen.

Durch eine **kooperative Gesprächshaltung** zeigt eine Schulleitung, dass sie die Kollegen als „Experten vor Ort" schätzt und anerkennt. Sie bindet Kollegen durch die Gespräche in den Arbeitsprozess ein, wenn sie auch deren Bedenken als Kompetenz nutzt und als Anregung aufgreift, die eigenen Ideen nochmals zu überdenken. Indem die Schulleitung die Aufgaben und Ziele der Zirkel transparent und plausibel darlegt, erwächst auch im Kollegium Plausibilität und die Identifikation mit der Arbeit einer Gesundheitsförderung. Transparenz bedeutet in diesem Zusammenhang, sowohl sachlich zu informieren als auch emotional einzubinden. Damit steigt die Bereitschaft der Kollegen mitzuarbeiten.

Die Gesprächsleitung und Sprache der Schulleitung wirkt auch auf die Kollegen. Eine Führungsleitlinie, die die Aktivitäten der Gesundheitsförderung in ideologisch gute und schlechte aufspaltet, verstärkt meist die Beharrungstendenzen in einer Schule und blockiert damit – wenn auch ungewollt – eine gesundheitsförderliche Entwicklung.

Die Gefahr ist, dass die Begeisterten und Engagierten in ihrem Enthusiasmus und schnellen Voranschreiten für eine Gesundheitsförderung gleichzeitig auch den Auslöser für ein Scheitern in das Kollegium tragen, wenn sie in ihrer Faszination und Begeisterung auf die Bedenken, Zurückhaltung und Langsamkeit von anderen nicht angemessen reagieren.

2.4 Überblick: Einführungsschritte von Gesundheitszirkeln

Die Idee und Meinungsbildung zur Einführung von Gesundheitszirkeln beginnen meist bei der Schulleitung. Sie greift z. B. das Klagen über Belastungen, die Kritik an der Schule oder die Hilflosigkeit von Kollegen gegenüber schwierigen Schülern auf oder sucht aufgrund ihrer Beobachtungen nach Lösungen, um den Krankenstand zu reduzieren, die Arbeitsplatzqualität zu verbessern, die Schul- und Kommunikationskultur weiterzuentwickeln. In dieser Phase ist dem Kollegium über Workshops und Gespräche im Kollegium bekannt, dass über die Einführung von Zirkeln nachgedacht wird. Die Vor-, Nachteile und Auswirkungen werden im Kollegium diskutiert. Durch **transparente Planungs- und Entscheidungsprozesse** mit umfänglichen Informationen und Gesprächen gewährleistet die Schulleitung die Bekanntmachung und Einbindung möglichst vieler Kollegen. Sie hat sich selbst ausreichend vorinformiert und weckt durch Mitteilungen und Berichte das Interesse in der Schule.

Zur Klärung der Einführungsabsicht werden die Idee, Funktion und Arbeitsweise von Gesundheitszirkeln im erweiterten Leitungskreis beraten. Genutzt werden sollten zu diesen Konzeptionsüberlegungen Informationen von Erfahrungsträgern aus dem eigenen Haus, von anderen Schulen, aus der Fortbildung, von der Schulaufsicht bzw. dem Schulamt, vom Schulträger, von den Betriebskrankenkassen, von Betrieben etc.

Der Leitungskreis erarbeitet sich seine Vorstellung zum Aufbau und Ablauf der Gesundheitszirkel, um diese als Informationsgrundlage dem Kollegium zur Diskussion vorstellen zu können. Zur wirksamen Planung und Handlung sind sowohl die Vorstellungen vom Ziel, das erreicht werden soll, als auch die vom Stand, von dem aus gestartet wird, sowie die vom Ablauf im Leitungskreis zu klären.

Folgende Fragen ermöglichen einen Überblick.

Ist-Stand-Analyse: *Welche Probleme im Zusammenhang des Umgangs mit Krankheit und Gesundheit sind in der Schule erkennbar?*
Ziel-Zeit-Planung: *Welche Ziele sollen mit den Gesundheitszirkeln bis wann erreicht werden?*
Anforderungsplanung: *Wie ist die Zirkelarbeit in die bestehenden Organisationen der Schule einzubinden? Unter welchen Arbeitsbedingungen werden die Zirkel stattfinden? Über welche Zeit- und Personalkapazitäten verfügt die Schule?*
Vorgehensplanung: *Welche Überlegungen und Schritte sind nötig, damit das Kollegium eine Vorstellung von der Organisation und Arbeitsweise der Zirkel erhält?*
Erfolgsplanung: *„Wie kann der Erfolg der Zirkelarbeit geplant werden?" „Welche Risiken bestehen, wer leistet dazu den größten Beitrag, welche Maßnahmen erhöhen den Erfolg?"*

Die Einführungsabsicht wird mit dem Kollegium im Rahmen einer pädagogischen Konferenz diskutiert. Der Leitungskreis stellt sein Aufbau- und Ablaufmodell der Gesundheitszirkel in Form einer Diskussionsgrundlage vor. Die Konferenz ist so strukturiert, dass sich die Möglichkeit bietet, sich im kleinen Kollegenkreis, abteilungs- oder bildungsgangbezogen über die Einführung von Gesundheitszirkeln auszutauschen. Es ist zu empfehlen, die **Einführung in zwei Zeitabschnitte zu gliedern**: in eine Konzeptentwicklungsphase, in der der Leitungskreis unter Berücksichtigung schulspezifischer Gegebenheiten plant, und in eine Durchführungsphase.

Die Erfahrungen aus der Durchführungsphase bezüglich des Aufbaus, Ablaufs und der Arbeitsfähigkeit der Zirkel werden vom Leitungskreis genutzt, um die bestehende Konzeption gegebenenfalls zu modifizieren und der Situation erneut anzupassen. Bei großen Systemen ist zu überlegen, ob die Zirkelarbeit erst in ein oder zwei Bildungsgängen in Form eines Pilotprojektes eingeführt werden soll, um Erfahrungen zu sammeln. Eine anschließende Auswertung der Ergebnisse dient dann als Planungsgrundlage für die gesamte Schule.

Der **Schulleitung** kommt die Rolle einer Gesundheitszirkel-Förderin zu. Sie gewährleistet, dass die Zirkel auch während ihrer Arbeit methodisch und fachlich unterstützt werden und Zugang zu aktuellen Informationen erhalten. Besondere Bedeutung kommt dem Verhalten der Schulleitung als Vorbildfunktion zu. Sie regelt die Formen der Anerkennung der Zirkelarbeit durch positives Verstärken der Ideen, realisiert die erarbeiteten Vorschläge bzw. geht über Modifizierungen in Kontakt mit den Zirkelmitgliedern, entwirft oder lässt Dokumentationen und Publikationen über die Zirkelarbeit entwerfen, wacht über die Informationsstruktur im Gesamtkollegium sowie zu außerschulischen Partnern, sammelt die Rückmeldungen und Evaluationsdaten über die Auswirkungen und Ergebnisse der Zirkelarbeit und gibt sie in die Zirkel zurück.

Diese oben beschriebene interne Veränderung kommunikativer Strukturen hat dann Erfolg, wenn zugleich die etablierten Verbindungen nach außen mit verändert werden. Beide Ebenen müssen parallel zueinander entwickelt werden, beide Prozesse müssen aufeinander abgestimmt sein. Eine Schule, die sich entscheidet Gesundheitsförderung zu betreiben, muss überlegen, wie sie die Schulbehörde, die Gewerkschaft, die Verbände, die Eltern, den Schulträger, die Nachbarn in ihre geplanten Veränderungen mit einbezieht.

Signatur des Originalbeitrages: C 2.4

Schulleiter als Konfliktmanager

Dr. Astrid Schreyögg, Berlin

1. Konfliktprophylaxe

Konfliktmanagement ist eine zentrale Aufgabe für die Schulleitung. Aufgrund ihrer Position hat sie dafür Sorge zu tragen, dass das von ihr geleitete System seine Aufgaben möglichst optimal erfüllt. Aus diesem Grund sind Konflikte, die Beeinträchtigungen der Funktionsfähigkeit nach sich ziehen, zu vermeiden, zu mildern oder möglichst sogar innovativ zu wenden. Zur Realisierung solcher Intentionen benötigen Schulleiter Kompetenzen zur Konfliktprophylaxe und -bewältigung.

Eine angemessene Konfliktprophylaxe von Schulleitern setzt spezifische Haltungen gegenüber potenziellen Konflikten voraus, besonders aber ein qualifiziertes Management.

1.1 Präventive Haltungen

Konfliktprophylaktisch wirken zwei zunächst widersprüchlich erscheinende Haltungskomponenten von Schulleitern: eine gewisse Gelassenheit gegenüber Konflikten auf der einen Seite und Wachsamkeit gegenüber potentiellen Konfliktherden auf der anderen. Wenn Schulleiter Konflikten eher gelassen gegenüberstehen, gelingt es ihnen leichter, ihnen angemessen zu begegnen.

Viele von ihnen werden aller Voraussicht nach nicht zur Gefährdung der Schule führen. So stellen manche turbulent wirkende Reibungsphänomene eher „Spiele" dar. Sie dienen primär der Selbstvergewisserung der Beteiligten und verlaufen nach „heimlichen Spielregeln".[1] Einen gefährlichen Charakter erhalten sie erst, wenn eine Partei plötzlich einen lange respektierten Wendepunkt überschreitet und daraufhin die andere zum Gegenschlag ausholt. Die Schulleitung sollte aber auch in Fällen, in denen sie selbst eine der Konfliktparteien ist, Ruhe bewahren, um keine weitere Eskalation einzuleiten.

Es ist allerdings immer Wachsamkeit angeraten, d. h., als Schulleitung sollten Sie sich laufend mit Diagnosen potenzieller Konflikte beschäftigen. Erst wenn Sie in der Lage sind, Konflikte zu antizipieren, kann Sie ihnen entsprechend begegnen. Zu diesem Zweck ist es sinnvoll, wenn sich Schulleiter eine **„innere Landkarte"** für die Diagnose von Konflikten erarbeiten. Hier ist zu beachten, dass die Basis von Konflikten viel seltener persönliche Spezifika der Konfliktpartner[2] bilden als vielmehr kontextuelle

Faktoren. Personalisierungen von Konflikten bieten zwar Führungskräften den Vorteil rascher psychischer Entlastung, da sie das Bestehende nicht weiter hinterfragen und sich vor allem nicht als Teil der Konfliktdynamik begreifen müssen.[3]

Personalisierungen bergen aber den entscheidenden Nachteil, dass die Führungskraft schon aufgrund ihrer eigenen Perspektivität parteiisch ist. **In einem ersten Schritt sind** immer **nichtpersonale Faktoren** als potenzielle Konfliktherde in Betracht zu ziehen. Gerade in Schulen gibt es eine Vielzahl von Regelungen, die von den Beteiligten per se als mehr oder weniger bedrängend erlebt wird. Eine reflexive diagnostische Haltung wäre eine, bei der sich die Schulleitung (eventuell mit einem vertrauten Gesprächspartner) die Gesamtsituation mit allen ihren relevanten Parametern vor Augen führt und dann potenzielle Konfliktherde ermittelt.

1.2 Präventives Management

Die entscheidende Konfliktprävention ist bewusstes Management: Konflikte blühen insbesondere dann auf, wenn an der Spitze ein Vakuum besteht. Umgekehrt sind viele potenzielle Konflikte in Schulen durch qualifiziertes Management innovativ zu wenden. Eine derartige Wirkung lässt sich immer dann erwarten, wenn die Schulleitung möglichst viele Mitglieder des Kollegiums ins Management einbindet und sie in reflektierter Weise an Entscheidungen beteiligt.

Als Steuerungs- bzw. Managementaufgaben gelten: *Planung, Organisieren, Personaleinsatz, Führung und Kontrolle.*[4]

Konfliktprophylaxe durch qualifizierte Planung
Bei der Planung handelt es sich um Reflexionen darüber, was erreicht werden soll und wie es am sinnvollsten zu erreichen ist. Im Vordergrund steht die Entwicklung von **Zielvorstellungen**, ihre Selektion und die Festlegung von Zielen mit den entsprechenden Handlungsrichtlinien, Verfahrensweisen usw. Planung besteht also in der Entwicklung von Handlungsorientierungen.

Man differenziert dabei die *strategische* von der *operativen* Planung. Während strategische Planung den grundlegenden Orientierungsrahmen für alle organisatorischen Entscheidungen festlegt, dient operative Planung der Gewinnung von Orientierungsmustern für das konkrete Handeln.

Dieser Managementfunktion kommt eine zunehmende Bedeutung zu. Nicht zuletzt aufgrund des erhöhten Konkurrenzdrucks müssen sich Schulen konzeptionell präzisieren bzw. eine Identität entwickeln, die sie von vergleichbaren Schulen abhebt. So empfiehlt es sich, vor der Planung konkreter Handlungsschritte Phasen umfassender Zielreflektionen einzubauen (wie die Erarbeitung eines Leitbildes). Strategische Planung im Sinne von Leitbildarbeit bietet den Vorteil, dass divergierende Intentionen der Lehrkräfte in einem institutionalisierten Rahmen zur Sprache kommen und damit dem Dialog zugänglich werden.

Darüber hinaus sollten relevante operative Planungsschritte unter Beteiligung von Lehrkräften entwickelt werden. Die Schulleitung fungiert dabei im Idealfall als Koordinationsinstanz, die alle diesbezüglichen Aktivitäten sorgsam begleitet. (Bei unzureichender, zu kurz gegriffener oder allein durch die Schulleitung erfolgter Planung besteht meistens die Notwendigkeit vielfältiger Nachbesserungen.) Mitarbeiter sind aber, da an der ursprünglichen Planung nicht beteiligt, später nur schwer zu motivieren, auftretende Planungsfehler zu kompensieren. Außerdem erzeugt unzureichende Planung späteren Handlungsdruck, der konfliktäre Reaktionen provoziert.

Konfliktprophylaxe durch qualifiziertes Organisieren

Beim Organisieren geht es um die **Umsetzung von Zielen** im jeweiligen Handlungsgefüge eines Systems. So müssen Schulleiter Aufgabenverteilungen in pädagogischer, organisatorischer und sonstiger Hinsicht veranlassen. Reflektiertes Organisieren erfüllt deshalb konfliktprophylaktische Funktionen.

Auch diese Funktion sollten Schulleiter unter maximaler Beteiligung der Lehrkräfte wahrnehmen.

Konfliktprophylaxe durch qualifizierten Personaleinsatz

Diese Managementfunktion umfasst alle **Aktivitäten der Führungskräfte**, um einen qualifizierten und engagierten Personalbestand zu gewinnen, zu sichern und zu erhalten.

Im Zuge der den öffentlichen Schulen eingeräumten größeren Selbstständigkeit ist es für Schulleiter prinzipiell möglich geworden, neue Mitarbeiter verstärkt selbst auswählen und vorhandene vermehrt durch Fortbildungen fördern können usw. Darüber hinaus verfügen die Schulen weiterhin über die Möglichkeit, die Lehrkräfte entsprechend ihren jeweiligen Potenzialen einzusetzen.

Durch sorgsame Personalgewinnung und qualifizierten Personaleinsatz fühlen sich die Lehrkräfte in ihren spezifischen Potenzialen gewürdigt, und sie sind eher bereit, ihr Bestes zu geben. Wenn beides nicht sorgfältig genug geschieht, können daraus vielfältige Konflikte zur Leitung, zu den Schülern, zu den Eltern und auch untereinander resultieren.

Konfliktprophylaxe durch qualifizierte Führung

In die Kategorie „Führung" fällt ein Aufgabenbereich, der als **„Führung im engeren Sinn"** zu bezeichnen ist: *die Veranlassung der Arbeitsausführung und ihre zielgerechte Steuerung im organisatorischen Alltag*. Zur erfolgreichen Beeinflussung stützt sich der Führende auf Machtpotenziale wie seinen formalen Status als Vorgesetzter, auf positive wie negative Sanktionsmechanismen, auf sein Expertentum und/oder auf seine persönliche Ausstrahlung.[5]

Allerdings verfügen Schulleiter über relativ geringe faktische Sanktionsmöglichkeiten (positiv oder negativ) gegenüber ihren Mitarbeitern. Sie nehmen aber als Vorgesetzte immerhin eine formale Vorrangstellung ein, die sie im Idealfall durch eine entsprechende *Expert Power* und eine gute menschliche Ausstrahlung ergänzen. Führung erfordert vom Schulleiter einerseits Entschiedenheit, die Lehrkräfte im Sinne der schulischen Ziele beeinflussen zu wollen; sie erfordert andererseits die Bereitschaft, nicht zu starr an einmal getroffenen Entscheidungen festzuhalten, mit den Mitarbeitern in Aushandlungsprozesse einzutreten und sich auch eines Besseren belehren zu lassen. Qualifizierte Führung bedeutet, sich mit dem Kollegium auf einen gemeinsamen Weg zu begeben.

Zu unklare oder rigide Führungshaltungen sind zentrale Ursachen für die Entstehung schulischer Konflikte. So sollten zum Beispiel ausgedehnte Debatten bei Konferenzen, die sich nur um periphere Fragestellungen ranken, vom Schulleiter freundlich, aber bestimmt unterbunden werden. Das wird ihm am ehesten gelingen, wenn er den Mut aufbringt, sich auch mit den Hauptakteuren einer Konfliktpartei anzulegen. Die schärfsten Eskalationen ergeben sich nämlich dann, wenn Vorgesetzte zu zaghaft führen und die Mitarbeiter niemals einen Machteingriff zu befürchten haben. Solche Phänomene lassen sich vor allem dort beobachten, wo Vorgesetzte ihre positionsbedingte Einsamkeit nicht akzeptieren und immer allseits beliebt sein wollen.

Konflikte resultieren aber auch aus *einer zu rigiden Führungshaltung*. Wenn Lehrkräfte den Eindruck gewinnen, dass die Schulleitung nicht bereit ist, von einmal gefassten Prinzipien abzuweichen, werden sie die Kommunikation mit ihr aller Voraussicht nach auf ein Minimum beschränken. In der Folgezeit entwickelt sich meistens ein kalter Konflikt mit allen Merkmalen feindlicher Koalitionen und pessimistischer Antizipationen.[6]

Konfliktprophylaxe durch qualifizierte Kontrolle

Schulleiter als Vorgesetzte haben zu kontrollieren, ob die Mitarbeiter ihre Aufgaben im Sinne der organisatorischen Zielsetzung wahrnehmen. Sie haben außerdem die Aufgabe, diejenigen Mitarbeiter, die sich nicht entsprechend verhalten, zur Rechenschaft zu ziehen. Dies erzeugt bei vielen Vorgesetzten ausgeprägte Ängste. Sie befürchten, ihre eventuell aufgebaute Belohnungsmacht oder ihre Macht durch Persönlichkeit wieder einzubüßen. Mangelnde Kontrolle erzeugt aber in formalen Systemen grundsätzlich ein destruktives Klima: Diejenigen, die ihre Arbeit sorgfältig versehen, ärgern sich über die, die das nicht tun und dabei völlig ungeschoren bleiben. Anstatt sich über den Vorgesetzten zu mokieren, der seine Kontrollfunktion ungenügend wahrnimmt, wendet sich der Unmut meist zuerst gegen den entsprechenden Kollegen. Das wird in der Regel nicht offen artikuliert, weil man befürchtet, unkollegial zu wirken.

In solchen Fällen sehnen gerade die Mitarbeiter, die ihre Aufgaben sorgfältig wahrnehmen, oft einen entschiedenen Eingriff des Vorgesetzten herbei. Wenn dieser dauerhaft ausbleibt, mündet die Situation in einen *kalten Konflikt* mit dem betreffenden Kollegen und im weiteren Verlauf auch mit der Leitung. Im Übrigen wird auf diese Weise die Arbeitsmoral eines gesamten Systems unterminiert. Wenn Schulleiter ihre Kontrollfunktion angemessen wahrnehmen, fördert das nicht nur die generelle Arbeitsmoral der Schule, es trägt dem Vorgesetzten im allgemeinen auch Respekt ein.

2. Konfliktbewältigung

Es lassen sich zwei Varianten von **Konfliktsituationen** unterscheiden:

- Eine langjährig tätige Schulleitung hat die Entstehung eines Konfliktes zunächst nicht bemerkt und/oder seine Dynamik unterschätzt.
- Bei Neueintritt eines Schulleiters in eine Schule kann es geschehen, dass er eine ganze Palette von Konflikten vorfindet. Diese gilt es möglichst situationsangemessen einzudämmen oder zu mildern, damit die Funktionsfähigkeit der Schule nicht leidet.

Für beide Varianten empfiehlt es sich, **in zwei Schritten vorzugehen**: Am Anfang sollten immer eingehende Vorfeldanalysen stehen. Erst daran anschließend sind entsprechende Handlungsstrategien einzuleiten.

2.1 Vorfeldanalysen

Zu untersuchen sind *zwei Aspekte:* die eigene Rolle des Schulleiters als Konfliktregulator und die besondere Art des Konflikts.

➤ 1. Analyse der eigenen Rolle als Konfliktregulator

Jeder Konfliktregulation sollte eine sorgfältige Analyse der Rolle des jeweiligen Regulators vorausgehen. Wenn ein Schulleiter als Konfliktmanager fungiert, sind zum einen die generellen Implikationen seiner Rolle als Vorgesetzter zu untersuchen, zum anderen die spezifische Ausgestaltung dieser Vorgesetztenrolle durch ihn.[7]

Implikationen aus der Vorgesetztenrolle

Die Vorgesetztenrolle eines Schulleiters lässt sich im Wesentlichen dadurch charakterisieren, dass er für die Funktionsfähigkeit einer Schule verantwortlich ist. Dementsprechend liegt es in seiner Verantwortung, dass systemgefährdende Konflikte beseitigt werden.

Aus dieser Bestimmung der formalen Rolle ergibt sich für Schulleiter eine Reihe prinzipieller Implikationen. Schon die Initiative zur Regulation systemgefährdender Konflikte muss von ihm selbst ausgehen. Auch ihre Lösung liegt in seiner Verantwortung, d. h., die Regulation kann er nicht dem Belieben seiner Mitarbeiter überlassen, sondern er muss auf Lösungen drängen. Dementsprechend können sich unterstellte Mitarbeiter auch nicht frei entscheiden, ob sie über einen systemgefährdenden Konflikt mit dem Vorgesetzten konferieren oder nicht. Er muss solche Gespräche qua Position einfordern. So kann er auch nicht pauschal unparteiisch sein, denn er hat ja immer für das Wohl des Gesamtsystems Partei zu ergreifen.

Aus dieser formalen Relation ergeben sich für ihn aber **auch Begrenzungen** von eventuell einzufordernden Gesprächsinhalten.

So kann er nicht die Behandlung von Themen anmahnen, die eine jeweilige Lehrkraft als **Privatmenschen** betreffen.[8] Sie kann sich **ausschließlich auf berufliche Belange** zurückziehen. Gespräche über private Konflikte zwischen Lehrkräften, selbst wenn sie zu empfindlichen Störungen der Aufgabenerfüllung führen, können vom Schulleiter nicht eingefordert werden. Als Vorgesetzter muss er sich auf die dienstlichen Konfliktphänomene beschränken, die sich für die Aufgabenerfüllung der Schule nachteilig auswirken.

Bei privaten Konflikten, die die Parteien mit ihm nicht besprechen wollen, obwohl sie einer Regulation bedürfen, muss er sich dann notgedrungen *auf formale Maßnahmen zur Deeskalation beschränken*.

Implikationen aus der persönlichen Rollenausgestaltung

Wie aussichtsreich seine Interventionen bei Konflikten generell sind, bestimmt sich in hohem Maße danach, auf welche Weise der Schulleiter seine Vorgesetztenrolle bislang ausgestaltet hat. Hier ist relevant, wie er als Schulleiter vom Kollegium erlebt wird, in welcher Beziehung er zu den jeweiligen Konfliktparteien in der Vergangenheit stand und aktuell steht, ob er selbst eine der Konfliktparteien repräsentiert und welche Relation er zu seinen Kontrahenten hat.

Die besten Chancen haben Interventionen von Schulleitern, die in ihren Kollegien bislang in fachlicher wie menschlicher Hinsicht akzeptiert wurden, die ihre Rolle als Vorgesetzter wie selbstverständlich ausfüllen, die zu keiner der Konfliktparteien bislang intensive (oder gar intime) Beziehungen unterhalten haben und die in den aktuellen Konflikt nicht verstrickt sind.

Implikationen aus der Rolle einer neuen Schulleitung

Die konfliktregulierenden Möglichkeiten von neuen Schulleitern sind ungleich schlechter. Ihre Rolle ist für das Kollegium wie für sie selbst noch vage. Dementsprechend verfügen sie über keine sozio-emotionale Hausmacht. Außerdem konnten sie die Rolle eines Schulleiters noch nicht mit der notwendigen Selbstverständlichkeit einüben. So verfügen sie aller Voraussicht nach nicht über ausreichende Maßnahmen psychischer Selbstregulation, die jeder Konfliktmanager benötigt.

Selbst wenn sie zunächst von einem Teil des Kollegiums als Hoffnungsträger begrüßt werden, wirken konfliktregulierende Maßnahmen in Newcomer-Situationen für ein Kollegium meistens eher bedrohlich. In diesem Stadium besteht nämlich noch keine Vertrauensbasis zum neuen Leiter, sodass die jeweilige Aktion für die Lehrkräfte schwer einschätzbar ist.

Wenn man sich allerdings deutlich macht, dass gerade an neue Schulleiter seitens übergeordneter Instanzen und seitens der Kollegen Erwartungen im Sinne innovativer Haltungen bestehen, dann erscheint es geradezu notwendig, dass ein neuer Schulleiter bei gravierenden Konflikten *sofort interveniert*. Im anderen Fall verspielt er schon bei Amtsantritt seine Autorität. Außerdem läuft er Gefahr, einen indiskutablen Status Quo zu zementieren. Wenn er dagegen entschieden eingreift, stellen sich die oben beschriebenen Phänomene ein.

Neue Schulleiter befinden sich in Konfrontation mit konfliktären Situationen in einem grundlegenden Dilemma: Um sich Respekt zu verschaffen, müssen sie die Konflikte möglichst schnell regulieren. Da aber ihre Einflussbasis zu Beginn noch sehr schwach ist, laufen sie Gefahr, selbst ins Zentrum der Konflikte zu geraten.

Diese prekäre Lage lässt sich immer nur annäherungsweise befriedigend lösen. Hier empfiehlt es sich, dass eine neue Schulleitung von Anfang an versucht, die Dinge in ihrem Sinne zu regeln. Sie sollte sich dabei aber sorgfältig Präferenzen setzen, welche Konfliktthemen sofort angegangen werden müssen und welche noch warten können, bis sie nämlich in dem neuen System besser Fuß gefasst hat. Zur Entscheidung, welche Konflikte kurz-, mittel- oder langfristig angegangen werden müssen bzw. können, bewähren sich sorgfältige Analysen der bestehenden Konfliktsituation.

➤ 2. Analyse der konkreten Konfliktsituation

Zur Analyse einer konkreten Konfliktsituation empfiehlt es sich, ein **Raster** zur Ermittlung konfliktärer Ist-Zustände und konfliktärer Prozesse zu verwenden.

Da Konflikte oft eine kaum mehr überschaubare Komplexität entfalten, sucht man sie zunächst über **äußere Merkmale** zu erfassen. Daran anschließend untersucht man **inhaltliche Merkmale**, um die konfliktäre Ist-Situation auch in ihren Tiefendimensionen besser zu verstehen. In einem dritten Schritt sollte **der Eskalationsgrad des Konfliktes** mit seinem bisherigen Prozess ermittelt werden.

Zur methodischen Unterstützung kann die aktuelle organisatorische Situation in ihrem Kontext mit Hilfe von Skizzen oder Bausteinen möglichst anschaulich rekonstruiert werden.

Dafür lassen sich einzelne Interessengruppierungen mit verschiedenen Farben kenntlich machen. Es ist ratsam, anschließend einen *inneren Rollentausch* mit den jeweiligen Gruppen bzw. ihren Protagonisten vorzunehmen. Dabei sollte man sich ihre *Interessenlage, Ziele, Bedürfnisse* usw. einfühlend vergegenwärtigen.

Diese zunächst plausibel und „leichtgängig" wirkende Diagnosestrategie lässt sich allerdings in der Realität oft nur unter Mühe realisieren. Wenn Schulleiter einen Konflikt umfassend diagnostizieren wollen, benötigen sie Informationen im Hinblick auf die Interessenlagen der Streitparteien, die in Frage stehenden Streitpunkte usw.

Für diesen Zweck bieten sich prinzipiell **zwei Wege** an:

- Der Schulleiter kann versuchen, mit den Streitparteien in ein offenes Gespräch über ihren Konflikt einzutreten.
- Er kann den bestehenden Konflikt auch indirekt zu erschließen suchen.

Diagnosen durch offene Gespräche

Offene Gespräche mit Konfliktparteien zu führen, ist oft ein grundlegendes ethisches Ideal.[9] Dabei wird aber im Allgemeinen verkannt, dass Menschen in verschärften Konfliktsituationen oft gar nicht mehr zu Dialogen in der Lage sind: Stattdessen projizieren sie, deuten die Realität in ihrem spezifischen Sinn um und versuchen vor allem, ihre eigene Position als die jeweils richtige darzustellen. Aus diesen Gründen geht ein Schulleiter in einem solchen Fall das Risiko ein, vorrangig Projektionen, opportunistische Realitätsdeutungen usw. zu hören. Darüber hinaus läuft er Gefahr, selbst in den Konflikt verstrickt zu werden, da er meistens als Koalitionspartner umworben wird.

Jedes offene Gespräch mit den jeweiligen Konfliktparteien über ihren Konflikt modifiziert diesen bereits. *Konfliktdiagnostische Gespräche erhalten damit den Stellenwert von Interventionen.* Aus diesem Grund sollten sie sorgfältig vorüberlegt sein.

Bei Konflikten auf der Mikro-Ebene (zwischen einzelnen Personen) lassen sich offene Befragungen noch ziemlich leicht realisieren. Auf niedrigem Eskalationsniveau kann der Schulleiter mit beiden Kontrahenten gleichzeitig verhandeln. In höheren Eskalationsstadien sollte er aber, um weitere Verschärfungen zu vermeiden, die Personen nacheinander befragen und erst dann mit beiden Kontrahenten gemeinsam konferieren. Allerdings ist auch bei Gesprächen ohne hohes Komplexitätsniveau maximale Wachsamkeit geboten, denn auch hier bestehen zumindest unterschwellig immer Koalitionsangebote.

Diagnostische Gespräche über Konflikte im *Meso-Rahmen*, in die eine ganze Reihe von Personen verstrickt ist, erfordern sehr viel mehr Vorsicht. So sind gegnerische Kollektive oft schon bei Konflikten auf mittlerer Eskalationsstufe nur noch begrenzt in der Lage, relevante Aspekte des Konflikts sachlich zu verhandeln.

Angesichts solcher Szenarien starten Vorgesetzte zuweilen Versuche, mit jeweils nur einer Partei ins Gespräch zu kommen. Das erzeugt aber bei der Gegenseite in aller Regel Phantasien, dass sich die anderen schon einen Vorteil verschafft haben. Die Folge sind noch erbittertere Kampfstrategien.

Aussichtsreicher ist es, je einen Hauptakteur der Parteien zu einem klärenden Gespräch zu bitten. In einer *Dreier-Konstellation* ergeben sich seltener unkontrollierbare emotionale Aufwallungen. Außerdem ist die Gesprächssituation durch den Schulleiter leichter zu strukturieren und auf ihre Angemessenheit hin zu kontrollieren. Selbstverständlich ist auch bei solchen Gesprächen äußerste Vorsicht im Hinblick auf Koalitionsangebote notwendig.

Diagnosen indirekter Art
Wegen des generellen Risikos direkter Konfliktgespräche muss der Schulleiter vielfach indirekte diagnostische Wege beschreiten. Hier besteht immerhin die Möglichkeit, dass er alle seine Beobachtungen und alles, was er gerüchteweise „so nebenbei", auch von der Schulsekretärin oder dem Hausmeister, hört, auf der Basis seiner Intuition wie ein Puzzle zusammensetzt. Zur Strukturierung helfen ihm nicht nur langjährige Berufserfahrungen und seine Menschenkenntnis, sondern vor allem strukturelle Kenntnisse. Auf solcher Basis gewinnt er zumindest eine vorläufige Konfliktdiagnose, *die er aber immer mit einer kompetenten Vertrauensperson außerhalb der Schule besprechen sollte*: Auch er muss ja damit rechnen, Wahrnehmungsverzerrungen zu unterliegen.

Ein neuer Schulleiter wird ungleich größere Probleme bei der Erstellung einer zutreffenden Konfliktdiagnose haben. Im Verlauf direkter Gespräche läuft er aller Voraussicht nach noch mehr Gefahr als ein altgedienter Schulleiter, in unangemessene Bündnisse verstrickt zu werden, denn gerade einem neuen Vorgesetzten gegenüber möchte sich jede Konfliktpartei in bestem Licht darstellen. Für neue Schulleiter gestalten sich auch indirekte Konfliktdiagnosen schwierig, denn sie verfügen in der Regel nicht über die notwendigen Erfahrungen in dem jeweiligen System, die es ihnen erlauben, den bisherigen Konfliktverlauf selbst zu rekonstruieren.

Die seriöseste Weise, Informationen für die Konfliktdiagnose zu gewinnen, besteht darin, mit anderen formal designierten Instanzen der Schule zu konferieren. Das sind Schulleiterstellvertreter, Fachgruppenleiter und Personalräte. Diese sollte der Schulleiter ohnedies immer dann zu Rate ziehen, wenn er selbst in die Konfliktdynamik verstrickt ist oder wenn er gar selbst ins Zentrum eines Konfliktes geraten ist.

Nach allen derartigen Beratungen ist es aber empfehlenswert, *die eigene Konfliktdiagnose noch mit außerschulischen Personen zu validieren.* Aus systemfremder Perspektive erschließen sich nämlich vielfach ganz neue Facetten der jeweiligen Situation.

2.2 Handlungsstrategien zur Konfliktbewältigung

Nach diesen Vorüberlegungen muss der Schulleiter eine Strategie zur Konfliktbewältigung auswählen und anwenden. Welche der denkbaren Bewältigungsstrategien im jeweiligen Konfliktfall am sinnvollsten ist, bestimmt sich *nach dem Eskalationsgrad* und *nach den Besonderheiten der Schulleiterrolle.*

Die Literatur zum Konfliktmanagement empfiehlt den Einsatz potenzieller Maßnahmen zur Konfliktbehandlung vor allem entsprechend einer jeweiligen Eskalationsstufe.[10]

Für die ersten Stadien dienen die *Moderation*, für mittlere Stadien die *Prozessbegleitung mit unterschiedlich tiefgreifenden psychologischen Intentionen.* Und für spätere Stadien werden *Vermittlungsaktivitäten und Machteingriffe* als passend beschrieben.

Moderation

Durch Moderation sollen in frühen Stadien, in denen das gesamte Konfliktgeschehen noch nicht so stark emotionalisiert ist, Streitthemen mit ihren jeweiligen Facetten gesichtet und geklärt werden, um dann die Parteien zu eigenständigen und konstruktiven Lösungswegen zu animieren. Diese Handlungsstrategie verträgt sich durchaus mit der Rolle eines Schulleiters, denn Moderation setzt eine etwas permissive, aber emotional leicht distanzierte Haltung voraus und eine gewisse Unparteilichkeit. Ist diese nicht gegeben, empfiehlt sich die Abgabe an ein „neutrales" Kollegiumsmitglied.

Die Moderation kann als Konfliktbewältigungsstrategie sinnvoll sein, wenn z. B. das Kollegium in zwei Flügel zerfällt, die immer wieder zähe Debatten um pädagogische Leitlinien führen. Wenn der Schulleiter allerdings selbst zu einem der Flügel gehört, kommt er als Moderator nicht in Betracht. Da die Moderatorenrolle eine gewisse Unparteilichkeit voraussetzt, muss dann ein Mitglied des Kollegiums, das der Debatte neutral gegenübersteht, gebeten werden, die Moderation zu übernehmen. Das gilt selbstverständlich auch für Fälle, in denen der Schulleiter selbst im Zentrum eines Konfliktes steht.

Die Moderation bedarf im Allgemeinen keiner besonderen Vorbereitung. Sie kann von einem Schulleiter mit Erfahrungen in der Gesprächsführung oder in der Themenzentrierten Interaktion (TZI) aus dem Stand wahrgenommen werden. Die Themen werden gemeinsam mit den Teilnehmern zu Beginn der Sitzung festgelegt. Am Ende ist es empfehlenswert, mit allen Beteiligten **überprüfbare Vereinbarungen** zu treffen, wie in Zukunft bei neuen konfliktären Situationen zu verfahren ist. Es sollten auch Maßnahmen für den Fall von Überschreitungen dieser Vereinbarungen beschlossen werden.

Prozessbegleitung

Prozessbegleitung bietet sich an, wenn mittlere Eskalationsstadien einen höheren Grad an Emotionalisierung erkennen lassen. Zu ihrer Bearbeitung werden im allgemeinen Formen von Prozessbegleitung empfohlen. Es geht dabei um Modifikation psychischer Phänomene wie Wahrnehmungen, Einstellungen, Intentionen und Verhalten. Da sich Prozessbegleitung zu Teilen auf Auseinandersetzungen mit tiefgreifenden personalen Faktoren richtet, ist sie mit der Rolle eines Schulleiters nicht kompatibel. Wie oben ausgeführt, kann ein formaler Vorgesetzter die Kommunikation über außerdienstliche Phänomene nicht einfordern; Prozessberatung muss deshalb *externen Beratern* vorbehalten bleiben.

Vermittlung

Vermittlung kommt in Frage, wenn mittlere Eskalationsstufen bereits überschritten sind. Schwerpunkte dieser Interventionsform bestehen darin, die Konfliktparteien für eine gegenseitige Duldung und für die Kontrolle manifest regulierbarer Faktoren zu gewinnen. Das Gelingen von Vermittlungen hängt in hohem Maße davon ab, dass der Vermittler als neutral erlebt wird. Diese Bedingung trifft für Schulleiter selten zu. Wenn es sich um einen systemgefährdenden Konflikt handelt, können sie qua Position streng genommen nicht unparteiisch sein.

Gelegentlich (z. B. bei einem Konflikt zwischen einem Lehrer und den Eltern eines Schülers) wird der Schulleiter vom Lehrer oder von den Eltern als sogenannte Vermittlungsinstanz angerufen. Auch in solchen Fällen kann er eigentlich nicht unparteiisch sein: Als Vorgesetzter hat er sich zunächst hinter die Lehrkraft zu stellen; wenn er jedoch den Eindruck hat, dass die Lehrkraft nicht aufgabengerecht gehandelt hat, ist er gezwungen, die Position der Eltern zu vertreten. Insofern fungiert er dann *letztlich als Schiedsrichter*. So bleibt auch die Vermittlung meist *externen Beratern* vorbehalten.

Machteingriff

Machteingriff bei Konflikten auf den höchsten Eskalationsstufen. Diese müssen typischerweise von Vorgesetzten ausgeführt werden. Machteingriffe zielen darauf ab, den Konflikt unter Kontrolle zu bringen, ihn zwangsweise auf die Sachebene zu reduzieren und die potenziellen Folgen des Konflikts zu begrenzen.[11] Machteingriffe erfordern eine betont distanzierte Haltung und zwingen dazu, sich über alle Emotionen und Perzeptionen der Konfliktparteien hinwegzusetzen.

Da Machteingriffe seitens der Schulleitung immer mehr oder weniger intensive Vertrauenskrisen in der Interaktion mit dem Kollegium nach sich ziehen, sind sie sorgfältig zu planen. Ihr Wirkungsgrad bestimmt sich nach dem Ausmaß, in dem sie – thematisch und personell – präzise platziert werden. Hier ist also vorab genau zu überlegen, welches Verhalten von wem unterbunden werden soll.

Vor Machteingriffen sollte ein Schulleiter untersuchen, über welche Machtpotenziale er im Hinblick auf den aktuellen Fall verfügt. In seine Analyse sollten auch Fragen nach seiner bisherigen Beziehung zu den Hauptakteuren einfließen. Außerdem muss er sich vergegenwärtigen, wie sich diese Beziehung nach dem Machteingriff voraussichtlich verändern wird. Er sollte auch einkalkulieren, dass mit der Intervention immer persönliche Verunsicherungen für ihn selbst als Machtinstanz einhergehen. Derartige Interventionen erfordern von ihm vor allem eine klare Haltung im Umgang mit Macht. Über diese verfügt er umso eher, je mehr menschliche Unterstützung er auch außerhalb des Kollegiums, in seinem privaten Umfeld, erhält.

Vor allem sollte ein neuer Schulleiter bei gravierenden Machteingriffen möglichst einen externen Coach bemühen. Dieser kann ihm bei allen vorausgehenden Reflexionen Unterstützung geben, ihn durch Rollentrainings auf den konkreten Machteingriff vorbereiten und ihm anschließend helfen, seine innere Stabilität zu wahren. Bei Konflikten innerhalb eines Teilkollegiums genügen häufig Machteingriffe durch Abteilungsleiter, die dann allerdings, um Intrigen zu vermeiden, vom Schulleiter gut gestützt werden müssen.

3. Außerschulische Instanzen als Konfliktregulatoren

Steht der Schulleiter im Zentrum eines bereits erheblich eskalierten Konfliktes, bietet es sich an, außerschulische Instanzen zur Konfliktregelung in Anspruch zu nehmen. Hier kommen Berater in Frage, die als Schulpsychologen oder Moderatoren eigens für die Konfliktregelung in Schulen ausgebildet wurden.

Bei sehr tiefgreifenden schulischen Konflikten, die sich auf die Makro-Ebene auszudehnen drohen oder sich schon ausgedehnt haben, bleibt Schulleitern oft keine andere Wahl, als eine nächsthöhere Instanz – den zuständigen Schulaufsichtsbeamten – um einen Machteingriff zu bitten.

Literaturverzeichnis:

[1] Vgl. *Crozier, M./Friedberg, E.*: Macht und Organisation. Die Zwänge kollektiven Handelns. Königstein 1979.

[2] Vgl. *Regnet, E.*: Konflikte in Organisationen. Beiträge zur Organisationspsychologie 12. Göttingen, Stuttgart 1992.

[3] Vgl. *Rüttinger, B.*: Konflikt und Konfliktlösen. München 1977.

[4] Vgl. *Steinmann, H.; Schreyögg, G.*: Management, 3. Aufl., Wiesbaden 1993.

[5] Vgl. *Glasl, F.*: Konfliktmanagement. 4. Auflge., Bern, Stuttgart 1994; vgl. *French, J. R./ Raven, B.*: The bases of social power. In: *Cartwrigt, D.* (ed.): Studies in social power. Ann Arbor 1959.

[6] Vgl. *Parsons, T.*: The social system. Glencoe 1951.

[7] Vgl. ebenda.

[8] Vgl. Vgl. *Glasl, F.*: A. a. O.; vgl. *Habermas, J.*: Theorie des kommunikativen Handelns. Frankfurt/M. 1981.

[9] Vgl. ebenda.

[10] Vgl. *Glasl, F.*: A.a.O. – Vgl. *Nerdinger, F.W; v. Rosenstiel, L.*: Führen in kritischen Zeiten. In: Psychologie Heute 20 (12) 1993, S. 58–63.

Signatur des Originalbeitrages: D 5.5

Wie Sie mit Beschwerden umgehen

Dr. Barbara Steigüber, Mölln

1. Erwartungen und Chancen im Umgang mit Beschwerden

1.1 Wie sollte ein kompetenter Umgang mit Beschwerden aussehen?

Jeder Mensch, der sich beschwert, verbindet damit bestimmte Erwartungen. Er möchte, dass

- seine Beschwerde zeitnah behandelt wird,
- seine Beschwerde ernst genommen wird und man ihm das auch zeigt,
- er kontinuierlich informiert wird; nichts ist für einen Beschwerdeführer schlimmer, als in ein Kommunikationsloch zu fallen ...,
- er – soweit möglich – in die Suche nach einer Lösung einbezogen wird,
- die Suche nach einer Lösung im Umgang mit der Beschwerde Priorität hat und er dies auch erkennen können möchte. Einen Beschwerdeführer interessiert vielleicht auch, wie und warum etwas Bestimmtes geschehen konnte, aber es interessiert ihn nicht erstrangig. Erstrangig ist in jedem Fall das Suchen und Finden einer angemessenen Lösung.

Für einen kompetenten Umgang mit Beschwerden bedeutet dies, dass Sie mit Ihrem Beschwerdeführer offen, kontinuierlich und zugewandt kommunizieren sollten.

1.2 Was Sie keinesfalls tun sollten?

- Wimmeln Sie einen Beschwerdeführer nicht ab. Hören Sie ihm lieber zu oder lesen Sie seinen Brief und nehmen Sie sein Anliegen ernst. Er hat Ihnen gerade sein Vertrauen gezeigt.
- Bagatellisieren Sie das Anliegen eines Beschwerdeführers nicht, auch wenn es in Ihren Augen nach einer Bagatelle aussieht. Ihr Beschwerdeführer wird sonst all seine Kraft investieren, um Sie doch noch von der Ernsthaftigkeit seines Anliegens zu überzeugen. Seien Sie zunächst einmal offen, bevor Sie mit Ihren Recherchen zur Sachlage beginnen.
- Erklären Sie sich nicht für „nicht zuständig". Überlegen Sie ggf. lieber, wen Sie als besseren Ansprechpartner anbieten oder einbeziehen könnten, und teilen Sie dies Ihrem Beschwerdeführer mit.

- Seien Sie nicht zu verschwiegen, wenn es um die Darstellung bzw. Mitteilung dessen geht, was Sie in Zusammenhang mit einer Beschwerde bereits getan haben, gerade tun oder noch tun werden. Ihr Beschwerdeführer wird Sie andernfalls – in Unkenntnis Ihrer diversen Aktivitäten und Überlegungen – für untätig und inkompetent halten (vgl. Abschnitt 5 „Auch sprachlich aktiv sein").

- Ignorieren Sie geäußerte Gefühle nicht. Erstens verpassen Sie damit wichtige Informationen und zweitens regt Ignoranz erfahrungsgemäß nur zur vermehrten Produktion der entsprechenden Gefühle an. Spiegeln Sie lieber: *„Ich sehe/habe verstanden, dass Sie im Moment sehr aufgebracht sind."* Damit beziehen Sie keine Stellung, zeigen aber, dass die Gefühlsäußerung bei Ihnen angekommen ist. Hingegen können Äußerungen wie *„Ich habe Verständnis für ..."* falsche Erwartungen auslösen, die sehr leicht als Zustimmung ausgelegt werden können.

2. In Antworten auf Beschwerdebriefe richtig argumentieren

Ausgangspunkte für Argumentationen sind mögliche unterschiedliche Ansichten oder Meinungen in Bezug auf eine bestimmte Situation oder einen bestimmten Sachverhalt. Sobald nun mindestens zwei Kommunikationspartner sich über einen solchen Sachverhalt mündlich oder schriftlich austauschen, werden sie voraussichtlich versuchen, einander von der Richtigkeit ihrer jeweiligen Ansicht oder Meinung bzw. von deren Falschheit zu überzeugen.

Argumentationen arbeiten deshalb mit Thesen und Argumenten.
Die **These** einer Argumentation ist gleichbedeutend mit einer (geäußerten) Meinung. Und Sie entscheiden nun sowohl, wie Sie eine These konkret formulieren wollen, als auch, ob Sie Ihre eigene These formulieren wollen oder die Ihres Kommunikationspartners. Beides ist möglich.

Besonders **wie** und **was** Sie formulieren, ist wichtig: Je nachdem, wie Sie eine bestimmte These formulieren bzw. welche These Sie formulieren, rufen Sie in Ihrem eigenen Kopf und in den Köpfen Ihrer Kommunikationspartner eine bestimmte Wahrnehmung, ein bestimmtes Bewusstsein hervor.

Sobald Sie das getan haben, treffen Sie wieder eine Wahl: Sie entscheiden nämlich, ob Sie die These, die Sie formuliert haben, mit Hilfe von Argumenten **beweisen oder widerlegen** wollen.

Anschließend **sammeln Sie** (mindestens drei oder vier) **Argumente**, die Sie verwenden wollen, und können dann über den Aufbau Ihrer Argumentation entscheiden.

Insgesamt gibt es daran anschließend **drei Möglichkeiten, eine gute Argumentation aufzubauen:**

- **Möglichkeit 1:** Mit den Argumenten beginnen und zur These hinführen (**Normalschrittfolge**).
- **Möglichkeit 2:** Man stellt seine These als Behauptung voran und beweist bzw. widerlegt sie dann mit Argumenten (**Schrittvertauschung**).
- **Möglichkeit 3:** Man beginnt mit einer Frage und beantwortet sie dann mit Hilfe der einzelnen Argumente.

Wenn Sie eine Argumentation ausprobieren wollen, dann gehen Sie so vor:

1. Formulieren Sie sowohl Ihre These als auch die Ihres Beschwerdeführers.

2. Entscheiden Sie dann, mit welcher These Sie weiter arbeiten wollen.

3. Entscheiden Sie weiterhin, ob Sie diese These bestätigen oder ob Sie sie widerlegen wollen.

4. Sammeln Sie Ihre Argumente, die für bzw. gegen die These sprechen, die Sie gewählt haben. Sie sollten für eine überzeugende Argumentation mindestens drei oder vier Argumente zur Verfügung haben.

5. Entscheiden Sie sich jetzt für den Aufbau einer Argumentation nach Möglichkeit 1, 2 oder 3.

6. Formulieren Sie.

2.1 Beispiel 1: Eine Beschwerde trifft nicht zu

Ein Brief an die Eltern, die sich bei Ihnen schriftlich darüber beschwert haben, dass ihr Sohn zu Unrecht verdächtigt wird, das Fahrrad eines Mitschülers demoliert zu haben. Sie verwahren sich entschieden dagegen, ihrem Sohn diese Tat anzulasten.

These der Schule: Der Schüler hat das Fahrrad seines Mitschülers mutwillig demoliert.

These der Eltern: Unser Sohn tut so etwas nicht.

Die These der Schule soll bestätigt werden.

Argumente:

– Der Schüler ist von Mitschülern beobachtet worden.
– Der Schüler ist vom Hausmeister beobachtet worden.
– Der Hausmeister hat den Schüler zur Rede gestellt und der Schüler hat eingeräumt, dass er etwas damit zu tun haben könnte.
– Der Klassenlehrer hat ebenfalls mit dem Schüler ein Gespräch geführt.
– Die Schule legt großen Wert darauf, dass Schülerinnen und Schüler fair miteinander umgehen.
– Der Schule ist sehr wichtig, dass die Schülerinnen und Schüler die Schulprinzipien aktiv mittragen.

Argumentationsaufbau: von der Frage zur Antwort:

Briefanfang: Sie haben vier Möglichkeiten:

- Sie können in einem Satz feststellen, worin das Anliegen der Eltern besteht: ... *Sie sind fest davon überzeugt, dass Ihr Sohn das Fahrrad seines Mitschülers nicht demoliert hat.*

- Sie können in einem Satz noch einmal die Gefühle der Eltern auf den Punkt bringen: ... *Sie sind empört, dass Ihr Sohn verdächtigt wird, das Fahrrad seines Mitschülers demoliert zu haben.*

- Sie können in einem Satz feststellen, welches Ziel Sie mit Ihrem Brief verfolgen: ... *wir möchten Sie mit den Fakten bekannt machen, die uns im Fall Ihres Sohnes vorliegen: ...*

- Sie können Anliegen oder Gefühle der Eltern festhalten und dann mit Ihrer Argumentationsfrage fortfahren (s. u.).

Sehr geehrte Frau .....,

sehr geehrter Herr ....,

Sie sind fest davon überzeugt, dass Ihr Sohn das Fahrrad seines Mitschülers nicht demoliert hat.

Aber ist das wirklich so?

Tatsächlich sprechen schwer wiegende Argumente dafür, dass Ihr Sohn das Fahrrad erheblich beschädigt hat:

Drei Mitschüler Ihres Sohnes, die uns namentlich bekannt sind, haben Ihren Sohn während der großen Pause dabei beobachtet, wie er mit einem Schlagstock auf den Rahmen des Fahrrades eingeschlagen hat. Auch unser Hausmeister, Herr ......, war Zeuge dieses Vorfalls und hat dies sowohl dem Klassenlehrer Ihres Sohnes, Herrn......, als auch mir persönlich mitgeteilt.

Unser Hausmeister hat Ihren Sohn unmittelbar nach dem Vorfall außerdem direkt angesprochen und Ihr Sohn hat bei dieser Gelegenheit eingeräumt, auf das Fahrrad eingeschlagen zu haben. Daraufhin hat auch sein Klassenlehrer, Herr......., ein längeres Gespräch mit Ihrem Sohn geführt und zu erreichen versucht, dass Ihr Sohn mit Ihnen spricht, um den Schaden zu ersetzen, und sich außerdem bei seinem Mitschüler entschuldigt. Dazu war Ihr Sohn bisher leider nicht bereit.

Sehr geehrte Frau ...., sehr geehrter Herr .....: Ihr Sohn ist – zugegebenermaßen – zurzeit in einem schwierigen Alter. Trotzdem können wir diesen Vorfall nicht einfach übergehen, wie Sie hoffentlich verstehen werden. Wir als ....-Schule legen großen Wert darauf, dass unsere Schülerinnen und Schüler einen fairen Umgang miteinander pflegen.

In diesem Sinne bitte ich Sie deshalb dringend um Ihre Unterstützung und bin auch gern zu einem persönlichen Gespräch mit Ihnen bereit: Bewegen Sie Ihren Sohn, sich bei seinem Mitschüler zu entschuldigen, und machen Sie einen konkreten Vorschlag, wie der Schaden wieder gutgemacht werden soll, damit Ihr Sohn, den Sie ja seinerzeit aus gutem Grund an unserer Schule angemeldet haben, die Prinzipien unserer Schule auch in Ihrem Interesse weiterhin mitträgt.

Vielen Dank.

Mit freundlichen Grüßen

2.2 Beispiel 2: Eine Beschwerde trifft zu

Eine schriftliche Beschwerde mehrerer Elternpaare über in den letzten Monaten wiederholt ausgefallenen Musikunterricht. Als musisch orientiertes Gymnasium kann das nach Ansicht der Eltern nicht angehen.

These der Eltern: Die Schule vernachlässigt ihre Aufgaben/Pflichten. Der Musikunterricht muss dringend wieder stattfinden und versäumte Stunden müssen nachgeholt werden.

These der Schule: Eine Vernachlässigung der Pflichten seitens der Schule liegt nicht vor. Es konnte zwar bisher keine Ersatzkraft eingestellt werden, aber der Musiklehrer wird in Kürze seinen Unterricht wieder aufnehmen.

Die These der Eltern soll bestätigt werden.

Argumente:

- Der Musiklehrer ist tatsächlich seit zwei Monaten krank, wird aber in einer Woche wieder seinen Unterricht aufnehmen.
- Nach dem Selbstverständnis der Schule ist der Musikunterricht mit einer qualifizierten Fachkraft ein wesentliches Unterrichtselement.
- Die Schule versucht seit sechs Wochen, eine qualifizierte Aushilfskraft einzustellen, obwohl abzusehen ist, dass der Musiklehrer seinen Unterricht wieder aufnehmen kann, um den Stundenausfall zu kompensieren.

Argumentationsaufbau: von der These zu den Argumenten:

> Sehr geehrte Frau B ....,
>
> sehr geehrter Herr B ....,
>
> Sie haben in Ihrem Brief Ihren Unmut über den ausgefallenen Musikunterricht zum Ausdruck gebracht und dabei mit offenen Worten nicht gespart. Dafür möchte ich Ihnen danken, denn Ihr Brief zeigt mir, dass Sie großes Interesse an einer guten schulischen Ausbildung Ihrer Tochter haben. Genau wie wir.
>
> Deshalb sind wir momentan mit der Situation auch genauso unzufrieden, wie Sie es sind, und haben in der Zwischenzeit unterschiedliche Anstrengungen unternommen, um die Situation für Ihre Tochter und deren Klassenkameraden/-innen zu verbessern:

> Zunächst einmal wird der Musiklehrer Ihrer Tochter in der nächsten Woche seinen Unterricht wieder aufnehmen. Das löst das dringendste Problem, sagt aber natürlich noch nichts über die bisher ausgefallenen Stunden aus.
>
> Zu diesem Thema versuche ich in Zusammenarbeit mit dem Schulamt seit fünf Wochen eine qualifizierte Aushilfskraft für den Musikunterricht einzustellen. Wir hatten uns vorgestellt, dass der ausgefallene Unterricht dann z. B. in Form von Ergänzungsstunden nachgeholt werden könnte. Leider hatten wir mit unseren Bemühungen bisher keinen Erfolg, bleiben aber weiter am Ball.
>
> Sehr geehrte Frau B....., sehr geehrter Herr B....., ich bin zuversichtlich, dass ich Sie mit der angekündigten kurzfristigen Rückkehr des Musiklehrers zunächst beruhigen konnte.
>
> Darüber hinaus: Falls Sie über unsere internen schulischen Anstrengungen hinaus zu einer Lösung beitragen können, die mit den ausgefallenen Musikstunden zusammenhängt, dann sind Ihre Ideen bei uns herzlich willkommen.
>
> Wir hören voneinander?
>
> Mit freundlichen Grüßen

2.3 Tipps für das Briefende

Legen Sie hierauf Ihr besonderes Augenmerk, denn Sie entlassen den Beschwerdeführer emotional aus dem Kontakt und können den Gestus des Briefes betonen. Folgende **Möglichkeiten** stehen Ihnen zur Verfügung:

- Sie können – falls das Thema zu Ungunsten Ihres Beschwerdeführers behandelt werden musste – im Schlusssatz einige versöhnende Worte finden: *Auch wenn es uns diesmal nicht gelungen ist, Ihr Anliegen in vollem Umfang zu berücksichtigen, sind wir doch zuversichtlich, dass Ihr Sohn/Ihre Tochter an unserer Schule weiterhin gut aufgehoben ist.*
- Sie können mit einer Frage enden: *Habe ich Ihre Bedenken ausräumen können?*
- Sie können die Aussage Ihres Briefes in einem Satz zusammenfassen: *Nach meiner Überzeugung kann die Lösung, die wir nun gefunden haben, beide Seiten zufrieden stellen.*

- Sie können noch einmal Ihre Position als Schule klarmachen: *Für uns ist es sehr wichtig, dass die Prinzipien, für die unsere Schule steht, von allen unseren Schülerinnen und Schülern aktiv mitgetragen werden.*

3. Schwierige Gespräche nach einer Beschwerde planen

Um Kommunikation gezielt zu planen, gibt es **verschiedene sprachliche bzw. gedankliche Handwerkszeuge**. Zwei werden hier vorgestellt.

3.1 Mit Sprache handeln und im Gespräch führen

Sprachhandlungen bezeichnen diejenigen Handlungen, die Sie ausführen, **indem** Sie sprechen oder schreiben. Die Frage für die Identifikation einer bestimmten Sprachhandlung lautet: **Was tue ich, indem ich das und das sage oder schreibe?**

Sprachhandlungen sind deshalb eine gute Planungshilfe für Gespräche oder kürzere geschriebene Texte. Dazu gehören jeweils zwei Fragen:

1. Was will ich?
2. Welche Sprachhandlungen helfen mir dabei?

Wichtige Sprachhandlungen für den Umgang mit Beschwerden sind z. B. alle diejenigen Sprachhandlungen, die notwendig sind, um ein Gespräch zu steuern:

- **Verabreden:** Verabreden Sie zu Beginn Ihres Gesprächs, welches Ziel Sie mit Ihrem Gesprächspartner verfolgen und wie viel Zeit Sie sich dafür nehmen möchten. Auch am Ende Ihres Gesprächs ist diese Sprachhandlung noch einmal wichtig: Vielleicht gibt es eine mündliche Fortsetzung, vielleicht möchte Ihr Gesprächspartner eine schriftliche Bestätigung, vielleicht wird die Meinung eines anderen Experten eingeholt etc. pp. All das sollte zwischen Ihnen klar sein.
- **Fragen:** Das wichtigste Steuerungsinstrument im Gespräch sind Fragen. Solange Sie fragen, haben Sie in einem Gespräch das Rederecht. Sie bekommen Informationen, können Missverständnisse vermeiden oder aufklären, können sich Schritt für Schritt auf Ihr Gesprächsziel zu bewegen. Arbeiten Sie dabei möglichst viel mit offenen Fragen (die W-Fragen) und benutzen Sie geschlossene Fragen (ja – nein) nur, wenn Sie z. B. etwas auf den Punkt bringen oder sich über etwas vergewissern wollen.

- **Zusammenfassen:** Immer wenn einzelne Ergebnisse oder Teilschritte erreicht sind, sollten Sie das Erreichte zusammenfassen. Weder Sie noch Ihr Gesprächspartner müssen dann noch einmal darauf zurückkommen. Sie können sich dazu z. B. auch zusätzlich eine kurze Notiz machen. Besonders wichtig ist das am Ende Ihres Gesprächs: Beide Parteien sollten das Gespräch mit einem klaren Eindruck und einem greifbaren Gesprächsergebnis verlassen.
- **Erinnern** ist manchmal notwendig, wenn der rote Faden Ihres Gesprächs in Gefahr ist, verloren zu gehen. Alternativ können Sie bei solchen Gelegenheiten auch mit der Sprachhandlung „feststellen" arbeiten.
- **Feststellen:** In diesem Zusammenhang ist noch eine andere Sprachhandlung besonders wichtig, nämlich „begründen".
- **Begründen:** Jede Feststellung verlangt nach einer Begründung, andernfalls wird sie als Behauptung verstanden und Sie dürfen sich nicht wundern, wenn Sie Widerspruch bekommen.
- **Informieren:** Informieren Sie Ihren Gesprächspartner über alles, was er vielleicht noch nicht weiß; nur dann kann er ein vollwertiger Gesprächspartner für Sie sein und außerdem unterstreichen Sie damit Ihre Kompetenz.
- **Ankündigen:** Das werden Sie vielleicht am Ende des Gesprächs tun, indem Sie sagen, wie es für beide Parteien weitergeht. Auch diese Sprachhandlung trägt zum klaren Gesamteindruck Ihres Gesprächs bei.
- **Betonen:** Diese Sprachhandlung werden Sie immer dann anwenden, wenn die Rede z. B. auf Ihre schulischen Maßstäbe kommt.
- **Bitten und danken**: Das tun Sie selbstverständlich schon immer.

3.2 Kommunikationsplan für schwierige Gespräche

1. **Gegen wen/was richtet sich die Beschwerde konkret?**

2. **Welche Qualitätsmaßstäbe meiner Schule werden damit angesprochen?**

3. **Was ist bereits geschehen/geschieht gerade/wird noch geschehen, um dem Problem ggf. zu begegnen?**

4. **Welches Ziel will ich in diesem Gespräch für mich erreichen?**
   Ich will ...

   – Bitte auf ein hauptsächliches Ziel eingrenzen –

5. **Was kann ich in dieser Situation sprachlich tun?**

   Ich kann ...

   – Hier einfügen, was Sie mit Hilfe Ihrer Sprache im Gespräch tun können: fragen, argumentieren, betonen, hinweisen, zusammenfassen, aufzählen, erklären, appellieren etc. pp. –

6. **Wie ist die Situation angelegt? (Ort, Zeit, Raum, Anwesende etc.)**

7. **Was kann schlimmstenfalls passieren?**

8. **Welche anderen Möglichkeiten gibt es dann noch für mich?**

9. **Wie bewerte ich mich selbst in dieser Situation? Welche Rolle spiele ich?**

10. **Wie ist meine Einstellung zu meinem/meiner Partner/-in?**

    – Sollten Sie sich unter keinen Umständen dazu durchringen können, Ihrem Gesprächspartner/Ihrer eine Zusammenarbeit im Gespräch zuzutrauen, dann gehen Sie lieber eine Tasse Kaffee trinken und vergessen Sie das Gespräch, denn Sie haben ja gerade schon entschieden, dass es sowieso nicht klappen kann. –

11. **Welche Bedürfnisse hat mein/e Partner/-in?**

12. **Wie kann und will ich darauf eingehen?**

13. **Welchen Nutzen hat meine Gesprächspartnerin/mein Gesprächspartner von meinem Ziel?**

4. Entschuldigen: Geht es auch anders?

Wenn etwas schief gegangen ist, erwarten viele Beschwerdeführer, dass man sich dafür entschuldigt. Manchmal ist das auch gut und nötig, aber manchmal geht es auch anders (Beispiel 2 der Argumentation): Alternativ ist es möglich, sich statt einer Entschuldigung mit den berechtigten Erwartungen der Eltern zu identifizieren, dies auch zu schreiben oder zu sagen und dann von da aus weiter zu argumentieren. Ein solches Vorgehen erspart es Ihnen, sich zu rechtfertigen, und erlaubt es stattdessen, konstruktiv und lösungsorientiert vorzugehen, ohne Schuldfragen lang und breit erörtern zu müssen.

5. Auch sprachlich *aktiv* sein

Eine häufige Ursache dafür, dass die besten Absichten und alle damit verbundenen Aktivitäten beim Kommunikationspartner nicht ankommen, ist der vermehrte Gebrauch des Passivs: *Das Schulamt ist verständigt worden.* Damit haben Sie zwar eine Tatsache mitgeteilt, Sie haben aber nicht gesagt, wer das getan hat.

Das Passiv bietet die Möglichkeit, handelnde Personen zu verschweigen. Manchmal ist das gut, z. B. wenn es darum geht, einen Fehler zu erwähnen, manchmal nicht, z. B. wenn Sie auch sprachlich zeigen wollen, dass Sie aktiv waren/sind/sein werden. In solchen Fällen ist die aktive Form der Verben, die Sie verwenden, die einzige Möglichkeit für Sie, Ihre Aktivitäten so zu zeigen, dass sie bei Ihrem Kommunikationspartner auch als solche ankommen.

6. Fazit: Beschwerden haben positive Seiten

Beschwerden sind Chancen: Sie geben Ihnen die Möglichkeit zu zeigen, wie gut Sie wirklich sind. Das zeigt Ihre Kompetenz.

Beschwerden können lehrreich sein, z. B. wenn Sie sonst diese spezielle Fehlerquelle nie kennengelernt hätten.

Beschwerden sind auch ein Vertrauensbeweis.

Trotzdem: Auch wenn Sie in Zukunft in Sachen Beschwerden alles richtig machen, eine Erfolgsgarantie wird das nicht sein können, denn Ihr Kommunikationspartner hat seinen eigenen Kopf und wird selbst entscheiden, ob er auch so gut kommunizieren möchte wie Sie. Aber: Sie haben Ihre Chancen für ein erfolgreiches Beschwerdemanagement deutlich erhöht!

Literaturhinweise:

Aebli, H.: Denken: Das Ordnen des Tuns. 2 Bde., Stuttgart 1980.

Göttert, K.-H.: Argumentation. Grundzüge ihrer Theorie im Bereich theoretischen Wissens und praktischen Handelns. Tübingen 1978.

Hindelang, G.: Einführung in die Sprechakttheorie. Tübingen 1983.

Signatur des Originalbeitrages: K 2.5

Elternsprechtage gewinnbringend organisieren

Maja Dammann, Hamburg

Elternsprechtage sind vielerorts immer noch Stiefkinder konzeptioneller Kompetenz. Es lohnt, dies zu verändern, nehmen Sie sich zunächst Zeit dafür.

1. Eine Bestandsaufnahme – als ersten Schritt zur Veränderung

Erinnern Sie sich:

- Wie war die Stimmung beim letzten Elternsprechtag?
- Haben Sie noch einzelne Äußerungen von Eltern oder Kolleginnen und Kollegen präsent?
- Gibt es Dinge, die Ihnen selbst aufgefallen sind?
- Schreiben Sie die Punkte auf, die Ihnen jetzt eingefallen sind.
- Je nachdem, wie ausführlich/tief Sie die Bestandsaufnahme ansetzen wollen, gibt es ganz verschiedene Möglichkeiten.

Setzen Sie das Thema „Elternsprechtag" auf die Tagesordnung Ihrer Schulleitungssitzung.

1.1 Der Elternsprechtag in der Leitungsgruppe

Machen Sie in der Leitungsgruppe ein Brainstorming zu folgenden Fragen:

- Was hat sich bei der Durchführung der Elternsprechtage an unserer Schule bewährt?
- Womit bin ich selbst unzufrieden, wenn ich an die Praxis der Elternsprechtage denke?
- Welche Kritikpunkte habe ich von Kollegen und/oder Eltern gehört?

Sortieren Sie die so erhaltene Materialsammlung unter folgenden Gesichtspunkten:

- Welche der benannten Kritikpunkte können Sie als Schulleitungsgruppe aufgreifen und bearbeiten, ohne dass Sie das Kollegium damit behelligen müssen?
- Welche der Punkte bedürfen einer gründlicheren Debatte im Kollegium?

Überprüfen Sie, ob in diesem Schuljahr bzw. vor dem nächsten Elternsprechtag dazu Zeit ist, vor allem Konferenzzeit – und ob es sich mit Ihrer Schuljahresplanung verträgt, wenn Sie noch den neuen Punkt „Veränderung des Elternsprechtages" aufnehmen.

Wenn Sie zu der Einschätzung kommen, dass im laufenden Schuljahr **noch Zeit und Kraft** für eine Bearbeitung im Kollegium vorhanden sind, erstellen Sie einen vorläufigen Ablaufplan für die Bearbeitung.

Wenn Sie zu dem Ergebnis kommen, dass das laufende Schuljahr **bereits zu voll** ist, halten Sie den Punkt für die Planung des nächsten Schuljahres fest und überlegen Sie einen vorläufigen Zeitraum der Bearbeitung.

1.2 Das Kollegium überprüft das Konzept des Elternsprechtages

Hier bieten sich verschiedene Verfahren an:

Variante 1: Erheben Sie mit einem Fragebogen die Einschätzung (Anlage: Arbeitshilfe) der Lehrkräfte und werten sie zusammen mit einer Arbeitsgruppe aus. Die Ergebnisse werden in einer Lehrerkonferenz im Plenum oder in Kleingruppen diskutiert. Die Diskussionsergebnisse werden zusammengefasst – daraus entsteht eine Beschlussvorlage für die Lehrerkonferenz, die mögliche Veränderungsvorschläge enthält.

Variante 2: Machen Sie in einer Lehrerkonferenz mit den oben für die Schulleitung formulierten Fragestellungen direkt eine Bestandsaufnahme – entweder im Plenum oder in Arbeitsgruppen. Die weiteren Schritte sind die gleichen wie oben – aus den Diskussionsergebnissen wird eine Beschlussvorlage erstellt.

2. Just in time – die zeitliche Lage im Schuljahr

Ziel eines Elternsprechtages: Austausch von Sachinformationen und Einschätzungen mit Eltern, ggf. Schülern und Verabredungen über Schlüsse aus den Informationen.

Zeitliche Rahmenbedingungen:

- Es muss genügend Unterricht stattgefunden haben.
  (Erste Leistungsnachweise liegen vor.)
- **Es hat vorher einen Elternabend gegeben.**
  (Lehrkräfte und Eltern kennen sich also bereits. Neue Fachlehrer sind eventuell eingeladen.)
- **Sie haben dafür gesorgt, dass zum Sprechtagtermin keine zusätzlichen Belastungen schulischerseits für Lehrkräfte kumulieren.**
  (z. B. Vergleichs- und Abschlussarbeiten und anderen Prüfungen)
- Der Elternsprechtag liegt nicht direkt nach dem Zeugnisausgabetermin.
  (Ausnahme: Sprechtage für bestimmte Jahrgänge, z. B. für Jahrgang 4, wenn mit dem Halbjahreszeugnis eine Empfehlung für die weiterführende Schule ausgesprochen wird und wenn es um Eltern-Schüler-Gespräche im Zusammenhang mit Zeugnisausgaben geht.)

Die zeitliche Lage des Sprechtages ermöglicht die Beurteilung von Entwicklungen bei den Schülern. Der Sprechtag ermöglicht Verabredungen, die noch im laufenden Schul(halb)jahr wirksam werden können, z. B. im November.)

Tipp:

Stellen Sie Ihre Überlegungen zur zeitlichen Lage ggf. dem Kollegium zwar vor, aber entscheiden Sie unter Berücksichtigung der vorgenannten Aspekte klar und argumentativ allein.

---

3. Unterschätzen Sie positive „klimatische" Rahmenbedingungen nicht!

Nutzen Sie die Gelegenheit, dass viele Eltern beim Elternsprechtag Ihre Schule „erleben". Die Eindrücke sind wirkmächtig – und sie werden als Image Ihrer Schule nach außen kommuniziert.

Als Schulleitung sollten Sie versuchen, dies positiv zu beeinflussen, z. B.

➢ **durch einen Informationsstand am Eingang**
(alle den Sprechtag betreffende Informationen wie Änderungen in der Organisation, Raumplanung, Krankheitsausfälle von Lehrkräften, offensive Beratung und Hilfen für unsichere Eltern usw.);

> **durch rechtzeitiges Planen des räumlichen und gebäudlichen „Binnenzustandes"**

(Steuerung der Heizung, Zustand der Toiletten, Flure, kluge Planung bei der Raumverteilung, Kartensammlungen und Abstellkammern möglichst nicht nutzen, stattdessen ggf. zeitversetzte Doppelbelegung von Räumen).

Geben Sie folgende Checkliste **an die Lehrkräfte**, mit deren Hilfe diese ihren Raum noch vor dem Elternsprechtag überprüfen.

Checkliste für die Vorbereitung der Räume	
Vorbereitungen	**Erledigt**
Besprechungsraum inspizieren	❏
Besprechungsraum aufräumen, sauber machen (Rückkopplung mit Hausmeister, ggf. Reinigungskräften)	❏
bei Elternsprechtag in eigenem Raum: Aufräumen mit der Klasse	❏
Gestaltung der Wände (Stundenplan, Klassenregeln, Geburtstagskalender, Terminplan, Arbeiten etc.)	❏
gemeinsam mit Klasse eine Ausstellung für die Eltern überlegen	❏
Aufbau einer Besprechungsgruppe mit 4 Stühlen	❏
Stühle vor die Tür stellen, ggf. 1–2 Mappen zum Stöbern	❏
Zeitplan außen an die Tür anbringen	❏
Mineralwasser und Becher bereitstellen	❏
ggf. mit Blumenschmuck dekorieren	❏
Notizen:	

> **durch Bewirtung – als Ausdruck von Gastlichkeit**

(für gestresste Eltern, für informelle Kontakte zwischen Eltern bei Wartezeiten, für Lehrkräfte usw.);

Darüber hinaus bietet ein Sprechtag eine gute Gelegenheit dafür, dass

> **Schule sich durch die Gestaltung von Ausstellungsflächen präsentiert**

(für Informationen aller Art wie Unterrichtsergebnisse, Reise- und Projektberichte, Informationen über die Arbeit der Gremien, Werbematerial zum Schulverein u. Ä.; für die Darstellung von Schülerprojekten, für eine Umfrage unter Eltern zur Frage eines künftigen Nachmittagsunterrichts …).

Zu erwähnen ist hier ebenso ein „Lost and Found"-Stand mit Fundsachen.

4. Elternsprechtage professionalisieren

4.1 Den Lehrkräften neue Perspektiven eröffnen

Inhaltliche Gründe für die Unzufriedenheit mit Elternsprechtagen liegen bei Lehrkräften meist in drei Bereichen:

- Die Tätigkeit als Lehrer ist sehr anspruchsvoll; und die Ansprüche der Lehrkräfte an sich selbst sind hoch, die der Eltern an die Lehrkräfte sind womöglich noch höher. Das führt nicht selten zu Ängsten darüber, den eigenen und den Ansprüchen der Eltern nicht genügen zu können, und zu der Befürchtung, deshalb Angriffen oder Übergriffen ausgesetzt zu werden.
- Elternsprechtage sind, da nicht selten zwei Tage über zehn Stunden fast ohne Pause geredet werden muss, äußerst anstrengend und dies oft genug mit dem Gefühl, wenig erreicht zu haben.
- Man wird mit Problemfällen konfrontiert, die die Grenzen der professionellen Lehrerrolle, der Kenntnisse und persönlichen Kompetenzen der Lehrkräfte überschreiten.

Lehrkräfte haben das Gefühl, für all das allein verantwortlich zu sein.

Hier sind Sie als Schulleitung gefragt, einen Anstoß zum Umdenken zu geben, vielleicht mit Hilfe einer **schulinternen Fortbildung** mit externen Experten.

Mögliche **Themen** solch einer Fortbildung:

- *Effziente und wirksame Vorbereitung* auf den Elternsprechtag (Dokumentationen von Leistungen, Übersicht über gemachte Hausaufgaben, Heft- bzw. Mappenführung u. Ä.)
- *Sammlung von konkreten* (positiven wie kritischen) *Beobachtungen* zu den Schülern angemeldeter Eltern
- *Entwicklung eines Gesprächsleitfadens und Trainings* für ein „ausgewogenes" und konstruktives Elterngespräch
- Überblick über inner- und außerschulische *Hilfs- und Unterstützungsangebote* für Eltern und Schüler
- Ggf. Einladung eines Vertreters von Schulen mit *Eltern-Schüler-Sprechtagen* (falls es diesen an Ihrer Schule noch nicht gibt)
- Trainings darüber, wie in Vereinbarungen verabredete Pläne umgesetzt werden sollen – mit Rückmeldung über Fortschritte, Stillstand und Rückfälle (siehe folgende Arbeitshilfe).

Formular für eine Lernvereinbarung
(für ein Beispiel zur Illustration ausgefüllt)

Name des Schülers: Matthias Müller

1. Im Gespräch auf dem Eltern-Schüler-Sprechtag am 4.4.2006 wurde über folgende Themen gesprochen:

- Konzentrationsprobleme von Matthias bei der Erledigung der Hausaufgaben
- Matthias' positive Rolle in der Klasse als Streitschlichter
- Matthias' Wunsch, seine Deutsch- und Englischzensur zu verbessern
- Matthias' Schwierigkeiten, für andere verständliche Texte zu schreiben

2. Folgende Verabredungen wurden getroffen:

- Matthias erledigt seine Hausaufgaben zur Probe nicht direkt nach dem Nachhausekommen, sondern nach dem Abendbrot, in der Zeit zwischen 19.00 und 20.30 Uhr.
- Die Eltern von Matthias akzeptieren diese Veränderung.
- Sie gilt auf Probe für vier Wochen und wird in einem wöchentlichen Gespräch zwischen Matthias und seinen Eltern und zwischen Matthias und der Lehrkraft überprüft.
- Nach Ablauf von vier Wochen gibt es eine Entscheidung, ob diese Regelung grundsätzlich eingeführt werden soll.
- Matthias bekommt dreimal in der Woche in der Familie die Gelegenheit, einen englischen Fernsehsender zu sehen.
- Matthias gibt einmal in der Woche einen selbst geschriebenen Text einem Elternteil, einem Freund oder der Lehrkraft und lässt sich eine Rückmeldung dazu geben.

3. Überprüfung der Einhaltung der Verabredungen:

- Alle vier Wochen gibt es eine Telefonkonferenz zwischen den Eltern, Matthias und der Lehrkraft, auf der Rückmeldungen stattfinden über die Einhaltung der Verabredungen und über Fortschritte oder Probleme.

Unterschrift des Schülers: _____

Unterschrift der Eltern: _____

Unterschrift der Lehrkraft: _____

4.2 Die Elterngremien an der Planung beteiligen

Der Versuch einer Weiterentwicklung des Ertrags und der Gesprächskultur am Elternsprechtag bedarf der Mitwirkung der Elterngremien. Bitten Sie den Elternrat, das Thema Elternsprechtag in einer Sitzung zu erörtern, und stellen Sie die Rückmeldungen der Eltern der das gleiche Thema bearbeitenden Lehrerkonferenz vor – und vice versa die Ergebnisse der Lehrerkonferenz dem Elternrat.

Je nach Stand der Zusammenarbeit der Gremien kann ein gemeinsamer Eltern-Lehrer-Schüler-Ausschuss die Ideen für einen neuen Elternsprechtag zu einem einheitlichen Vorschlag zusammenfassen, der dann von der Schulkonferenz erörtert und verabschiedet werden könnte.

Wichtig ist, dass die Eltern wahrnehmen, dass ihre „Expertise" zum Elternsprechtag und dessen Thematik gefragt ist – und dass sie gleichzeitig damit rechnen müssen, in die Verantwortung genommen zu werden.

Weitaus die meisten Einschätzungen und Rückmeldungen eines Elternsprechtages über die Arbeit an Ihrer Schule gelangen außer bei eskalierenden Konflikten nicht zu **Ihrer** Kenntnis. Dabei könnte vieles davon hilfreich für Ihre Arbeit sein!

5. Elternsprechtag als diagnostisches Instrument für die Schulleitung

Sie machen Verlauf und Ergebnisse des Sprechtages zum expliziten Gegenstand einer Konferenz mit dem Ziel, Lob oder Kritik, positive oder kritische Rückmeldungen der Eltern zur Schule einzuholen. (Optimal wäre es, wenn es dazu Rückmeldungen der Elterngremien gäbe.) In größeren Systemen kann das Feedback der Lehrkräfte auch mit einem knappen Fragebogen vorbereitet werden.

Fragen für das Kollegium nach dem Elternsprechtag

Bitte gehen Sie in Gedanken noch einmal Ihre Gespräche mit den Eltern durch:

– Welche positiven Rückmeldungen zu unserer Schule im Allgemeinen gab es?

– Welche Kritik haben Sie gehört, die in meinem Verantwortungsbereich liegt (Organisation, Information, Räume etc.)?

– Gab es andere Rückmeldungen, die mich als Schulleitung interessieren könnten?

Die Informationen stellen ein wichtiges Frühwarnsystem dar, das Ihnen ggf. Handlungsbedarf anzeigt. Die Rückmeldungen signalisieren vielleicht auch Erfreuliches, was für die Beteiligten genau so wichtig ist.

Vergessen Sie keinesfalls, die Beteiligten danach zu fragen, wie sie etwaige Veränderungen erlebt haben, was sich bewährt hat, wo nachgesteuert werden sollte, wo es deutliche Unzufriedenheit gibt.

Notieren Sie die Rückmeldungen und berücksichtigen Sie sie bei der Organisation im nächsten Jahr.

Arbeitshilfe

Fragebogen zur Zufriedenheit mit der gegenwärtigen Organisation und zur Durchführung von Elternsprechtagen

Liebe Kolleginnen, liebe Kollegen,
wir in der Schulleitung möchten uns gerne einen Überblick darüber verschaffen, wie zufrieden Sie mit der Praxis der Elternsprechtage an unserer Schule sind. Deswegen bitten wir Sie, den folgenden Fragebogen auszufüllen. Eine Arbeitsgruppe wird die Auswertung zusammen mit der Schulleitung vornehmen und die Ergebnisse der Lehrerkonferenz rückmelden.

Kreuzen Sie bitte bei den folgenden Einschätzungsskalen das Kästchen an, dessen Position Ihrer Meinung nach den Elternsprechtag am treffendsten charakterisiert.

1. Zeitliche Lage, Zeittaktung	++	+	–	– –
Die zeitliche Lage des Elternsprechtags im Schuljahr (Oktober) ist sinnvoll.	❏	❏	❏	❏
Die zeitliche Dauer (9 Stunden insgesamt) ist angemessen.	❏	❏	❏	❏
Die Aufteilung auf zwei aufeinander folgende Tage ist sinnvoll.	❏	❏	❏	❏
Die Dauer des Einzelgesprächs (20 Minuten) ist angemessen.	❏	❏	❏	❏
Statt Oktober wäre mir folgender Monat lieber:				
Ich würde gerne eine andere Zeitstruktur des gesamten Elternsprechtags vorschlagen, nämlich:				
Die Dauer des Einzelgesprächs sollte sein:	kürzer, nämlich:		länger, nämlich:	

2. Organisation der Gesprächspläne	++	+	–	– –
Ich bin mit der Organisation durch den stellvertretenden Schulleiter zufrieden.	❏	❏	❏	❏
Folgende Mängel traten aus meiner Sicht bei der Organisation auf:				

Folgende Aspekte der Organisation klappten prima und sollten auf alle Fälle beibehalten werden:	

3. Raum und Atmosphäre	++	+	–	– –
Die Raumplanung klappt prima.	❏	❏	❏	❏
Die Atmosphäre auf dem Elternsprechtag erlebe ich als angenehm.	❏	❏	❏	❏

Folgendes stört mich an Raumzuweisung, Raumgestaltung, Atmosphäre:	
Folgende Ideen habe ich zur Verbesserung der Raumsituation/ Atmosphäre:	

4. Inhalt und Form der Gespräche

Ich habe folgende gute Erfahrungen in Gesprächen auf dem Elternsprechtag gemacht:			
Folgende Erfahrung in Gesprächen fand ich unangenehm:			
Ich habe folgende Ideen zur Verbesserung der Gesprächskultur:			
Ich würde mich gerne zum Thema Gesprächsführung im Kollegium fortbilden.	ja ❏	nein ❏	weiß nicht ❏

5. Beteiligung von Schülern, Vereinbarungen	++	+	–	– –
Ich würde gerne grundsätzlich Schüler an den Elterngesprächen beteiligen.	❏	❏	❏	❏
Ich fände es gut, wenn die Ergebnisse der Gespräche schriftlich festgehalten würden, als Vereinbarung.	❏	❏	❏	❏

Signatur des Originalbeitrages: K 2.7